本书获得财经应用型人才项目资助

U0739617

Zhongguo Renkou
Laolinghua Beijing xia de
Caizheng Zhengce Yanjiu

中国人口老龄化背景下的
财政政策研究

李保仁 白彦锋 王凯 著

中国财经出版传媒集团
经济科学出版社
Economic Science Press

图书在版编目（CIP）数据

中国人口老龄化背景下的财政政策研究／李保仁，白彦锋，王凯著.
—北京：经济科学出版社，2017.6
ISBN 978 - 7 - 5141 - 8169 - 2

Ⅰ.①中…　Ⅱ.①李…②白…③王…　Ⅲ.①人口老龄化 - 研究 -
中国 ②财政政策 - 研究 - 中国　Ⅳ.①C924.24 ②F812.0

中国版本图书馆 CIP 数据核字（2017）第 149271 号

责任编辑：凌　敏　张　萌
责任校对：隗立娜
责任印制：李　鹏

中国人口老龄化背景下的财政政策研究
李保仁　白彦锋　王　凯　著
经济科学出版社出版、发行　新华书店经销
社址：北京市海淀区阜成路甲 28 号　邮编：100142
教材分社电话：010 - 88191343　发行部电话：010 - 88191522
网址：www. esp. com. cn
电子邮箱：lingmin@ esp. com. cn
天猫网店：经济科学出版社旗舰店
网址：http：//jjkxcbs. tmall. com
北京季蜂印刷有限公司印装
710×1000　16 开　15.25 印张　260000 字
2017 年 8 月第 1 版　2017 年 8 月第 1 次印刷
ISBN 978 - 7 - 5141 - 8169 - 2　定价：48.00 元
（图书出现印装问题，本社负责调换。电话：010 - 88191510）
（版权所有　侵权必究　举报电话：010 - 88191586
电子邮箱：dbts@ esp. com. cn）

序

　　人口老龄化是社会生育水平下降、人口寿命延长及人口迁移等诸多因素共同作用下的结果，是人类社会发展的必经阶段和不可逆转的趋势。自 2000 年我国进入人口老龄化社会以来，理论界就人口老龄化问题进行了大量深入的研究。21 世纪，我国老龄化进程不断加快，这个问题若不能得到有效应对，将对我国经济社会发展、政府财政以及社会收入分配等方面产生严重的影响。

　　为了应对人口老龄化，单纯的人口政策调整是不太可能奏效的，更需要整合政府公共资源、推动综合的政策改革，并在政府主导下使市场各个行为主体能够合谋合力、多元共治。当前，中国经济正处在增长速度换挡、结构调整阵痛和前期刺激政策消化的"三期叠加"阶段，经济增速由高速增长转为中高速增长。在经济发展的大背景下，本书从政府公共治理的角度出发，以财政政策变革为主线索和突破口，探求在促进经济社会发展的同时有效应对人口老龄化的政策路径。

　　在理论上，对于人口老龄化、财政政策与经济增长这三个因素，两两之间均存在着相互影响。在现实情况中，西方发达国家较早进入人口老龄化，其人口老龄化水平目前也非常高。那么，发达国家是如何通过财政政策变革处理人口老龄化与经济社会发展的关系的？政策是否达成了预期目标？我国自进入人口老龄化社会以来已逾十五年，人口老龄化、财政政策与经济增长之间是否存在同样的内在逻辑和因果关系？在人口老龄化背景下，政府财政政策对我国经济增长又有何影响？从公共治理的角度出发，我国政府应如何通过财政政策变革，在促进经济社会发展的同时，能够积极有效应对人口老龄化？我国财政政策又该进行怎样的短期选择与长期抉择？

　　基于上述的基本事实和政策现状，首先，本书以经济增长理论、人力资本理论、公共产品理论及公共财政理论为理论基础，从党的十八届三中全会"财政是国家治理的基础和重要支柱"这一重要论断出发，从研究财政政策入手来探求如何破解难题，全面、客观、公正地评价了国际发达国家应对人口老龄化的财政政策变革的理论与实践；其次，本书对中国自进入老龄化社会十五年以来政府财政政策的变革历程进行详细的梳理，并利用计量模型对我国人口老龄化背景下的财政政策与经济增长的关系进行了深入分析；最后，本书在明确政策变革的基础依据（短期、长期）及政策目标之后，再分析了财政政策变革（短期选择、长期抉择）的路径和机制，力图通过促进人口老龄化、政府治理与经济社会的均衡发展和协同创新，使政府能够有效履行公共治理职能，进一步深化财税体制改革，完善国家治理体系，并在促进经济社会发展的同时，能够积极有效应对人口老龄化。

在进行了定性分析和定量分析之后，本书的政策建议部分包括：第一，促进老龄化背景下经济发展的财政政策应立足于一个基础依据——养老模式的选择（短期内，居家养老模式仍是主导；长期看，社区养老模式和机构养老模式是必然）。第二，财政政策的短期选择是：财政助力激发"银发经济"潜力；财政支出规模应做到适度供给、结构优化与效率提升；财政收入应规范形式，推进个人所得税和房地产税改革；提高税收优惠幅度，力促多支柱养老保险体系发展。第三，财政政策的长期抉择是：构建以社会保障税与遗产和赠与税为主体的老龄化税制框架。第四，增强政府执行力，是财政政策变革的最重要保障。

本书的创新点主要有两点：第一，研究视角的创新。从"财政是国家治理的基础和重要支柱"的指导思想出发，立足政府公共治理的角度，从研究财政政策入手探求如何破解人口老龄化难题。以"促进经济社会发展"与"有效应对人口老龄化"为政策目标，提出了短期与长期相结合、合谋合力与多元共治的改革建议。第二，研究方法的创新。本书综合运用人口学、经济学及社会学等学科理论，分别从静态与动态两个维度实证检验了人口老龄化、财政政策与经济发展三者之间的内在逻辑和因果关系。

本书的不足之处在于：第一，限于中国相关数据的可得性、断续性以及相关统计口径的调整差异较大，本书未能从全国层面对研究主题所涉及的三个主要因素进行时间序列的实证分析。第二，效率和公平是经济学研究领域的两个重要方面。本书仅仅从效率方面研究了人口老龄化与政府财政政策对经济发展的影响及相应的政策匹配，未能就人口老龄化及财政政策所可能带来的代内之间和代际之间的不公平问题进行深入分析。

感谢王凯博士的导师李保仁教授的指导，本书的出版凝聚着导师大量的心血。中央财经大学硕士研究生乔路、周红、董雨浦、陈珊珊、苏璐璐、陈彪、明钺等为本书的修改完善做出了大量工作，一并表示感谢。本书获得了国家社科基金重点项目《我国雾霾成因及财政综合治理问题研究（15AZZ010）》和"中财－鹏元地方财政投融资研究所"的资助，为其阶段性成果。本书获得财经应用型人才项目资助。

白彦锋　王凯
2017 年 6 月

目　录

第1章 导 论

纵观人类社会发展历程，在相当漫长的时期内，受制于较低的社会经济发展水平和较短的人均寿命，全球人口年龄结构处于比较稳定的年轻化水平。然而，伴随着社会经济的快速发展、人均寿命的延长及社会生育观念的不断转变，世界人口年龄结构也随之改变，人口老龄化问题逐渐显现，且呈愈演愈烈之势。

第二次世界大战以后，西方发达国家陆续步入老龄化社会行列，如美国早在20世纪40年代已进入老龄化社会。随着社会老龄化水平的加快，人口老龄化所带来的有效劳动力供给减少、劳动参与率降低以及社会储蓄率与消费率的结构改变等因素，在一定程度上影响了社会经济发展。近年来，加之2008年国际经济危机的影响，西方大多发达国家经济增长复苏乏力、持续低迷的同时，高福利体系下福利支出的刚性增长，政府又难以在成本控制与激励导向间实现有效平衡，财政风险不断积聚和膨胀。可以说，20世纪以来的西方发达国家深受人口老龄化问题的困扰。

按照当前国际上关于老年型人口年龄结构标准①，我国0～14岁人口比重1990年已经达到老年型，我国65岁及以上人口比重、老龄化指数等指标于2000年底全部撞线，这标志着我国全面进入人口老龄化社会，是世界上较早进入人口老龄化社会的发展中国家之一。

人口年龄结构的急剧转变，促使老龄化问题成为世界各国必然面对的社会现实与共同挑战。"与人类历史上的工业化、城市化及全球化等经济与社会变革相比，人口老龄化的持续发展必将带来相对更为猛烈的冲击。"②

---

① 老年型人口年龄结构标准为：0～14岁人口比重30%以下，60岁及以上人口比重10%以上，65岁及以上人口比重7%以上，老龄化指数30%以上。"人口老龄化指数"是指在同一个人口总体中，老年人口数（65岁及以上）与少儿人口数（0～14岁）的相对比值，指数越高说明老龄化程度越深。

② Alan Pifer, Lydia Bronte. Introduction：Squaring the Pyramid, in Our Aging Society：Paradox and Promise [C]. New York：W. W. Norton, 1986：3 - 4.

　　人口老龄化问题作为我国社会经济发展必然面对的难题之一，"基数大、增速高""未富先老"与"未备先老"以及"区域差异、城乡差异与性别差异大"等特征更加显著，这也越来越引起政府及社会各界人士的重视和关注。在党的十八届三中全会《中共中央关于全面深化改革若干重大问题的决定》中，应对人口老龄化的相关政策提及颇多，"研究制定渐进式延迟退休年龄政策""制定实施免税、延期征税等优惠政策，加快发展企业年金、职业年金、商业保险，构建多层次社会保障体系""积极应对人口老龄化，加快建立社会养老服务体系和发展老年服务产业""启动实施一方是独生子女的夫妇可生育两个孩子的政策，逐步调整完善生育政策，促进人口长期均衡发展"等。应对人口老龄化是一项长期性、复杂性、系统性工程，政策从实施到见效也有明显的滞后性，中央政府所提出的应对老龄化的上述公共政策都不可能在短期内立显成效。

　　应当明确的是：第一，人口老龄化，不是指老年人口数量的绝对增加，而是指老年人口占总人口比重不断增加的发展趋势和社会进程；第二，人口老龄化不仅是人口问题、社会问题、文化问题，更是经济问题；第三，应对人口老龄化，不单单是老年人的养老问题，更重要的是牵涉社会整个群体的协调发展及社会福利在代际内和代际间的分配等方面；第四，应对人口老龄化，单凭人口政策调整是不可能、不现实的，这需要政府公共政策整合与综合改革，需要政府主导下市场各个行为主体的合谋合力与多元共治。

　　近年来，我国的各项改革普遍陷入"渐而不进"的局面、难以形成突破以及无法全面推进改革的困境。"长期以来，中国政府应对老龄化问题的制度和政策明显表现出一定的滞后性。"[1] 财政政策作为政府实施宏观调控、供给公共产品、弥补市场失灵的重要工具，可以为政府职能履行、社会经济发展与和谐社会建设提供强有力的制度保障和财力保证。在中国人口老龄化进程不断加快的现实社会背景下，财政政策的实施与变革应实现两个目标：其一，有效促进社会经济发展，这是财政政策实施与变革的目标之一，也是财政政策得以实施与变革的物质基础、前提条件；其二，有效应对人口老龄化挑战，这是财政政策实施与变革的目标之二。因此，本书从政府公共治理的角度出发，抓住财政政策变革这一主线索和突破口，牵一发而动全身，通过现状梳理、国际借鉴、实证检验等途径，提出促进老龄化社会经济发展的财政政策建议，在有效应对人口老龄化问题的同时，实现社会经济的稳定发展。

---

　　① 胡志勇. 论中国"老龄化"的经济影响及财税对策 [J]. 东南学术, 2012 (5)：34 – 35.

1.1　人口老龄化背景下财政政策的研究背景

人口老龄化不单单是人口问题、社会问题、文化问题，更是经济问题。对社会而言，应对人口老龄化，必须立足于并服务于社会经济的持续发展，这是政策得以有效实施的首要前提和物质保障。对政府而言，应对人口老龄化则需立足于履行公共治理职能、兼顾财政自身平衡与可持续发展。对个人而言，应对人口老龄化则需满足个人生存发展的基本需求与福利公平。三个目标应相互统一、协调发展。

1.1.1　国际背景：国际社会深受老龄化困扰

1.1.1.1　人口结构发展失衡，老龄化趋势加重

第二次世界大战以后，西方发达国家陆续进入老龄化社会，现今也是老龄化程度较高的地区。随着发达国家社会经济的快速发展、生育观念的不断转变及人均寿命的延长，发达国家人口年龄结构也随之改变，人口老龄化问题逐渐显现，并呈现不断加重之势。

据联合国相关数据显示[①]，早在 1950 年世界最发达国家和地区 65 岁及以上老年人口比重已超过 7% 达 7.9%，2010 年升至 15.9%。如表 1 - 1 所示，依据联合国中生育率水平方案预测，结果显示：世界上 65 岁及以上人口比重将从 2015 年的 8.25% 骤升至 2100 年的 21.89%，较发达地区的该比重将在此时期内从 17.47% 增加到 28.66%，欠发达地区和最不发达地区的 65 岁及以上人口比重也将急速增加。由此可以看出，人口年龄结构转变所引发的人口老龄化问题是一个不可逆转的社会发展趋势，任何国家或地区都难以逃避，只不过是时间上的早晚而已。

---

① World Population Prospects：The 2012 Revision. Population Division of the Department of Economic and Social Affairs of the United Nations［EB/OL］. http：//esa. un. org/unpd/wpp/Excel - Data/population. htm.

表 1 - 1　　　2015～2100 年中生育率水平下世界 65 周岁及以上人口比重预测　　　单位:%

年份	地区分类					
	世界	较发达地区	欠发达地区	最不发达地区	欠发达地区 (不含最不发达国家)	欠发达地区 (不含中国)
2015	8.25	17.47	6.33	3.56	6.84	5.34
2020	9.28	19.13	7.33	3.75	8.03	6.01
2025	10.32	20.83	8.33	4.03	9.23	6.86
2030	11.55	22.46	9.57	4.44	10.70	7.79
2035	12.79	23.64	10.90	4.91	12.30	8.73
2040	13.86	24.56	12.06	5.44	13.71	9.68
2045	14.64	25.17	12.93	6.07	14.74	10.71
2050	15.60	25.80	13.98	6.85	15.99	11.88
2055	16.77	26.37	15.29	7.63	17.57	13.00
2060	17.56	26.54	16.21	8.48	18.64	13.99
2065	18.02	26.38	16.79	9.39	19.25	14.87
2070	18.43	26.26	17.30	10.29	19.75	15.67
2075	18.95	26.44	17.89	11.16	20.36	16.45
2080	19.60	26.82	18.59	12.02	21.11	17.24
2085	20.23	27.29	19.25	12.87	21.80	17.98
2090	20.81	27.77	19.85	13.72	22.39	18.68
2095	21.35	28.21	20.42	14.58	22.91	19.35
2100	21.89	28.66	20.98	15.44	23.42	20.02

资料来源：根据 Population Division of the Department of Economic and Social Affairs of the United Nations [R]. World Population Prospects. 2012 整理而得。

1.1.1.2　不断增加的养老成本支出加剧财政风险

总体而言，发达国家在社会经济发展到较高阶段时进入人口老龄化社会。虽然有强大的经济实力作为支撑，但加之极低的人口增长率，人口老龄化造成的劳动力短缺、劳动生产率下降和社会消费、储蓄结构改变等问题，严重困扰着发达国家的经济增长。

在发达国家普遍较高的社会福利体系下，加之经济持续低迷、复苏乏力，政府所担负的医疗卫生支出、养老保障支出等急剧增加。据国际货币基金组织

(International Monetary Fund，IMF）预测数据显示①，发达国家人口老龄化趋势将越发严重，老龄人口比重将由当前的22%增至2050年的33%，届时将导致发达国家用于老龄人口的医疗卫生、社会保障等养老支出占其GDP的比重超过10%。毋庸置疑，如此巨大的养老支出将给各国政府带来巨大的财政压力。预计大部分发达国家的相关支出届时将占到GDP比重的10%甚至更多。雪上加霜的是，受金融危机的持续影响，欧美等发达国家的绝大多数养老金计划资产大幅缩水。如此一来，诸多不利因素的叠加使得应对本已十分严峻的发达国家老龄化问题与养老金缺口问题显得更加迫在眉睫。为此，绝大部分发达国家都已经或计划实施延迟退休政策，甚至取消。

不可忽视的一点是，随着社会经济的发展和医疗卫生水平的提升，人口寿命在不断延长，这也在一定程度上加大了世界各国的财政风险。据IMF发布的2012年《全球金融稳定报告》相关资料显示，当前人均寿命的不断延长这一变化并未引起多数政府和养老金提供方的充分认识和足够重视；在2050年的人均寿命比当前延长三年的条件下，部分国家本已沉重的人口老龄化成本将提升50%；人均寿命延长所带来的长寿风险将对政府的公共养老金计划、社会保障计划及其他社会风险构成严峻挑战。在人口老龄化与长寿风险不断积聚的情况下，政府应通过制定动态的延迟退休计划、提高养老金缴费比例及缩减社会福利支出额度等措施来有效应对。

面对日益严峻的人口老龄化形势，已有大量发达国家的理论界与实务界致力于研究如何通过公共政策改革，来实现人口老龄化背景下的经济发展、福利水平提高及财政可持续发展等问题。丰富的国际经验实践，可以为研究中国人口老龄化背景下的财政政策变革提供重要参考。

1.1.2　国内背景：老龄化背景下经济增长与财政收入的"新常态"

1.1.2.1　中国古代社会人口数量及政策变迁

在中国古代社会，最早的人口统计出现于东周庄王十三年，据当时人口调查统计活动"料民"显示②，中国有一千一百八十四万七千人。先秦时期，各诸

---

① 新浪网. 发达国家老龄化加速，拟延迟退休引发争议［EB/OL］. http：//news. sina. com. cn/w/2009 - 07 - 05/042418155951. shtml，2009 - 07 - 05.

② 中国古代人口政策的变迁［EB/OL］. http：//news. ifeng. com/a/20151105/46121179_0. shtml，2015 - 11 - 05.

侯国出于强国、征战和称霸的需要，纷纷推出积极的人口政策，鼓励生育；到秦始皇时，秦国进一步加强人口管理，开始要求男子登记年龄。西汉时期，由于经济发展水平和国力提升及采取的鼓励生育的措施，中国人口增长加速，形成了中国人口史上第一个生育高峰期。之后唐朝"安史之乱"使得人口急剧下降。中国古代第二个人口出生高峰期出现在北宋年间。清代人口剧增，出现了人口增长的第三个高峰期，从弘历当皇帝的乾隆年间开始，中国人口数量突飞猛进，有学者称之为"人口大爆炸"；清道光、咸丰年间是中国古代人口最旺盛期，中国人口首破4亿人。学术界认为，清代人口剧增与清廷的人口政策有直接关系，如康熙五十一年（公元1712年）开始实行"摊丁入亩"政策，宣布："盛世滋生人丁，永不加赋。"人口与赋税分开，不再像以往那样按成年人头收税，大大刺激了每个家庭的生育欲望。另外医疗水平的提高、农作物产量和品种的增加，也是不可忽视的因素。中国人口占世界人口比例最少的时期是东汉末年，建安五年（公元200年）全国仅0.25亿人，约占世界总人口的10%；中国人口占世界人口比例最大的时期是北宋末期，当时人口已超过1.2亿人，占世界总人口的40%。

1.1.2.2 日益严峻的人口老龄化现实背景

自20世纪70年代推行以"控制人口总量，提高人口素质"为目标的计划生育政策以来，中国人口增长率由1970年的2.60%下降到2014年的0.52%[①]。根据第六次全国人口普查数据显示，当前中国的总和生育率（Total Fertility Rate，TFR）保持在1.5，即平均每个家庭生育1.5个小孩，这不仅远低于美国（2.1）和挪威（1.9）等发达国家，与发展中国家印度（2.8）相比，则差距更大。以东北为例，黑龙江、吉林、辽宁的生育率分别为1.03%、1.03%和1.0%，远低于全国水平的1.5%，仅比北京、上海等极少的城市略高，甚至比日本和韩国都要低。按照国际标准，低于1.3%被称为"超超低出生率"。除了超低的生育率外，东北地区还面临严重的老龄化现象。以辽宁省为例，截至2013年，辽宁老年人口已达到789万人，占辽宁总人口的18.5%，而全国老年人口占比为14.9%。这使得东北城市面临着人口结构对经济发展带来的阻碍。同时，经济的不景气也会加速人口外流，2015年一季度全国31个省（市、自治

---

① 2014年之前的数据来自《中国统计年鉴（2014）》；2014年数据来自国家统计局《2014年国民经济和社会发展统计公报》。

区）GDP增速排名，辽宁为1.9%，成为GDP增速最低的省份。黑龙江与吉林分别是4.8%、5.8%，分别列全国倒数第四、第五位。而2015年上半年全国GDP增速情况显示，辽宁增速仅2.6%，依旧排名增速最低。黑龙江、吉林增速分别为5.1%和6.1%，分别位列全国的倒数第三、第四位。根据2010年第六次人口普查的数据，东北三省总人口为1亿995万人，对比之前2000年第五次人口普查的数据，10年间东北人口净流出180万人。因此，部分学者提出，中国有必要采取措施将总和生育率维持在1.8左右的水平，方可实现人口、社会、资源与环境的长期均衡和协调发展，以避免老龄化速度急剧加快和未来人口总量的迅速下降（彭希哲，2013）。

无独有偶，按照国际公认的老年型人口年龄结构标准，1990年，我国0~14岁人口比重已经达到老年型；2000年底，65岁及以上人口比重、老龄化指数等全部撞线，这也标志着我国全面进入老年型社会。据国家统计局最新数据显示[1]，我国2014年年末的65岁及以上人口为13755万人，占总人口比重为10.1%，较2013年的9.7%增加0.4个百分点。另据联合国相关数据的预测[2]，我国65岁及以上人口占总人口比重将不断上升，预计2050年将达到23.92%，2100年将达到28.19%。"发达国家向现代人口增长模式转变历经了上百年左右，而中国则仅需不到三十年的时间，即使与同等收入水平的发展中国家相比较，我国也是属于较早实现了人口转变过程"（蔡昉和王美艳，2006）。从刚步入人口老龄化社会（65岁及以上人口占总人口7%的比重）发展到14%的人口老龄化水平，我国大概仅需27年左右。然而，发达国家却大多用了45年以上，法国（130年）、瑞典（85年）、美国（79年）等部分国家则用时更长。

整体而言，在21世纪，中国的人口老龄化程度将一直维持在一个较高的发展水平。人口增速趋缓背景下的超速老龄化是当今中国人口变化的最突出特征。此外，中国人口老龄化还呈现出"未富先老""未备先老"、地区差异大、城乡差异大以及性别差异大、高龄化等显著特点。当然，更突出的特点就是"基数大""增速快"。

1.1.2.3　经济增长"中国奇迹"后步入"新常态"

总体而言，改革开放以来，我国经济与社会生活的各个领域都发生了翻天

---

① 国家统计局《2014年国民经济和社会发展统计公报》。

② World Population Prospects：The 2012 Revision. Population Division of the Department of Economic and Social Affairs of the United Nations［EB/OL］. http：//esa. un. org/unpd/wpp/Excel - Data/population. htm.

覆地的变化，经济成就更是举世瞩目。中国已成为世界上增长速度最快的经济体，年均10%左右的高速增长创造了经济增长的"中国奇迹"。国家统计局最新数据显示[①]，1978～2014年，国内生产总值由3645.22亿元增加到636463亿元，远高于同期世界经济年均增长速度。作为衡量经济发展水平重要指标的人均国内生产总值（per GDP），2013年蹿升至6767美元。此外，中国的工业化、城镇化及现代化进程正在加速推进，国民经济的产业结构与居民的消费类型和消费结构也均发生了重大转变，这都意味着我国经济社会发展正步入快速发展阶段。

然而，具体来看，如表1-2、图1-1所示，在国际金融危机的强烈冲击下，我国经济增长速度自2008年后开始急剧下滑，2011年跌破10%以后，近3年来一直在7.50%左右的水平徘徊。我国经济增长正告别高速增长时代，转向中高速增长阶段，我国社会经济发展步入"新常态"，同时，可能今后很长的一段时期内，"新常态"将成为常态。

表1-2　　　　　1994～2013年中国（人均）国内生产总值增长率　　　　单位:%

年份	国内生产总值	人均国内生产总值	国内生产总值增长率	人均国内生产总值增长率
1994	452.8	363.3	13.09	11.82
1995	502.3	398.6	10.93	9.72
1996	552.6	433.9	10.01	8.86
1997	603.9	469.4	9.28	8.18
1998	651.2	501.4	7.83	6.82
1999	700.9	534.9	7.63	6.68
2000	759.9	575.5	8.42	7.59
2001	823.0	618.7	8.30	7.51
2002	897.8	670.4	9.09	8.36
2003	987.8	733.1	10.02	9.35
2004	1087.4	802.2	10.08	9.43
2005	1210.4	887.7	11.31	10.66
2006	1363.8	994.7	12.67	12.05
2007	1557.0	1129.6	14.17	13.56
2008	1707.0	1232.1	9.63	9.07

① 1978～2012年数据来自1979～2013年《中国统计年鉴》；2013年数据来自国家统计局《2013年国民经济和社会发展统计公报》。

年份	国内生产总值	人均国内生产总值	国内生产总值增长率	人均国内生产总值增长率
2009	1864.3	1339.0	9.21	8.68
2010	2059.0	1471.7	10.44	9.91
2011	2250.5	1600.9	9.30	8.78
2012	2422.7	1715.1	7.65	7.13
2013	2608.6	1837.5	7.67	7.14
2014	2801.6	1966.7	7.40	7.03

资料来源：根据 1995～2013 年《中国统计年鉴》整理。在计算（人均）国内生产总值均在折算成 1978 年基期价格后计算出各自增长率。本表 2001～2003 年、2005～2008 年数据为经济普查后修订的数据，2014 年数据来自国家统计局《2014 年国民经济在新常态下平稳运行》。

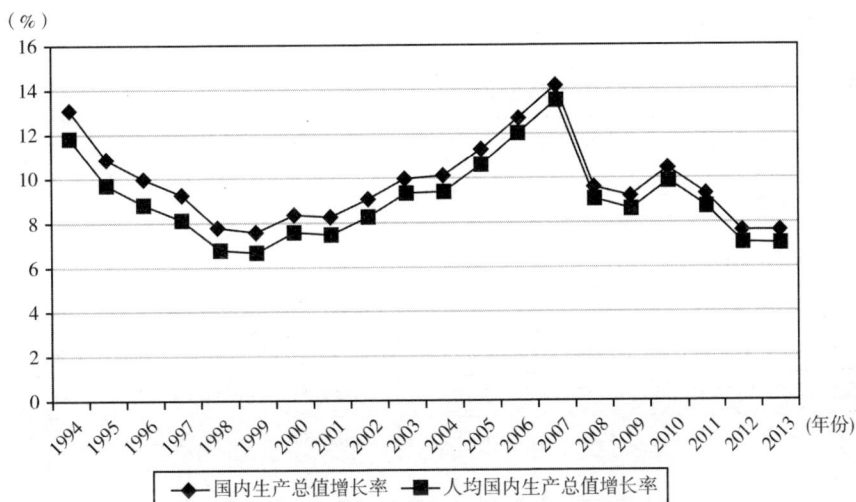

图 1-1　1994～2013 年中国（人均）国内生产总值增长率变动趋势

资料来源：根据 1995～2003 年《中国统计年鉴》整理；在计算（人均）国内生产总值均在折算成 1978 年基期价格后计算出各自增长率；本图 2001～2003 年、2005～2008 年数据为经济普查后修订的数据，2013 年数据为初步核实数据。

在我国经济发展步入"新常态"的同时，人口老龄化趋势却在不断加快。"发展是硬道理。"经济发展是应对人口老龄化的物质基础和前提条件，没有雄厚的物质基础和强劲的经济实力作支撑，就无法积极有效地应对不断加快的人口老龄化趋势。与此同时，在我国由传统社会向现代社会转变，农业经济向现代经济发展的过程中，经济发展的区域差异、城乡差异、个体差异、失衡性以及分割性特征显著。国家统计局相关数据显示①，2014 年全国城乡人均可支配收入之比为 2.75：1，绝对差距约 1.84 万元；基尼系数（Gini coefficient）则由 2003 年的 0.479 一直上升至 2008 年的 0.491，随后回落至 2013 年的 0.473。基尼系数虽有所下降，但相对来说仍处于较高水平，居民收入差距仍在不断拉大。社会经济发展中不断扩大的区域差异、城乡差异及个体差异，加之人口老龄化的接踵而至，势必将对我国逐渐放缓的经济增长形成不小的挑战。

1.1.2.4 财政收入的"新常态"

如表 1-3 所示，在我国社会经济发展进入新常态的同时，我国公共财政收入增速呈现由高速增长转为中低速增长的放缓趋势②，财政收入步入新常态。与我国经济发展进入新常态相同的是，财政收入的新常态在很长一段时期内很有可能也成为常态。

表 1-3 **2000~2014 年中国公共财政收入变动趋势**

年份	公共财政收入			公共财政支出		
	总额（亿元）	名义增长率（%）	实际增长率（%）	总额（亿元）	名义增长率（%）	实际增长率（%）
2000	13395.23	17.05	14.83	15886.50	20.46	18.25
2001	16386.04	22.33	20.11	18902.58	18.99	16.77
2002	18903.64	15.36	14.72	22053.15	16.67	16.02
2003	21715.25	14.87	12.03	24649.95	11.78	8.93
2004	26396.47	21.60	13.97	28486.89	15.60	7.97
2005	31649.29	19.90	15.54	33930.28	19.11	14.75
2006	38760.20	22.47	18.18	40422.73	19.13	14.84
2007	51321.78	32.40	23.68	49781.35	23.20	14.48
2008	61330.35	19.50	10.99	62592.66	25.70	17.19
2009	68518.30	11.72	12.38	76299.93	21.90	22.56
2010	83101.51	21.30	13.96	89874.16	17.80	10.46
2011	103874.40	25.00	16.47	109247.8	21.60	13.07

---

① 国家统计局《2013 年国民经济和社会发展统计公报》。

② 楼继伟. 财政收入由高速增长转中低速增长成新常态 [EB/OL]. http：//www. ce. cn/xwzx/gnsz/gdxw/201412/31/t20141231_4237551. shtml，2014-12-31.

续表

年份	公共财政收入			公共财政支出		
	总额（亿元）	名义增长率（%）	实际增长率（%）	总额（亿元）	名义增长率（%）	实际增长率（%）
2012	117253.50	12.90	10.75	125953.0	15.30	13.15
2013	129209.60	10.20	8.37	140212.1	11.30	9.47
2014	140350.00	8.60	6.75	151785.5	8.30	6.50

　　资料来源：根据 1995~2014 年《中国统计年鉴》整理。在计算公共财政收入名义增长率时按当年价格计算，在计算公共财政收入实际增长率时均在折算成 1978 年元后计算得出。本表 2001~2003 年、2005~2008 年数据为经济普查后修订的数据，2014 年数据来自国家统计局《2014 年国民经济和社会发展统计公报》。

　　在我国经济发展与财政收入双双步入新常态发展模式下，快速的人口老龄化进程势必要求涉及老年人口的公共财政支出比重增加，尤其是针对老年人口的医疗保障支出、养老金支出等。因此，如何化解这种公共财政收入增速降低与公共财政支出增加二者之间的矛盾，这将对政府制定并执行公共政策带来不小的挑战。在我国社会主义市场经济条件下，政府是社会公共产品和公共服务的主要供给者，政府通过财政收支活动履行政府职能，参与公共治理。因此，随着人口老龄化进程的不断加快，政府肩上所承担的"涉老"支出的"兜底"责任将更加沉重。从中长期发展趋势来看，随着老龄化水平的不断加深，客观上必然要求政府增加公共财政支出，以便应对因老年人口比重不断增加而带来的各种变化与挑战，最明显的则是社会养老保险支出、医疗保险支出、健康保障支出及医疗卫生支出等规模的扩大。如此一来，在财政收入增速放缓的前提下，这样做无疑会对其他的公共财政支出项目产生"驱赶效应"，也会在一定程度上冲击财政可持续性。

1.1.2.5　不断加大的养老金收支危机

　　关于养老金收支缺口的议论，官方数据与民间调查大相径庭，可谓是莫衷一是。政府的官方数据表明，我国的企业职工养老保险基金在经历了建立初期的收不抵支、略有缺口后，经过不断调整和完善，从国家层面上来讲不存在收支缺口的问题，长期来看也可以实现自身的收支平衡。但是，具体到各个地方，养老保险基金的财务状况差异太大，部分地区盈余多，也有部分地区缺口较大。事实上，从养老金收入来源形式可以看出，各级政府财政补贴是养老保险基金不可或缺的重要来源。数据显示，2013 年政府财政补贴占城镇职工基本养老保险基金总收入的比重已达 13.31%①，近年已呈现快速增长的趋势。与此同时，不断增加的养老金隐形债务数量也将对未来的养老金收支平衡构成很大的威胁。

从长期来看，随着我国人口老龄化程度的不断加深，一方面，养老金水平的刚性增长将需要更多的养老金收入来支付，养老金供养比的下降与提升缴费率将使政府陷入两难境地；另一方面，持续扩大的财政补贴比重将会给政府财政施加很大的压力，这在削弱政府财力的同时，也注定了不是长久之计。

1.1.2.6　政府相关公共政策难以形成合力

在中共十八届三中全会《中共中央关于全面深化改革若干重大问题的决定》中，应对人口老龄化的相关政策提及颇多，包括已经实施或正在制定的"研究制定渐进式延迟退休政策""以免税、税收延缓征收等优惠政策支持企业年金、职业年金及商业保险快速发展""加快建立社会养老服务体系与大力发展老年服务产业""启动实施二孩政策"等。实践表明，政府为积极应对人口老龄化所已经或计划实施的上述公共政策收效甚微、难以形成合力。当前，社会经济的发展、民众生育观念的转变以及政策实施的时滞性难以使"单独二孩"政策立显成效；研究制定延迟退休年龄的政策导向，也引起了民众及社会各界的不同凡响；"以房养老"政策试点结果却是乏人问津。更何况，政府上述公共政策的"宣示效应"意义更大，是为将来所做的长远打算。

1.1.3　人口老龄化下财政政策的研究意义

自 2000 年我国进入人口老龄化社会以来，人口老龄化进程呈现不断加快的趋势。财政是国家治理的基础和重要支柱。财政政策是政府参与公共治理、实施宏观调控、供给公共产品、弥补市场失灵的重要工具，可以为政府职能履行、社会经济发展与和谐社会建设提供强有力的制度保障和财力保证。在人口老龄化进程不断加快的现实背景下，从"财政是国家治理的基础和重要支柱"这一思想出发，从研究财政政策入手来探求如何破解难题，对于完善国家治理体系、深化财税体制改革以及应对人口老龄化等方面具有较强的理论意义与实践价值。

---

① 郑秉文. 中国养老金发展报告（2014）[M]. 北京：经济管理出版社，2014.

1.1.3.1　理论意义

财政是国家治理的基础和重要支柱。由"政府的收支或政府的收支活动"到"国家治理的基础和重要支柱"，这表明财政的功能和作用从国家治理的层面得到了更高的全新定位。财政也摆脱了原先只是"政府或政府收支活动"的经济范畴，成为一个事关国家治理全局的基本元素。财政被赋予"重要支柱"的定位，也体现了其在国家治理的各个领域均应发挥重要的支撑作用。在我国人口老龄化进程不断加快的趋势下，以财政政策改革为主线索和突破口，以财政政策改革来破解人口老龄化难题，进而推进社会经济各领域的改革，这是财政履行"国家治理的基础和重要支柱"职责的体现，对促进国家治理体系完善和现代化均将起到积极的促进作用。

与此同时，当前我国财税体制改革进入深水区和攻坚期，一直以来的改革面临既得利益的阻挠、难以形成突破和全面推进的困境。在人口老龄化进程不断加快的趋势下，现实背景要求我们必须积极推进财税体制改革，通过改革不断释放"制度红利"。唯有这样，方能使我们从容应对人口老龄化进程加快所带来的严峻挑战。如此看来，从研究财政政策入手探求如何破解人口老龄化难题，发展完善现行财税体制，这对深化我国财税体制改革也具有重要的理论意义。

1.1.3.2　现实意义

人口老龄化进程的不断加快，如若不能得到有效处理，将对我国经济社会发展、人民生活水平提高与和谐社会建设构成严峻挑战。财政政策作为政府参与公共治理、实施宏观调控、弥补市场失灵、提供公共产品和公共服务的重要工具，可以为应对人口老龄化问题提供强有力的制度保障和财力保证。政府，是社会公共产品和公共服务的主要提供者，在社会养老问题上承担着"兜底"的责任。以研究财政政策入手探求如何破解人口老龄化难题，可以促进经济社会发展、民生改善和社会福利水平提高。

与此同时，以财政政策入手探求如何破解人口老龄化难题，可以牵一发而动全身，触动当前既得利益格局，对于促进我国社会主义市场经济发展完善、推进基本公共服务均等化以及缩小收入分配差距均具有较强的现实意义。

1.2 人口老龄化背景下财政政策的研究思路、内容与方法

1.2.1 研究思路与技术路线

本书基于经济增长理论、人力资本理论、公共产品理论及公共财政理论等基础理论，以财政政策变革应对人口老龄化为主线，在力求全面、客观、公正地评价国际发达国家应对人口老龄化的财政政策变革的理论与实践的基础上，对中国自进入老龄化社会十五年以来政府财政政策的变革历程进行梳理，理论分析并模型检验中国人口老龄化背景下财政政策与经济增长的关系，在明确政策变革的基础依据（短期、长期）及政策目标之后，试图通过财政政策变革（短期选择、长期抉择）和机制设计，使政府有效履行公共治理职能，进一步深化财税体制改革，丰富完善国家治理体系，在促进经济社会发展的同时，能够积极有效应对人口老龄化，进而惠及民众并促进人口老龄化、政府治理与经济社会的均衡发展和协同创新。

具体来讲，首先，对相关基础理论与现有文献进行述评，在充分掌握该领域研究现状的基础上，深入拓展未来的研究空间，并由此明确本书的研究目的、思路与内容；其次，对我国人口老龄化现状、财政体制现状与财政政策现状进行评价，并提出在人口老龄化现实背景下财政政策应当转变取向的必要性与紧迫性；再次，选取部分应对人口老龄化具有成功经验的代表性国家，从财政政策的不同角度阐述我国财政政策应改革的方向；再其次，在理论分析老龄化背景下财政政策与经济发展之间关系的基础上，从静态、动态面板数据实证检验理论分析结果，并得出政策意义；最后，在总结前述论证结论的基础上，提出了我国人口老龄化背景下财政政策改革的基础依据、政策目标，以及促进老龄化社会经济发展的财政政策建议。本书的基本路线图如图 1-2 所示。

1.2.2 主要内容与结构

本书共分为十个主要构成部分。第 1 章主要介绍本书的研究背景和意义、研究思路与主要内容等，最后说明本书的创新之处与局限。第 2 章主要对现有

中国人口老龄化背景下的财政政策研究

| 研究步骤 | 研究框架 | 研究内容 |

提出问题

第1章　导论

第2章　人口老龄化背景下财政政策研究的文献综述

- 人口转变
- 人口老龄化与经济增长
- 人口老龄化与政府财政
- 应对人口老龄化的财政政策

分析问题

第3章　人口老龄化背景下财政政策研究的理论基础

- 经济增长理论
- 人力资本理论
- 公共产品理论
- 公共财政理论

第4章　中国人口老龄化背景下的财政政策现状

- 人口老龄化 → 现状 → 趋势
- 财政体制 → 现状 → 趋势
- 财政政策 → 现状 → 趋势

第5章　人口老龄化背景下财政政策的国际经验借鉴

- 西方国家——德国、英国、美国
- 亚洲国家——日本、韩国

第6章　人口老龄化背景下的财政政策与经济发展

- 理论分析 → 实证检验 → 研究结论 → 政策匹配

第7章　人口红利式微下的财政支出平衡研究——以东北地区为例

- 研究背景及意义
- 东北地区财政平衡状况
- 人口结构与人口红利情况
- 实证分析
- 对策建议

第8章　实施全面二孩政策对北京市基本养老金收支水平情况的影响

- 计划生育历史回顾
- 研究背景及意义
- 模型建立及求解
- 敏感性分析
- 结论及对策建议

解决问题

第9章　促进老龄化社会经济发展的财政政策建议

- 基础依据 → 短期选择 → 长期抉择

第10章　人口老龄化背景下财政政策研究的结论、局限和展望

- 研究结论
- 局限和展望

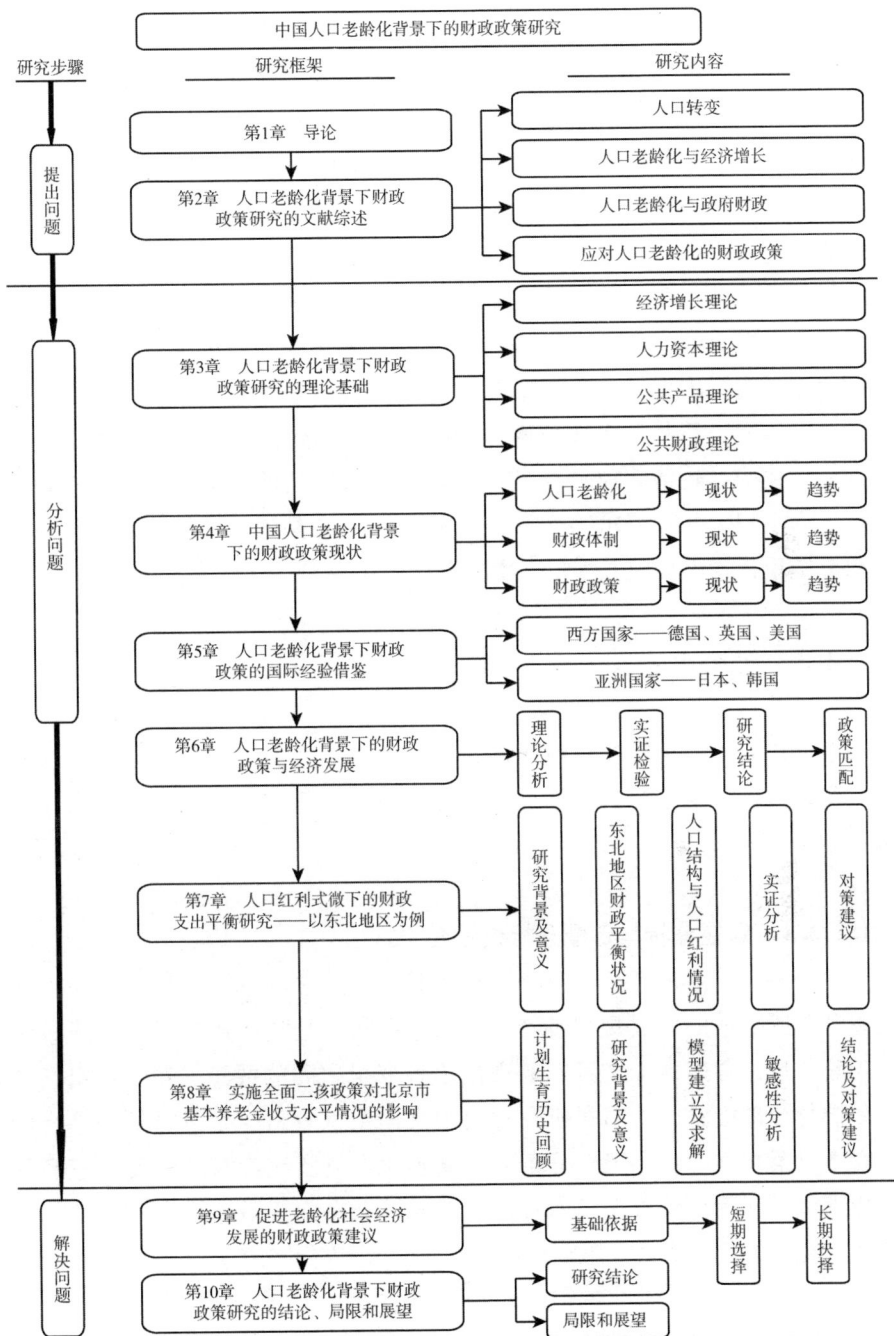

图1-2　本书研究的基本路线

文献评述并确定本书的研究目标与内容。第 3 章阐述本书的理论基础，分别以经济增长理论、人力资本理论、公共产品理论及公共财政理论等为基础，指明本书所研究问题的理论基础。第 4 章是对人口老龄化、财政体制及财政政策的现状进行深入分析，阐明本书以财政政策入手破解人口老龄化难题的现实依据。第 5 章是对国际上发达国家成功应对人口老龄化问题的经验借鉴，总结得出对我国的启示意义。第 6 章是对人口老龄化、财政政策与经济增长三者的理论分析与实证检验，并得出主要结论与政策意义。第 7 章是以东北地区为例对人口红利式微下的财政收支平衡的理论与实证研究，并从人口角度为促进东北地区的财政收支平衡提出建议。第 8 章是对全面二孩政策对北京市基本养老金收支水平的影响研究，并基于实证分析进行政策评价和建议。第 9 章是本书的政策建议部分，在确立政策建议的基础依据和政策目标的前提下，从短期、长期两个角度提出了相应的政策建议及保障措施。第 10 章是本书的结论部分，总结全书的研究结论，指出局限并提出未来的展望。

1.2.3　研究方法

在本书研究中，需要综合使用理论与实践相结合、定性分析与定量分析相结合、实证分析与规范分析相结合以及比较分析法等多种方法，但重点主要采用以下方法。

1.2.3.1　定性分析与定量分析相结合

定性分析，是指在研究社会经济问题时，依照常规逻辑思维或经验推断问题现象背后所隐藏的发展规律和特点。定量分析，是指运用数理统计或数学建模等工具，量化考察社会经济问题现象中各变量之间的数量关系，对定性分析的结果进行推理检验。本书在研究过程中采用定性分析与定量分析相结合的方法。在本书第 6 章中，在定性分析人口老龄化、财政政策与经济发展三者间的影响机理后，利用相关数据，通过建立静态、动态面板数据模型的方式，定量分析了三者间的数量关系和影响程度。

1.2.3.2　实证分析与规范分析相结合

本书研究过程中运用了实证分析与规范分析相结合的方法，例如，在本书第 4 章研究中国人口老龄化、财政体制与财政政策现状时，分析当前财政体制与财政政策所显现的深层次问题及对人口老龄化的影响时，使用的是规范分析的方法。在本书第 6 章中，对人口老龄化、财政政策与经济发展三者间的影响机理分析时，主要采用的是实证分析的方法，以求得到客观、全面、准确和公正的结果。

1.2.3.3 比较分析法

本书在第 5 章研究不同国家应对人口老龄化的财政政策时，采用的是比较分析的方法，通过比较分析，以期得到对推进我国人口老龄化背景下的财政政策研究具有启示性的经验。

1.3 人口老龄化背景下财政政策的研究难点、创新点与不足

1.3.1 研究的难点

难点一，人口老龄化背景下的财政政策调整，所牵涉的是社会整体福利水平的分配问题，以"财政是国家治理的基础和重要支柱"的指导思想出发，从财政政策破解人口老龄化难题入手，如何统筹兼顾经济发展和福利提高是个很大的难点，本书仅仅从政府公共治理的角度进行了初步探索。

难点二，在本书第 6 章采用面板数据模型分析人口老龄化、财政政策与经济增长三者间的关系时，由于影响经济增长的因素较多，关于人口老龄化水平的工具变量选择存在较大的难度，本书仅以 65 岁及以上人口占总人口比重这一指标进行分析。

1.3.2 研究的创新点

本书的创新点主要有以下两点。

第一，研究视角的创新。区别于传统的关于人口老龄化与财政政策的研究，本书从政府公共治理的角度出发，根据"财政是国家治理的基础和重要支柱"的指导思想，在界定了政府财政政策在应对人口老龄化问题时的主导地位和主要职责的基础上，提出了老龄化背景下政府财政政策应实现经济社会发展与有

效应对人口老龄化的政策目标，并制定了短期与长期相结合、合谋合力与多元共治的改革建议。

第二，研究方法的创新。本书综合运用人口学、经济学及社会学等学科理论，研究我国进入人口老龄化社会以来财政政策的实施效果，利用我国 1998~2013 年间的省级面板数据，分别从静态与动态两个维度实证检验了人口老龄化、财政政策与经济发展三者之间的关系，并据此提出了促进老龄化社会经济发展的财政政策建议。

1.3.3 不足之处与进一步的研究

第一，限于中国相关数据的可得性、断续性以及相关统计口径的调整差异较大，本书未能从全国层面对研究主题所涉及的三个主要因素进行时间序列的实证分析。第二，效率和公平是经济学研究领域的两个重要方面。本书仅仅从效率方面研究了人口老龄化与政府财政政策对经济发展的影响及相应的政策匹配，未能就人口老龄化及财政政策所可能带来的代内之间和代际之间的不公平问题进行深入分析。关于人口老龄化背景下财政政策改革所可能带来的代际间和代际内的公平问题，有待进一步研究。

第2章 人口老龄化背景下财政政策研究的文献综述

当前关于人口老龄化的研究，大致经历了以下阶段：首先，由于人口老龄化直接表现为社会中人口年龄结构的变化，最先关于人口老龄化的研究集中在人口转变理论方面；其次，人口年龄结构的变化直接影响到社会有效劳动力的供给、劳动生产率的下降、社会总消费率及社会总储蓄率下降等因素，研究视角也转移到人口老龄化对经济增长的影响方面；最后，由于西方发达国家率先进入人口老龄化社会阶段，当前也是人口老龄化程度最高的地区，在较高的社会福利水平和严重的老龄化程度双重影响下，诸多研究转向与人口老龄化相关的社会保障体系改革、老龄化背景下的产业结构调整、人口老龄化对政府财政的影响以及应对人口老龄化的财政政策等方面。

2.1 人口转变理论

继欧洲工业革命之后，基于社会经济转型的时代背景，西方学者通过总结进而阐释当时社会的人口发展规律，提出了人口转变理论。

法国人口学家兰德里（Adolphe Landry, 1909）对欧洲尤其是法国的人口变化规律进行了总结，并提出了社会人口发展的原始阶段、中期阶段及现代阶段的三个阶段划分。此后，汤普森（Warren Thompson, 1929）将研究范围扩展至世界各国，并在世界各国 1908~1927 年的人口数据总结分析的基础上，试图将欧洲人口结构的转变历程扩展至世界其他地区的理论解释中。美国人口学家弗兰克·诺特斯坦（Frank Notestein, 1945）以死亡率的下降为研究起点，从时间维度发展了汤普森的研究结论，并首次引进"转变"一词，人口转变一词也由此诞生。当前，从兰德里（1909）到弗兰克·诺特斯坦（1945）的理论通常被称为经典人口转变理论。

对于经典人口转变理论，人们的评价褒贬不一。最重要的是，随着更多的发展中国家逐步步入人口转变的阶段，起初适用于西方发达国家尤其是欧洲的人口变动规律无法直接用来阐释其他地区的情形。为弥补先前经典人口转变理论解释力不足的问题，随后的学者逐步开始从社会经济、社会文化、社会制度及技术等不同方面，分别从宏观和微观的不同角度深入分析人口转变的过程及其原因。

20世纪60年代，美国普林斯顿大学人口所研究室研究的"欧洲生育史项目"（European Fertility History Projeet）是对经典人口转变理论提出质疑、进而继续发展完善人口转变理论的十分重要的一项科研努力。著名的美国人口学家寇尔（Ansley J. Coale，1962）通过重新考察先前欧洲的人口转变原因及方式，提出了经济发展与人们对自身自主态度和自身幸福感的追求导致了社会人口生育率下降，但人口生育率下降并不必然影响经济发展的观点，并在此基础上重新归纳总结、补充并修正了传统的人口转变理论。与此同时，戴维斯（Kingsley Davis，1963）所提出的人口变化与反应理论（Theory of Demographic Change and Response）认为，在人们追求自身经济利益的强烈动机与死亡率下降将导致更加紧缺的家庭资源的双重压力下，人们会通过制定更加理性的生育决策行为以回应人口变化。

此后，临界值假说（Threshold Hypothesis）从宏观角度出发，试图探寻社会变化和经济发展对人口转变的影响，期望得出导致生育率下降的社会现代化的临界值。逐渐兴起的以"财富流动理论"（J. C. Caldwell，1976）、芝加哥学派对孩子效用的分析及伊斯特林（R. A. Easterlin，1985）的供求综合框架理论为代表的生育经济学，则从微观经济学的视角出发更加深入地阐释了人们的生育行为和人口转变的原因。

从人口转变理论的发展过程中可以看出，研究视角的逐渐开拓不断丰富和完善了理论内容。但是，人口转变理论基于西方发达国家的大背景，这使得在使用人口转变理论解释其他国家的人口转变规律时仍存在一定的局限性。

新中国成立以后，随着我国社会经济的不断发展以及人口年龄结构的逐渐改变，这使得关于我国人口转变的研究不断丰富起来。我国很多学者运用人口转变理论对我国人口转变所处阶段及其社会经济意义进行了深入研究，并提出了"人口转变未完成"（王学义，2002；王岸柳，2002）、"后人口转变完成"（于学军，2000；李建民，2000）等代表性观点；邬沧萍、穆光宗（1995）提出了用西方传统人口转变理论分析中国人口转变现实问题的缺陷性。蔡昉、王美艳（2006）也提出，中国仅用不到 30 年的时间，就完成了发达国家需要上百年才能实现的向现代人口增长模式转变的过程，与其他发展中国家相比，中国也较早实现了人口转变过程。徐升艳（2011）指出，中国仅用了 18 年的时间即完成了人口年龄结构从成年型向老年型的转变。其中一致的观点认为，中国人口转变具有重大的社会经济意义。

2.2　人口老龄化与经济增长

第二次世界大战以后，西方发达国家率先进入老龄化社会，现今也是老龄化程度最高的国家。进入 21 世纪，世界性人口老龄化已经成为一个不可逆转的事实，任何国家和地区都概莫能外。

西方学者对人口老龄化的研究较多地集中于人口老龄化与经济增长的相互关系上。起初的研究结论多是认为人口老龄化对经济增长会产生阻碍作用，如以莫迪利安尼和布拉姆伯格（Modigliani and Brumberg，1954）为重要代表的经典的经济周期理论，然而该理论却将技术进步假设为外生的，同时忽视了影响经济增长的其他因素，包括公共政策、政府财政活动等。巴罗和马丁（Barro and Martin，1995）通过实证分析得出了不一致的结论，认为人口老龄化并非会对经济增长产生阻碍作用。施密特（Schmidt，1995）在此基础上又进行了深入研究。塞内西（P. Senesi，2003）则认为人口老龄化会促进社会消费增加，会对经济增长起到促进作用。在忽略政府财政活动以及其他公共政策的情况下，内生经济增长理论学派的代表性学者分析发现，劳动生产效率的提高和人力资本投入的增加都能够促进技术进步，进而促进经济增长。

此后，越来越多的研究注意到政府活动及相关公共政策会影响到经济增长。但是，在诸多学者陆续把相关公共政策纳入研究经济增长的内容后，就人口老龄化对社会经济增长的影响产生了巨大分歧。持有消极观点的学者认为，人口老龄化会不断加重政府对老年人口的养老负担，从而导致整个社会的负担水平不断提高；持有积极观点的学者则认为，人口老龄化在一定程度上可以促进社会的人力资本积累水平提高，能够为经济增长添加动力，并可以抵消老龄化的部分消极影响。

在 20 世纪 80 年代，以罗默和卢卡斯（Romer，1986；Lucas，1988）为代表

的学者对新古典经济增长理论进行了深刻思考，并将技术进步内生化，以内生化的技术进步为核心提出了内生经济增长理论。与此同时，内生经济增长理论指出了技术进步的来源：事务资本积累和人力资本积累可以通过"干中学"的方式促进技术进步。由于公共教育和健康支出构成了人力资本的来源（Vanzon and Muysken，2001），因此财政政策也成了经济增长的内生变量（严成梁和龚六堂，2009）。

田雪原是国内最早开始研究老龄化的学者，并发表了《关于人口"老化"问题》。之后，很多学者开始关注老龄化问题。但是由于当时人口老龄化对中国经济的影响还不显著，因此先前的研究多集中在研究人口数量的问题上，而很少关注老龄化带来的问题及影响。袁辑辉和邬沧萍（1986）开始探索人口老龄化的影响，并分别发表了《老龄化问题》及《漫谈人口老化》。上海研究者张开敏（1986）指出，人口老龄化会影响经济增长，并总结出一般的规律，并认为经济越发达的地区，其人口老龄化的现象也越明显。

国内学术界对于人口老龄化对社会经济增长的影响也经历了一个逐步认识、不断发展的过程。武元晋和徐勤（1988）提出，人口老龄化会导致我国社会养老负担加重、降低社会劳动生产率等消极影响，同时也会改变民众的消费习惯和结构，并将对经济发展形成不小的挑战。通过建立引入老年抚养系数这一指标的计量经济模型，厉以宁（1994）指出，人口老龄化将对经济发展产生两个方面的影响：横向的促进作用与纵向的阻碍作用。

当前，国内就人口老龄化对经济增长的影响的研究中，持有消极观点的较多。例如，黄瑞（2010）认为可以通过以技术进步来替代劳动力的方式，消除老龄化对经济增长的消极影响。但是，国内学术界也有学者持人口老龄化对我国的经济增长是积极作用的观点，并提出了挑战与机遇并存的见解。其中，姜向群和杜鹏（2000）指出并不能简单地看待人口老龄化对经济增长的影响，这种影响是复杂的、多方面的，只有在没有妥善处理的情况下才会影响到经济的可持续发展。总体来看，持有人口老龄化有利于经济增长观点的学者还是少数，诸多观点也无法构成主流观点。

2.3 人口老龄化与政府财政

由于人口老龄化的影响在国外已经显现，国外关于人口老龄化影响财政收支的研究较多，其中包括新古典偿债模型：即通过研究财政收入与财政支出序列之间的时间序列性质，来检验政府债务的长期稳定性，主要研究成果包括：汉密尔顿和福莱温（Hamilton and Flavin，1986），瑞汗和沃尔什（Trehan and Walsh，1988），魁敨斯（Quintos，1995）。

埃尔门多夫和希尼尔（Elmendorf and Sheiner，2000）以美国为对象进行了研究，考虑了美国的人口老龄化与政府财政政策，并提出美国政府以增加政府储蓄的方式应对老龄化是最佳选择，但考虑到其他方面的影响，为了应对老龄化挑战，从紧的财政政策仍是政府所必需实施的。法如克和马赫雷森（Faruqee and Muhleisen，2001）以日本为例，研究了该国的人口老龄化对政府财政可持续性的影响，并指出日本未来的人口转变的必然特征是"少子老龄化"，这将对日本的经济和社会的诸多方面产生深刻影响；政府的财政政策应立足长远，并维持财政的可持续性，可以考虑采取较少公共投资、增加消费税税收以及减少社会福利支出等方式来减轻政府的财政负担。

埃斯科森（Eskesen，2002）认为，澳大利亚也面临严重的人口老龄化问题，老龄化将会增加政府的养老金财政开支、医疗支出及长期的护理照料支出，但是政府的社会保障收入以及税收收入则将会下降，并指出该国政府尚未做出应对老龄化挑战的努力，这将严重影响政府财政的可持续性；改进的建议则是增加政府收入，并同时对现在的养老保障体制进行相应的改革。瑞安·爱德华兹和罗纳德·李（Ryan D. Edwards and Ronald D. Lee，2002）对美国的老龄化趋势带来的财政负担进行了测算，他们提出，在现有的联邦政府政策下，老龄化将带来联邦政府巨额的支出压力，到 2030 年和 2050 年联邦支出将分别占 GDP 比重为 35%（±2%）和 60%（±15%）；经济合作与发展组织（Organisation for Economic Co-operation and Development，OECD）在 2006 年对芬兰的调查研究中表明，退休人数的增长和人口寿命的延长将带来财政负担，并在长期使得公共财政缺乏稳定性；米纳·塞西蔓莉和阿拉斯泰尔·格雷（Meena Seshamani and Alastair Gray，2002）在《老龄化对国民医疗服务支出的影响》（The Impact of ageing on expenditures in the National Health Service）中比较了英国和加拿大、日本和澳大利亚的老龄化支出情况，得出全国医疗支出中人口结构变化和总量增长的因素英国只占了 18%，而加拿大、日本、澳大利亚的比例分别为 68%、44% 和 34%。

艾瑟夫·巴德，埃弗瑞·萨德卡和菲利浦·施瓦格（Assaf Razin，Efraim Sadka and Phillip Swagel，2002）利用世代交叠模型分析了老龄化对平衡税率的影响；小野（Tetsuo Ono, 2005）的研究表明老年人倾向于低的环境税；日本学者加藤（Ryuta Kato, 2002）分析了在不断老龄化的日本社会中公共养老金、公共储蓄和资本税制的变化和三者在老龄化社会进行的相应改革。冈本（Okamo-to, 2007）建议在日渐老龄的社会，为促进资本形成和提升社会福利，应采取增加消费税税率、降低利息收益税的税收组合。豪纳（Hauner, 2007）认为在进行财政支出调整时适当考虑老龄人口将有助于在老龄化压力下保持财政的可持续性。波特曼和库马尔（Botman and Kumar, 2008）认为提高生产率增长、劳动参与、产品市场竞争能够缓解欧洲迫在眉睫的人口压力。格斯特（Guest, 2011）认为人口老龄化对资本输出强度和劳动生产率产生影响，导致商品和服务需求转变。安德里亚斯（Andreas, 2011）认为在欧洲老龄化过程中，人口负增长对于社会和经济的潜在挑战并未得到足够重视。布彻和斯特宾（Butcher and Steb-bing, 2012）则质疑澳大利亚针对人口老龄化所采取的鼓励私人储蓄政策。

彭纳齐（Gcorgpennacchi, 2001）讨论了政府为了推行养老金改革所承担的担保风险并使用了期权定价方法来评价政府的风险状况。扎伊迪（Zaidi, 2010）认为人口老龄化是约束欧元区未来经济增长的最大不利因素，人口问题的经济后果就是财政政策必须要转向盈余性财政政策。IMF（1997）对中国的养老金老人债务与中人债务进行预测，选取中国1995～2050年的人口、劳动力、劳动生产、工资增长和GDP作为研究对象，对适龄劳动人口、人口抚养率、退休年龄、工资增长率、实际回报率等变量进行适当假设，指出老人养老金隐性债务为6813亿元，在职职工养老金隐性债务为12363亿元。IMF（2000）采用精算法对中国城镇劳动人口和退休人口的隐性债务进行预算，认为中国的隐性债务规模为74780亿元。霍尔兹曼和帕拉西奥斯（Holzmann and Palacios, 2004）虽然没有单独对中国的隐性债务进行研究，但是提供了一些思想支持。他们分析了隐性债务的替代定义，为目前养老金隐性债务概念不清的现状指明方向；同时在研究模型预算隐性债务时指出工资增长差异以及替代贴现率是重要影响因素。

从国内关于人口老龄化对政府公共财政的研究来看，余永定（2000）通过建立"国债/GDP"动态路径模型，采用"国债警戒线"作为判断财政可持续性的标准，衡量了财政赤字/GDP的稳定性。马军和瞿凡（2001）通过模拟现行的财政制度，并通过扩大社会保障支出、提高退休年龄等方式，运用可计算的一般均衡模型（CGE），分析了老龄化下社会保障的状况，如果保持现有的养老保险制度，到2020年养老金赤字将达到550亿元，而社会保障范围的扩大又会恶化养老金赤字。张天芳、王林和吕天勇（2006）通过分析得出，人口老龄化问题的加剧将会给政府财政带来巨大的压力；并预测，如果老年人口所占比重超过 10%，政府财政将需要支出 50% 来满足社会保障支出，到 2030 年中国老年人口比重将达到 15.34%，届时政府财政支出的比重也将达到 85.104%，老年人口比重的上升，将会进一步加重社会保障支出的压力。付伯颖（2008）认为，中国当前的社会保障仍存在很多问题，保障体系还不健全，还不足以为老龄化的发展提供充分的社会保障；中国在这种形势下进入老龄化，必然会带来公共财政的大量支出，且人口老龄化也会对政府财政收入带来挑战。李民强（2010）认为，人口老龄化对中国的财政稳定性具有重要影响，如果不考虑人口老龄化因素，则中国的财政长期中是稳定的；如果考虑人口老龄化的因素，则中国的财政长期中是不稳定的。李洪心和李魁（2012）研究得出，老龄化会导致政府社会保障支出的比例不断上升，政府财政支出的规模也会增加，而老年人口比重、老年抚养比等也对财政支出规模具有较强的正相关性。

高淑红（2011）指出目前中国财政的老龄人口负担主要包括：行政事业单位离退休人员费用的财政负担、企业职工养老保险的财政负担、城乡居民养老保险的财政负担、老龄人口医疗方面的财政负担以及与老年人口相关的公益福利设施财政负担。周小川（2001）指出从 2025 年起，政府每年需要拿出 5000 亿~14000 亿元来维持退休职工的基本养老保险。刘尚希（2005）估算 2004 年的政府负债规模为 124468.5 亿元（占当年的经济总量规模 GDP 比率达到 91.18%），其中社会保障基金缺口为 40000 亿元，占公共债务的 32.14%。社会保障课题组（2008）从扩大养老保险覆盖面的角度出发，建立人口预测模型和养老保险缴费、支出和平衡预测模型，根据不同的政策目标，即是否适时提高缴费率、降低退休金相对水平（退休金增长慢于工资增长），是否覆盖城乡，是否推迟退休年龄进行分组预测。预测结果表明覆盖城市地区的养老保险体系不可持续，在 2022 年支出将大于收入；基金存量达到峰值 16.8 万亿元，并在 2031 年转为负值。

随着中国逐渐进入人口红利拐点，老龄化所带来的养老金缺口将在未来给政府资产负债表的负债方产生巨大压力。中国社会科学院团队（李扬等，2012a，2012b）从一些发达国家近来发生的主权债务危机看，社会保障体系的资金缺口、特别是养老保障体系的资金缺口，是全面性经济危机最重要的诱因。因此，面对体制转轨和人口老龄化的双重挑战，中国必须高度重视社会保障基金缺口尤其是养老保险基金的支付缺口问题。与此同时，为了实现养老保险全覆盖的目标，包括城镇居民以及农村居民在内的非正式就业人群也被纳入社会保障范畴，这更需要财政给予直接的补贴。如果再考虑到医疗、失业保险制度存在的资金不足问题，全口径的社会保险欠账规模和政府的支付责任将更大。总之，作为社会保障体系资金缺口的最终支付者，政府的或有债务风险，特别是"长寿风险"① 带来的增量负债问题，必须引起高度重视。复旦大学研究小组（马骏等，2012）和中国银行研究小组（曹远征等，2012）均提到，与大家很关心的地方政府债务、银行坏账等因素相比，老龄化所带来的社会保障资金压力才是政府或有负债中最大的一部分。高培勇等（2012）对未来我国的财政收支形势做出了初步分析与预测，其中在财政支出方面，与人口老龄化有关的养老保障和医疗卫生支出规模扩大，这增添了财政支出压力的更多不确定性。

2.4 应对人口老龄化的财政政策

艾瑟夫·巴德、埃弗瑞·萨德卡和菲利浦·施瓦格（Assaf Razin, Efraim Sadka and Phillip Swagel，2002）利用世代交叠模型分析了老龄化对平衡税率的影响；小野（Tetsuo Ono，2005）的研究表明老年人倾向于低的环境税；杰达姆、道格拉斯·伦丁和玛利亚·塞斯马尔特（G. Gerdtham, Douglas Lundin and Maria Saez-Mart，2005）通过概率投票模型分析政治决策表明老年人的政治影响力越大，税率越高；罗斯格斯特（Ross Guest，2008）通过对平滑税制的研究，得出平衡税将减轻老龄化给福利支出带来的不必要的财政负担，平均每人每年70 美元。平滑税制是可以提高社会福利的，因此作者也是提倡的。但其中有风险，一是政治方面的影响：如何保证资金的安全性（不被挪走他用）；二是政府规模的扩大；三是基金的管理成本没有考虑。理查德·约翰逊等（Richard W. Johnson et al.，2006）提出通过隐性税收鼓励老年人延长工作年限从而减轻财政负担。

日本在应对人口老龄化的税收政策方面的研究比较丰富，日本学者加藤（Ryuta Kato，2002）分析了在不断老龄化的日本社会中公共养老金、公共储蓄和资本税制的变化，以及上述三者在老龄化社会进行的相应改革。其理论主要通过模型分析了一些公共福利政策的效果，通过比较两种支持养老金的税

---

① 长寿风险（Longevity Risk）目前并没有一个明确的定义，可以将其理解为由于医疗技术突破等导致人口预期寿命的延长，生存年龄超过预期年龄后所带来的风险。对不同的主体来讲，这种风险是不同的。

种——利息税和消费税的效果，利用了在 20 世纪 70 年代出生的人这方面的数据，强调了利息税比消费税给年轻一代带来的边际效益更大。另外，加藤和迹田直澄（Ryuta Kato and Naosumi Atoda，1993）发表了 "Savings and Taxation in Aging Society"，论述了老龄化的日本社会的税制改革情况。他们的理论成果主要是将奥尔巴赫和科特利克夫（Auerbach and Kotlikoff，1983）已经建立的一个有关老龄化的模型（即世代交叠模型）进行了拓展更新，指出原模型中的一些漏洞，例如忽视了生命时间的不准确性和在预算约束之外还存在着偿债能力的约束；考虑了多种税种，例如薪金所得税、消费税、利息所得税和遗产税；打破了之前日本学术界从未使用真实生命时间的僵局，并在研究中使用了日本健康福利部人口研究中心（the Institute of Population Problems of the Japanese Ministry of Health and Welfare）1992 年统计的数据进行了分析；日本学者之前的相关研究都只是建立在稳定的城市基础上的，而他的论述也只是基于转变过程来撰写，还没有能够将两者结合起来，而奥尔巴赫和科特利克夫（Auerbach and Kotlikoff，1983）的文章中曾经指出，对于老龄化社会的研究应当将稳定和转变这两个方面结合起来写。在前人研究的基础之上，阿基奥卡莫托（Akirao Kamoto，2005）又做了一些拓展研究，在满足各要素均衡的前提下，通过模型分析，说明了消费税率的上调和利息所得税率的下降应当成为老龄化社会的趋势，因为这样的税收整合将会给社会福利带来更多的好处。

国内专门从财税视角深入讨论应对人口老龄化问题的研究很少。付伯颖（2008）将老龄化给公共财政带来的冲击总结为三个方面：公共财政支出总规模的上涨和结构的变化、税收收入的减少和财政收支失衡加剧、风险增大，并在中国应对老龄化现状的基础上提出了相应的财政政策取向。李民强（2010）运用相关年份的时间序列分析方法和微分动态路径方法分别对中国财政稳定性进行检验，结果发现在没考虑老龄化的条件下，中国财政长期是稳定的，若考虑了人口老龄化的因素，中国的财政长期是不稳定的。李晶（2013）认为，财税政策可以通过促进社会经济协调发展、加大政府扶持与鼓励社会支持、鼓励家庭化养老和完善社会化养老解决人口老龄化问题。为此，应遵循财政政策与税收政策相结合的原则，完善促进人口老龄化与社会经济协调发展的财税政策，满足老年人口在商品消费、收入保障、医疗保健、居家养老和福利设施等方面的客观需求。此外，国内还有少部分研究国外老龄化的税制政策的论文，如刘清芝（2009），付伯颖（2010），付伯颖和齐海鹏（2010）分别研究了美国、日本、韩国应对老龄化的税制改革。

2.5 人口老龄化的文献评述

总体而言，目前国内外针对人口老龄化的研究很多，研究领域从起初单一的人口学视角逐渐拓展到经济学、社会学等其他学科；研究点主要集中在人口学对老龄化的界定、老龄化产生的原因及老龄化对社会经济发展产生的影响、养老服务、养老保险等方面。国内从财税视角讨论人口老龄化的研究中，集中在老龄化对财政收支规模和结构的定性分析以及发达国家的经验借鉴等方面，缺乏基于政府职能定位下的人口老龄化的财政政策研究。

国外关于老龄化及其相关财税政策的定量研究比较多，但国情的差异和财税体制的不同，使得我们很难从发达国家现有的经验中找出适合中国人口老龄化的财政政策安排。

与此同时，人口老龄化是我国社会经济发展所必需面对、无法抗拒、不可逆转及逐步加重的发展趋势，它是人口问题、社会问题及经济问题的一个综合体。我们应该清醒地认识到，第一，从人口转变角度来看，自 2000 年中国进入老龄化社会以来，人口老龄化所呈现出的高增速、高龄化、区域差异大、城乡差异大以及性别差异大特征愈发明显；第二，在我国经济增长进入增速放缓的新常态下，不断加重的人口老龄化趋势终将影响经济增长的激励效应，如何认识和对待是我国将不得不面临的严峻挑战；第三，在我国财政收入增速进入中低速增长的新常态下，不断加重的人口老龄化趋势将使政府应对老龄化的公共财政支出刚性增长，如何化解收支矛盾，怎样平衡公共财政支出结构与经济发展需求等，诸多问题都将是政府应尽早谋划的战略部署。

目前，人口老龄化问题已经成为社会各界关注的焦点，这需要政府决策者制定行之有效、长久投入的应对机制。然而，我国近年来的改革更是面临"渐而不进"、难以形成突破和综合全面改革的困境，政府在应对老龄化问题的制度和政策制定中一直表现出明显的滞后性[1]。新时期，在国家应对人口老龄化所已经或计划实施的公共政策难以形成合力的情况下，财政政策作为政府实施宏观调控、供给公共产品、弥补市场失灵的重要工具，可以为政府职能履行、社会经济发展、和谐社会建设提供强有力的制度保障和财力保证。在我国人口老龄

---

[1] 胡志勇．论中国"老龄化"的经济影响及财税对策 [J]. 东南学术，2012 (5)：34 −35.

化的社会现实与严峻挑战下，本书认为，政府主导下市场各行为主体的多元共治模式将是有效应对人口老龄化的成功举措，政府的角色定位是关键，财政政策则应作为政府参与的最有力工具。进一步，人口老龄化背景下的财政政策应协同实现两个目标：其一，有效促进社会经济发展，这是财政政策实施与变革的目标之一，也是财政政策得以实施与变革的物质基础、前提条件；其二，有效应对人口老龄化挑战，这是财政政策实施与变革的目标之二。如是，也就构成了本书的研究方向。

第3章 人口老龄化背景下财政政策研究的理论基础

3.1 经济增长理论与人口老龄化

经济增长理论是解释经济增长规律和影响制约因素的理论。这一理论经历了从前古典经济增长理论和古典经济增长理论、哈罗德—多马模型、新古典经济增长理论、内生增长理论到如今"新常态"下新供给经济增长理论的漫长发展阶段。通过研究经济增长理论，可以更深入地分析人口老龄化与经济增长的关系。

3.1.1 经济增长理论

3.1.1.1 前古典经济增长理论

前古典经济增长理论是经济增长理论积蓄力量的时期。古希腊的色诺芬（Xenophon，约公元前427～公元前355）在《经济论》和《雅典的收入》中就曾论及经济增长，他把产品数量的增加和质量的提高归因为分工，并把讨论深入到人口集中和专业技能及产品开发之间关系的分析上。柏拉图（Platon，公元前427～公元前347）也指出专业化和分工益处，并认为城市的起源归因于专业化和分工。但是他更倾向于专业化和分工的政治含义，即培养能力超群、品格高尚的精英人士来指导政治和经济活动，这都是以后的研究者探讨政治体制、公平和增长之间关系的思想萌芽。柏拉图的得意门生亚里士多德（Aristotle，公元前384～公元前322）从促进经济效率出发，捍卫一切阶级的私有财产，认为这样才能产生社会和平，激励道德品质的发展，从而形成一个经济激励发挥较大作用的具有较高效率的混合经济体系，这是我们今天经济增长理论的思想来源和萌芽。之后，又出现了重商主义和重农主义的思想。在重商主义的观念中，国家表现出对物质利益追求的一个永无止境的兴趣，重商主义者所关心的唯一最重要的问题是，国家资源的使用应该使国家尽可能在政治上和经济上强大。在国际上，它们都采取贸易保护主义，实现国际经济控制，做到尽可能大的贸易顺差，以积累货币，从而达到积累财富。如今各个国家为了促进本国经济增长所采取的一些政策仍能看到重商主义的影子，这些也体现在有关经济增长的模型与理论中。重农主义的代表人物是魁奈（Francois Quesnay），按照魁奈的观点，经济增长首先取决于农业剩余产品的再投资，但也受农产品需求量和结构的影响。魁奈的整个理论体系的基础，是其对农业生产技术的分析。在分析了经济均衡的基础上，魁奈还分析了导致经济不均衡的原因，并在《经济表》中展示了社会再生产过程中各经济部门间的内在联系。虽然魁奈的理论存在一定的缺陷，但他对马克思（Karl Heinrich Marx,）的再生产理论构造产生了重要影响，也对 20 世纪一般均衡模型和斯拉法（Piero Sraffa）的一般均衡模型产生了不可低估的影响。里昂惕夫（Wassily Leontief）所建立的美国经济的投入—产出模型也借鉴了魁奈的理论。

3.1.1.2　古典经济增长理论

古典经济增长理论是经济增长理论形成初期时的理论。在该时期，对经济增长过程的分析是由斯密（Adam Smith）、李嘉图（David Ricardo）、马尔萨斯（Thomas Robert Malthus,）、穆勒（John Stuart Mill）为代表的英国古典经济学家的著作为核心特征。斯密的《国富论》确立了古典价值理论的基础，而且首次科学而严密地阐述了经济增长理论。斯密的理论涉及了国民财富及其增长，对人性的假定，分工、劳动的分类，资本的作用，政府和制度的作用。李嘉图的经济增长理论是对古典经济增长理论的进一步拓展，他认为作为生产要素的土地、资本和劳动其产出的边际报酬是递减的。李嘉图所研究的是社会总产品的增长，但他研究的中心转向了分配问题。李嘉图通过对地租、工资、利润之间的关系以及影响这些分配比例变动的外部因素的考察，建立了关于国民财富增长因素、增长过程的系统理论，并提出了加快经济增长的一系列政策措施，对后世有重要影响。马尔萨斯 1798 年对经济增长的讨论是与他的人口原理联系在一起的，他认为人口增长是内生增长的，即人口增长取决于人均收入。穆勒的理论关注资本积累、人口增长和技术这样一些主要的变量，并把它们同农业的收益递减结合起来，设计了一个清晰的古典经济发展理论。对于分配，他认为一个有利于实现扩大平等目标的手段是再分配，不是收入的再分配，而是财富的再分配。

3.1.1.3 新古典经济增长理论的成长

古典经济学家在 1776～1870 年近一个世纪的时间里建立了经济增长理论的研究框架，随着经济运行的变化和各种社会历史条件的转变，凯恩斯经济理论与新古典经济学力量在慢慢孕育和成长。在这之中，最经典的经济增长数学模型是以凯恩斯经济理论为基础的哈罗德—多马模型以及以新古典经济增长模型为基础的索洛模型。

第一，哈罗德（Roy Forbes Harrod）—多马（Evsey David Domar）经济增长的模型。表示方法：G = S/V。其中，G 是经济增长率，S 是资本积累率（储蓄率或投资率），V 是资本/产出比。

模型结论及解释：增长率随储蓄率增加而提高，随资本—产出比扩大而降低。经济的增长路径是不稳定的。即在完全就业条件下的增长稳定性取决于人口增长率 Gn、实际经济增长率 G 和有保证的经济增长率 Gw 之间的关系。完全稳定增长的条件：G = Gw = Gn。现实中，此条件基本无法实现。若 G < Gw，则实际资本—产出比低于投资者意愿的资本—产出比，投资会进一步增加，经济继续扩张，实际经济增长率进一步提高，直至达到劳动供应的极限，即直到资本增长率 = 劳动力增长率 = 自然增长率。若 G > Gw，则实际资本—产出比高于投资者意愿的资本—产出比，投资会降低，实际经济增长率降低，经济紧缩，出现失业。若 Gw > Gn，则资本增长率超过了劳动力增长率，投资者会减少投资，导致实际增长率 G 小于均衡增长率 Gw，经济则可能长期处于紧缩状态。若 Gw < Gn，则表明投资资本被充分利用，形成了高额利润，这将刺激投资者增加投资，长期中会使经济持续扩张以致出现长期通胀。

第二，索洛（Robert M. Solow）增长模型。索洛模型又称作新古典经济增长模型、外生经济增长模型，是在新古典经济学框架内的经济增长模型。新古典增长模型强调了在一个封闭的没有政府部门的经济中，储蓄、人口增长、技术进步对经济增长的作用。

没有技术进步的新古典增长模型：$\dot{k} = sf(k) - (n + \delta)k$。式中 k 为人均资本，s 为储蓄率，y 为人均产量（$y = f(k)$），n 为人口增长率，δ 为资本的折旧率。从而 $sf(k)$ 为社会的人均储蓄；$(n + \delta)k$ 为新增劳动力所配置的资本数量和资本折旧，称为资本广化；$\dot{k}$ 为人均资本的增加，称为资本深化。因此，新古典增长模型的基本方程式又可表述为：资本深化 = 人均储蓄（投资）－ 资本广化。在新古典增长模型中，稳态是指一种长期均衡状态。在稳态时，人均资本达到均衡值并维持在均衡水平不变；在忽略了技术变化的条件下，人均产量也达到稳定状态，即 k 和 y 达到一个持久性的水平。稳态的条件为 $sf(k) = (n + \delta)k$。因此，稳态中，总产量的增长率和总的资本存量的增长率均等于劳动力的增长率，n 即为稳态增长率，且这一增长率独立于储蓄率。

具有技术进步的新古典增长模型：考虑技术进步的情况下，产出 Y 是资本 K 和有效劳动 AN 的一次齐次函数。令 $\tilde{y} = Y/AN$，表示有效劳动平均的产量，$\tilde{k} = K/AN$，表示有效劳动平均的资本，则生产函数可写成：$\tilde{y} = f(\tilde{k})$。对公式 $\tilde{k} = K/AN$ 两边取自然对数，然后对时间求导，可得新古典增长模型的基本方程为：$\tilde{k} = s\tilde{y} - (n + g + \delta)\tilde{k}$，其中，g 为技术进步的增长率，假定是外生给定的。就稳态分析而言，引入技术进步并没有使稳态分析的结论产生大的变动。在具有技术进步的新古典增长模型中，按有效劳动平均的资本与按有效劳动平均的产量的稳态增长率为 0，人均产出的稳态增长率为 g，总产出的稳态增长率为 n + g。因此，我们得到技术进步会引起人均产出的持续增长，一旦经济处于稳定状态，人均产出的增长率只取决于技术进步的比率。根据新古典增长理论，只有技术进步才能解释生活水平（即人均产出）的长期上升。

3.1.1.4　内生增长理论

以索洛模型为代表的新古典经济增长理论将储蓄率、人口增长率与技术进步等重要因素作为外生变量来考虑，得出的某些结论与现实发生偏离。与之不同的是，内生增长理论将储蓄率、人口增长率与技术进步等重要因素作为内生变量来考虑，从而得出由模型的内部因素决定经济的长期增长。

第一，基本模型。由 Y = AK 与 $\Delta K = sY - \delta K$ 推出 $\frac{\Delta Y}{Y} = \frac{\Delta K}{K} = sA - \delta$。其中，A 是一个常量，它衡量一单位资本所生产的产出量。这个模型不存在资本边际收益递减，额外一单位资本均生产 A 单位的额外产出。上式表明只要 $sA > \delta$，即使没有外生技术进步的假设，经济的收入也一直增长。

内生增长模型的关键在于把知识看作一种资本，这样就能保证资本边际收益不变。内生增长模型提供了一条内生化稳态增长率的途径，即如果可以被累积的生产要素有固定报酬，那么稳态增长率将被这些要素的积累率所影响。储蓄率 s 越高，产出增长率也将越高。这一模型指出那些能永久提高投资率的政府政策会使经济增长率不断地提高。

第二，两部门模型。假定经济有两个部门，分别称为制造业企业和研究性大学。企业生产物品和劳务，这些物品和劳务用于消费和物质资本投资。大学生产被称为"知识"的生产要素，然后这两个部门免费利用知识。

该模型的数学方程为：企业的生产函数 $Y = F[K, (1-u)EN]$；大学的生产函数 $\Delta E = g(u)E$；资本积累方程 $\Delta K = sY - \delta K$。这个模型也可以在不假设生产函数中有外生变量的情况下引起长期增长。这里的长期增长是内生地产生的，因为大学的知识创造不会停止。

3.1.1.5 新供给经济增长理论

自 2012 年开始，GDP 与税收的增长率持续下滑，结束了两位数的增长态势。2012~2013 年，GDP 总量增长了 1.1 倍，GDP 增长率下降 0.1%，税收总量增长了 1.1 倍，税收增长率下降 2.3%；2013~2014 年，GDP 总量增长了 1.1 倍，GDP 增长率下降 0.3%，税收总量增长了 1.1 倍，税收增长率下降了 2%。税收占 GDP 的比重在 2013 年持平，在 2014 年下降 0.7%。GDP 增长率仍然保持 7%~8% 的中高速增长。这些数据表明，中国经济进入"新常态"。面对经济下行压力，国家提出了"减税增支"刺激经济的政策，并利用消费、投资、进出口这"三驾马车"进行"需求侧管理"，但在理论与实践的互动发展中，需求侧管理表现出他的局限性。把消费、投资、出口的划分看作通过需求管理促进经济增长的"动力"，即"三驾马车"式表述，拓展了需求管理的范畴，但这种"动力"在需求侧难以自我实现；与需求侧"元动力"相对应的、回应为消费供给、投资供给和出口供给综合形成的供给侧产出及相关的制度供给，才是真正形成了经济发展中至关重要的供给侧动力机制体系，这就是"供给侧管理"。在中国突破需求管理局限而助力经济增长，亟须推进经济学理论在供给侧研究的创新，实施"供给侧改革"。在中国，"供给侧"改革有助于化解过剩产能，如今在多种资源行业存在产能过剩的情形，就是总供给不正常的超过总需求，这样会造成资源浪费，使经济增长面临更大的下行压力。"供给侧"改革可以帮助企业降低成本，比如通过减税等政策性措施，让企业削减不必要的制度性成本，这样企业就可以"轻装上阵"，有更多的资金去创新，去提高生产力。"供给侧"改革可以化解房地产库存，"后土地财政"时代所出现的房地产"去库存"的压力正需要"供给侧"改革。通过"供给侧"改革，可以使得微观企业能够长期保持稳定的利润增长情况，金融系统就不会产生过多呆坏账，经常性的财政收入就会得到保障，就会为供给侧淘汰落后产能、促进经济结构调整升级赢得时间和空间，就可以守得住不发生系统性金融风险和财政风险的底线。

3.1.2　人口老龄化与经济增长的关系

通过对经济增长理论的发展历史梳理，我们知道经济增长是一个复杂的过程。但人口老龄化对经济增长的不利影响是不容置疑的，这种不利影响体现在经济增长的各个要素中，包括劳动、资本以及技术进步等。

人口老龄化对劳动及劳动增长率的影响。从以往的文献中，我们可以得出人口老龄化通过四条途径影响劳动及劳动增长率：一是人口年龄结构的变化影响劳动力的供给，进而影响经济的发展，充足的劳动力供给为经济的稳定增长提供了很好的保证。老龄化意味着劳动年龄人口比重下降，老年人口比重上升，这将带来劳动力供给的相对减少。我国从 2000 年开始进入人口老龄化阶段，即 65 岁以上人口占比超过 7%，从劳动年龄人口方面看劳动供给，轻度的人口老龄化不会使得我国劳动年龄人口减少，但是随着人口增长趋势逐渐放缓以及老龄化不断深度化，我国劳动年龄人口将逐渐减少。二是劳动资本存量。新古典增长理论认为劳动资本存量与劳动生产率之间存在同向关系。博德里和科拉德（Beaudry and Collard，2003）通过对 18 个工业化国家实证研究发现，成年人口增长率通过劳动资本存量对劳动 GDP 产生微弱影响，并且两者之间为反向关系。三是技术。坎顿和格罗特（Canton and Groot，2002）认为人口老龄化不利于新技术采用。不同年龄段人口采纳新技术的成本不同，由于新技术产生收益具有时滞性，老年人在新技术收益产生前就会死去，但仍要承担采用新技术牺牲休闲的机会成本，所以对新技术的采用持反对意见。人口老龄化加大了持反对意见人口的比例，不利于技术进步。四是商品与服务需求。格斯特（Guest，2007）在非贸易部门具有较高资本集约度和人口老龄化将引起需求从贸易部门转向非贸易部门的假设下，得到了人口老龄化将造成劳动生产率下降的结论，但当资本集约度相反或需求转移方向相反时，人口老龄化对劳动生产率的作用也相反。因此，劳动力老龄化对生产率存在着一定程度的负面影响。同时，教育和运行良好的劳动力市场对维持老年劳动力的生产率至关重要。

人口老龄化对资本的影响。首先，对于储蓄，储蓄是资本形成的重要来源，人口老龄化进程可能对储蓄产生不利影响。根据生命周期理论，人们在工作期间的储蓄倾向为正，当人们预期到寿命会提高时，也会增加储蓄的份额，而退休后储蓄倾向往往由正为负。从社会整体来看，如果一定时期人口的总负担系数较低，即工作人口在全部人口中占有较大比例，那么全社会的储蓄规模将极为乐观，反之，当人口的总负担系数较高，特别是退休人口在全部人口中占有比例出现增长时，储蓄规模就会不断收缩。其次，对于储蓄与消费，人口老龄化势必通过劳动增长率、消费当量人口、消费结构和预期寿命等因素对人均消费水平和储蓄率产生影响。安多和莫迪利亚尼（Ando and Modigliani，1963）在生命周期理论中就已指出，各年龄段人口的消费量存在差异，随着人口老龄化，这种消费量上的差异将影响实际消费人口支持率，并与人口老龄化相伴随的劳动力增长率减缓一起，对经济增长产生水平效应，共同改变消费和储蓄的增长路径和稳态均衡值。之后，还有一些学者将研究框架推进到小型开放经济、资本非完全自由流动开放经济模型中，或改变部门结构和研究方法，得到的结论是基本一致的。最后，对于储蓄与投资，在封闭经济中，储蓄转化成投资是资本形成的唯一方式，或者说，国民储蓄必然等于国内投资。根据储蓄的生命周期理论，人口老龄化则意味着劳动力供给收缩的同时储蓄也在减少，投资总量也相应下降，如果其他因素保持不变，则意味着总产出的减少。进一步，如果劳动力供给收缩的速度慢于储蓄的下降速度，将导致投资—劳动比率的降低，则意味资本形成的不足，将导致人均产出水平的下降。与之相反，如果劳动力收缩速度快于储蓄的下降速度，则会造成储—劳动比率的提高，而此时如果没有技术进步和经济结构优化，那么未必会带来资本—劳动比率的提升，就不存在人均产出的增长。通常储蓄的增加会引起投资的增加，进而促进资本的深化，经济仍然可能实现持续的增长。在人口老龄化的背景下，以未来养老为目的的储蓄推动经济增长的情形被一些学者称为"第二人口红利"（王丰，2007），"第二人口红利"的实现依赖于储蓄—投资转化率的提高。

人口老龄化对技术进步的影响。技术进步是影响经济增长潜力的重要因素，人口老龄化对技术进步有显著的不利影响。首先，人口老龄化不利于技术进步相关投入增长。技术进步需要以大量的研发投入、教育投入以及各类人力资本投入为基础。人口老龄化提高国民收入中的消费比例，增加经济社会资源占用，在一定程度上直接或间接挤压技术进步相关投入增加。其次，人口老龄化不利于年轻劳动力增长，伴随着劳动力队伍的大龄化，不适应未来技术更新不断加快、技术强度不断趋高的技术发展趋势。未来经济增长对技术进步的依赖程度不断提高，相应要求产业发展的技术含量及技术强度越来越高，从而对相关从业人员的智能与体能提出更高的要求。目前，在一些技术更新频率很快的领域，如电子信息技术、计算机软件开发等领域，以及在一些技术强度很高的领域，如航天航空、海洋探测等领域，对技术研发从业人员有明显的年轻化倾向要求，特别是其中的核心技术研发人员的进入与退出频率很高。人口老龄化总体上降低年轻劳动力的供给，长期看将成为一些高强技术发展的约束性因素，从而不利于技术进步。最后，大龄化的劳动力队伍在求知、求新、求变直至创新等方面的主观能动性、适应性都有趋于弱化的倾向，不利于技术进步。

3.2　人力资本理论与人口老龄化

在前面我们介绍了经济增长理论，而形成于 20 世纪 60 年代的人力资本理论，是现代经济学中能够阐释经济增长的理论之一，该理论核心探讨自身的基本特征、形成机制、投资形式与投资收益等问题。这一理论经历了从萌芽、诞生到不断发展完善的漫长阶段，人们对人力资本的认识也随之得以深化。

3.2.1　人力资本理论

3.2.1.1　人力资本思想早期萌芽

强调经济学视角下人的作用与经济价值，分别从微观和宏观的角度衡量人的货币价值，这是人力资本理论的初始萌芽。"土地是财富之母，劳动是财富之父"，这一经典论断由英国古典政治经济学家威廉·配第（William Petty，1672）在其经典代表著作《政治算术》中首次提出。威廉·配第首次提出的"劳动决定价值"这一观点，为今后的劳动价值论发展打下了基础，他的这一思想也被公认为是人力资本理论的萌芽。

之后，著名的古典经济学派代表亚当·斯密（Adam Smith，1776）在《国民财富的性质和原因的研究》中初步提出了人力资本的思想。他认为劳动力是经济进步的主要力量，所有人"后天获得的有用能力"可以被视作资本的重要组成部分，这种能力可以从教育、学校或者学徒过程中获得。他还进一步指出，人们对获得谋生的技能所花费的时间和劳动应当赋予其合理的报酬。这其实就是在给人力资本确定价值和收益分配。斯密认为人的天赋差不多，人的能力主要靠后天努力和培养。人类学习这一过程即是一个投资的过程，通过学习和教育，从而得到收益。毫无疑问，斯密对人力资本的论述极大地推动了人力资本思想的研究，从而成为人力资本思想早期萌芽的代表之一。

在亚当·斯密论述的基础上，法国经济学家让·巴蒂斯特·萨伊（Jean Baptiste Say，1803）则做了更进一步地深入分析，他在其著作《政治经济学概论》中阐述了相同的思想，即经过学习的能力应当视为资本，并提出了人才（特别是具有优秀才能的企业家）在社会生产中的特殊作用。德国古典经济学家冯·杜能（Heinrich von Thunen，1826）在其代表性著作《孤立国同农业和国民经济的关系》中同样把人力资本包含在固定资本之中，并提出人力资本的概念并不会贬低个人人格或损害个人尊严。在19世纪40年代，德国经济学家弗利德里希·李斯特（Friedrich List，1844）在他的著作《政治经济学的国民体系》中提出了与物质资本相对应的"精神资本"的概念，并认为个人在智力方面的成果和积累构成了"精神资本"的来源。由此可以看出，弗利德里希·李斯特所提出的"精神资本"的观点在一定程度上可以看作是现代人力资本的雏形，更贴近当代西方经济学中的人力资本涵义。

新古典经济学家法国的莱昂·瓦尔拉（Walras，1874）和英国的阿尔弗雷德·马歇尔（Alfred Marshall，1890）均分别从不同角度探讨了有关人力资本的思想。瓦尔拉认为人力资本等价于人自身，在数量上与人口数目相等，人力资本也是一种无需人工生产的自然资本，这明显是缺乏科学性的不恰当论述。阿尔弗雷德·马歇尔则认为教育是开发人力资源智力的重要途径，衡量教育投资得失的标准应是教育所提升的劳动者的能力及其劳动力的利用机会，而不是直接看待教育投资本身。

古典经济学派的经济学家，认为个人自身、个人能力以及个人技能都在资本所包含的范围之内。虽然关于人力资本的思想零散于各个代表性著作或经典论断之中，但是他们对人力资本思想的研究，为以后关于人力资本理论的研究奠定了坚实基础，也开创了人力资本学派。

3.2.1.2　现代人力资本理论

步入20世纪以后，西方经济学界针对人力资本理论的研究取得了进一步的新进展。美国经济学家欧文·费雪（Irving Fisher，1906）在其《资本的性质和收入》著作中提出了人力资本概念，并将其引入经济分析的理论框架中。苏联经济学家斯特鲁米林（Strumilin，1924）在其公开发表的论文《国民教育的经济意义》中首次提出了教育投资收益率的计算公式，他也成为最早运用数学计算公式定量分析教育的经济学意义的经济学家。美国哈佛大学沃尔什（Walsh，1935）在其所发表的《人力资本观》一文中，通过比较先期个人教育费用支出与后期个人收入来计算教育的经济效益，并借此分析高中教育与大学教育的经济利弊。新制度学派的代表人物约翰·加尔布雷思（John Kenneth Galbraith，1958）在其著作《丰裕的社会》中提出，社会经济生产需要经过技能培训的个人，实物资本投资和人力资本投资同等重要，对科学和教育的投资几乎完全决定了社会生产中的技术进步与资本改善。

与此同时，在第二次世界大战结束以后，德国和日本在战败后社会经济迅速恢复，美国的社会经济则以远超生长要素投入增长率的速度增长，以及其他发展中国家经济的迅速崛起，世界经济发展的现象让经济学家已经无法再运用传统的增长理论模型加以解释。在此时代背景下，现代人力资本理论应运而生。

美国经济学家西奥多·舒尔茨（Theodore W. Schultz，1960）在美国经济学年会上《论人力资本投资》的演讲中，明确而系统地阐述了人力资本理论。同时进一步对人力资本形成的方式与途径进行了研究，并定量研究分析了教育投资收益率与经济增长中的教育贡献度，这也从此开启了经济学界对人力资本的广泛研究。西奥多·舒尔茨认为，教育支出、医疗卫生支出、劳动力国内流动的支出以及移民入境的支出是对人力资本投资的四个重要部分。教育投资可以通过提高劳动力素质的途径促进国民收入增加；通过发展医疗卫生事业，一方面在维持现有劳动力数量的基础上，可以有效增加将来的劳动力数量供给，另一方面还能不断增强劳动力的身体素质，进一步提高他们的工作能力；国内劳动力的合理流动，可以是国内的劳动力资源实现有效利用和合理配置，减少人力资本浪费；移民入境则同样意味着国内社会的人力资本总量的增加。之后，美国经济学家爱德华·丹尼森（Edward Denlson，1962）运用实证计量分析的方法分析了人力资本对经济增长的影响。他最著名的研究成果是通过精细的分解计算，论证出美国 1929~1957 年教育发展对国家经济增长的贡献率为 23%，教育水平的提高引起劳动力的平均质量提高了 0.9%，这对美国国民收入增长的贡献率为 0.67%，这一贡献率占人均国民收入增长的 42% 之多。丹尼森的研究从实证检验上为舒尔茨的理论分析提供了充分的证据，由此也引发了世界各国教育经费支出长达十多年之久的迅猛增加。

美国经济学家雅各布·明塞尔（Jacob Mincer，1957）的重要贡献在于研究了人力资本投资与收入分配的关系，在其博士论文《人力资本投资与个人收入分配》中，主要方法是构建了个人收入与个人受到的培训量之间的经济数学模型。通过建立个人收入分析与其接受培训量之间关系的经济数学模型。明塞尔也是最先提出"收益函数"这一概念的经济学家之一，利用收益函数可以有效揭示劳动者接受的教育程度高低、工作经验的长短对劳动者收入差别的影响关系，并得出劳动者接受的教育水平提高会增加人力资本投资，也决定了劳动者个人收入的增长和个体间收入差距的缩减。

在舒尔茨和明塞尔研究的基础上，加里·贝克尔（Gary S. Becker，1964）进一步系统地阐述了人力资本与人力资本投资的相关问题，并对人力资本的性质以及人力资本投资行为提供了有说服力的理论解释，从而确立了人力资本理论的一般理论框架和研究思路。他所构建的人力资本投资和收入分配模型，为现代人力资本理论的发展奠定了牢固的微观基础，使得对人力资本的研究更加富有科学性与可行性。

3.2.1.3　当代人力资本理论

继索洛（R. W. Solow，1956）的论文《对经济增长理论的贡献》之后，增长理论再次吸引了众多经济学家的广泛研究。此时，他们将人力资本因素引入经济数学模型，进而能够分析人力资本对经济增长的贡献，从而提出了现今仍在沿用的包含人力资本因素的经典经济增长模型。随后，罗默（Paul M. Romer，1986）和卢卡斯（Robert Lucas，1988）的经济增长模型则进一步讲人力资本内生化。

芝加哥经济学派的日裔经济学家乌扎华（Hirofumi Uzawa，1965）在论文《经济增长综合模型的最优技术变化》（Optimum Technical Change in An Aggregative Model of Economic Growth）中拓展了索洛单一生产部门的模型，引进教育部门这一非生产性部门，得到同时包含生产部门与教育部门的两部门模型。文中提出教育所带来的技术进步与土地、资本等其他生产要素投入一样，均会对经济增长起到一定的影响。

诺贝尔经济学奖得主罗默（1986）在阿罗的增长模型基础上，将技术进步内生化，进而提出了内生技术进步的经济增长模型。罗默所提出的经济增长模型强调经济主体的知识积累是经济增长的重要驱动所在。对各国经济增长的差异表现，他认为这与该国所积累的人力资本存量和水平的差异有密切关系[①]。

---

① Paul M. Romer. Increasing Returns and Long-RunGrowth［J］. Journal of Political Economy，1986（94）.

1990 年，罗默又修正了先前所提出的内生经济增长模型，同时提出了知识外溢和知识驱动因素，同时认为人力资本和知识才是经济增长的主要原因①。知识首次作为解释现代经济增长理论的一个重要的独立因素被引入增长模型，是罗默的卓越贡献所在。

理性预期学派代表人物卢卡斯（1988）在先前的人力资本理论的指导下，对经济增长模型进行了修正，构建了带有专业化人力资本投入的经济增长模型，并得出"人力资本增长率与人力资本投入产出率呈正相关"的结论。正是由于人力资本外在效应的收益递增，人力资本才得以成为经济增长的重要动力来源。

人力资本理论作为现代经济学重要理论之一，为解释经济增长提供了新的分析角度。将人力资本引入经济增长的研究中，为先前集中的人力资本理论微观研究开阔了视野，这也是当代人力资本理论比较重要的研究方向之一。

就中国而言，实现社会经济持续、健康、快速发展，是国家综合实力增强和人民生活水平不断提升的前提条件和物质保障。新常态下，增长问题是我国社会经济面临的首要问题。深入研究人力资本理论并加以应用到实际，这对我国社会经济发展必将产生深远的影响。

3.2.2　人口老龄化对人力资本的影响

在当今知识经济时代，社会经济在人力资本和实物资本的共同驱动下实现经济增长。与人口数量相比，人口质量对人力资本的影响更为重要，人力资本投资所带来的收益也将远高于实物资本投资所带来的收益。理论与实践皆已表明，人力资本作为重要的生产要素之一，人力资本对国民经济增长和社会发展进步的重要贡献已成政府和学术界共识。改革开放以来，我国经济实现长达三十多年快速增长的"中国奇迹"背后，人力资本功不可没。

与国际发达国家相比，我国在应对人口老龄化问题上的最大挑战在于"未富先老"，快速加重的人口老龄化问题极有可能会成为制约我国社会经济发展的瓶颈，这也将对新常态的国民经济增长构成不小的威胁。随着人口老龄化不断加重，劳动力供给短缺所带来的劳动力成本上升，不断增加的老年人口也将逐步加重社会的养老负担，如此情况下，我国经济的持续增长将在很大程度上取

---

① Paul M. Romer. Endogenous Technological Change ［J］. Journal of Political Economy，1990（98）.

决于实物资本和人力资本的积累。

从人力资本投资的视角来看，人力资本投资形成主要来源于个人人力资本投资和社会人力资本投资两大部分，而政府公共财政支出则在社会人力资本投资中占据主要地位。面对人口老龄化的现实，个人如何决策，是增加还是减少个人的人力资本投资？在增加社会人力资本投资政策上，政府是否应当调整，又如何调整？在当前公共财政收入增速放缓的情况下，政府又如何在短期、中期及长期内平衡人力资本投资和"托底"的社会养老负担？如此诸多问题，都将接踵而至。这在考验政府国家治理的智慧，也将决定未来我国社会经济发展的走向。

人口老龄化与人力资本投资是相互作用、相互影响的关系。从人口老龄化的角度来看，一方面，人口老龄化会促进人力资本投资，主要通过以下两条途径实现：第一，人口老龄化将在降低当期实物资本收入的同时，实现未来工资收入的现值，这将激发个人增加人力资本投资的动机；第二，在养老制度体系下，人口老龄化将改变代际间的个人投资结构，促使青年期人口增加个人人力资本投资。另一方面，人口老龄化会阻碍人力资本投资，由于面对养老福利体系水平的刚性增长，人口寿命的延长也将带来长寿风险，政府面对老龄化压力，可能会采取将人力资本投资支出转移到老年人口的养老保障中的短视行为。

在人力资本投资中，与教育一样，医疗卫生服务也将对社会人力资本形成发挥巨大作用，教育和医疗卫生都可以实现人口质量的提升，最终促进人力资本积累。教育形成知识性人力资本，医疗卫生服务形成健康人力资本，并且后者是前者发挥作用的基础。体现为健康和教育的人力资本都视为经济增长的源泉，健康投资的报酬递减，教育投资的报酬递增。经济增长既同健康投资的增长率有关系，又同健康人力资本存量有关。健康人力资本增长率总是同经济增长正相关，但健康投资量是否同经济增长正相关则取决于它如何影响物质资本积累。如果排除健康投资对物质资本的挤出效应，则健康投资总是能促进经济增长；但是，由于健康投资可能会挤占物质资本积累，所以，过多的健康投资对经济增长可能具有副作用[①]。

---

① 王第海，龚六堂，李宏毅．健康人力资本、健康投资和经济增长——以中国跨省数据为例 [J]．管理世界，2008（3）：36.

3.3　公共产品理论与人口老龄化

公共产品理论有着很悠久的历史渊源，并且它是构建现代公共财政体制的基础理论。公共产品，是指具有在消费或使用上的非竞争性和受益上的非排他性的产品。公共产品根据两种属性兼具或只具其一而划分为纯公共产品与准公共产品。一般而言，纯公共产品的费用应全部由公共财政承担；而准公共产品则应遵循"用者付费"的原则。城市公共产品则是指存在与受益范围局限于城市地区的地方性公共产品。同样地，城市公共产品可以划分为城市纯公共产品与城市准公共产品，前者如法规政策、社会治安、公共消防等，后者包括自来水、天然气、电力、教育、城市交通等等。相比城市纯公共产品，城市准公共产品的范围更为广泛；且准公共产品的定价，既涉及多方面的经济问题，也涉及维护社会公平、保障与改善民生的社会问题。公共教育、公共医疗卫生及养老服务等作为准公共产品的一种，政府对其介入缘于其公益属性。在人口老龄化的现实背景下，公共财政属性促使政府必须要不断加大社会公共产品供给以应对不断加重的人口老龄化问题。

3.3.1　公共产品理论

3.3.1.1　公共产品理论的雏形

苏格兰学者大卫·休谟（David Home，1739）在其经典著作《人性论》（A Treatise of Human Nature）中阐述了"搭便车"现象，讨论了如何处理个人利益的公共性问题。他指出，人类自私自利的天性，会导致集体行动中的"搭便车"现象，这必须靠国家和政府的法则加以规范。通过"公共草地排水"的现实事例，休谟提出了共同维护公共利益中政府参与的必要性。此外，他在论述公共利益追求中个人自利的局限性和政府的优越性，及集体规模对共同利益影响的基础上，初步提及了交易成本的概念和集体行为博弈的思想。

继休谟之后，"现代经济学之父"——亚当·斯密（Adam Smith，1776）在其经典论著《国民财富的性质和原因的研究》中深入分析了政府的职能，详细阐释了公共产品的种类、供给方式、资金来源及公正公平等诸多方面。作为古典经济学的代表性人物，他在承认政府参与公共产品供给必要性的基础上，进一步指出政府仅限提供最低限度的公共产品，即政府的"守夜人"角色。

3.3.1.2 公共产品理论的形成与发展

瑞典人林达尔（Lindah, 1919）在其博士论文《公平税收》中所提出的林达尔均衡是公共产品理论最早的成果之一。在林达尔提出的公共产品供应的最佳数学模型中，个人均以自己预期的理想交易价格购买公共产品。当处于均衡状态时，个人所承担的公共产品的税收成本与个人从公共产品中获得的效用值是相等的，此时由这一价格所达到的均衡状态则被称为"林达尔均衡"[1]。

在1955年前后，美国经济学家萨缪尔森（Samuelson P.）在其发表的《公共支出的纯理论》（The Pure Theory of Public Expenditures）著作中，率先提出"公共产品"的规范概念[2]。公共产品是指兼具非排他性与非竞争性的主要由政府等公共部门提供的产品和服务。此概念一经提出后沿用至今，并很快就成为奠定现代财政学理论基础的基石之一。萨缪尔森对公共产品的定义是基于其具备非排他性和非竞争性两个属性而言。由于人们很难找到一个有效的价格来控制公共产品的提供和消费，公共产品定价机制的缺失促使政府介入成为必然，并担任公共产品的主要配置者角色。在这种情况下，也就出现了难以避免的公共产品供给的政府垄断行为[3]。更进一步地，萨缪尔森还分析了公共产品的一般均衡，得出公共产品的最优供给约束条件，即所有消费边际替代率的总和等于生产的边际转换率时，就达到了公共产品的最优供给[4]。萨缪尔森所提出的公共产品供求均衡理论具有划时代的深刻意义，也构成了现代财政学理论基础的理论之一。

20世纪50年代末，美国经济学家、"现代财政理论之父"——马斯格雷夫（Richard A. Musgrave）在其著作《财政学原理：公共经济研究》中，针对公共产品所具备的两种属性（非排他性、非竞争性）做出了进一步阐述："一种纯粹的公共产品在生产或供给的关联性上具有不可分割特征，一旦它提供给社会的某些成员，在排斥其他成员对它的消费上就显示出不可能或无效性"，"公共产

① Keith L. Dougherty. Public goods theory from eighteenth century political philosophy to twentieth century economics [J]. Public Choice, 2003 (117).

② Samuelson P. The Pure Theory of Public Expenditures [J]. The Review of Economics and Statistics, 1954 (36): 387 - 389.

③ 张宏军. 西方公共产品理论溯源与前瞻 [J]. 贵州社会科学, 2010 (6).

④ Paul Samuelson. The Pure Theory of Public Expenditure [J]. Review of Economics and Statistics, 1954 (36).

品是能分享消费利益却又不减少所有其他人分沾其利益的那种产品。人人都可获得相同的利益，而互不干扰。"①

　　萨缪尔森对公共产品的讨论更多地集中在纯公共产品方面，而布坎南（James Buchanan，1965）在其《俱乐部的经济理论》中首次提出了"准公共产品"的论断，并指出现实生活中"准公共产品"大量存在，介于纯公共产品和私人产品之间，他以俱乐部产品形象地比喻了这类产品。布坎南的研究拓宽了公共产品的内涵，也更加丰富了公共产品理论内容。

3.3.1.3　公共产品理论发展的新阶段：公共产品的私人供给

　　公共产品理论经历了较长时期的发展和完善，从最初的内涵界定、分类到随后公共产品供给价格、供给机制及激励的研究变化。以罗纳德·哈里·科斯（Ronald H. Coase）为代表的新制度经济学派主要以产权和制度为研究对象，新制度经济学的发展为公共产品理论的新发展奠定了理论基础，公共产品理论发展到一个新的阶段，即公共产品的私人供给。

　　基于公共产品的非排他性和非竞争性的两大突出特点，起初的经济学界普遍认为公共产品无法有效实现私人供给。但随着公共产品理论的新发展，尤其是在新制度经济学的影响下，公共产品的私人供给问题越来越受到各界重视，并使其成为现实可能。罗纳德·哈里·科斯（1974）的经典论著《经济学中的灯塔》（The Lighthouse in Economics）以及德姆塞茨（Harold Demsetz，1970）的《公共产品的私人生产》则分别从历史经验和理论分析的角度，共同阐释了私人有效供给公共产品的可能性和可行性，主要基于公共产品供给效率提升、费用承担和政府与市场协作的角度进行论述。

　　出于自身利益最大化的考虑，私人有提供公共产品的强烈动机。在教育、医疗卫生及社会保障等领域，私人完全有能力有效地提供比政府更高的社会福利水平和经济效率。理论与实践皆已表明，特定情况下公共产品的私人供给机制是完全可行、十分高效的。然而，在公共产品供给过程中，特殊情况下的私人供给并不能满足全社会的共同需求，如何实现公共产品供给中政府与私人的最佳均衡，将是公共产品供给机制值得探讨的另一方面。

---

①　马斯格雷夫. 财政理论与实践 [M]. 北京：中国财政经济出版社，2003：45.

3.3.1.4 对公共产品理论的思考

消费（使用）的非竞争性和受益的非排他性是公共产品的两大基本特征，公共产品据此可以分为纯公共产品和准公共产品两大类别。对于一个国家而言，国防是其典型的纯公共产品，而医疗卫生和教育等则是准公共产品。

医疗卫生与教育这类准公共产品与人口老龄化有着重要的联系。城市准公共产品的供给应该遵守"有限度""有区分""严准入"和"严监管"的原则。所谓"有限度"，指将产业下游的客户供应环节面向市场开放。供应商从上游购买资源产品，承担终端基础设施的维护费用，并以分期支付等方式承担部分资源基础设施的建设投入。因为公共财政出于供给居民生活必需资源的必要，投入巨资建设了这些一般企业无力或无意愿参与的基础项目；但这并不代表取得资源终端供应获益权的企业无须承担这一部分成本义务。这种设计既遵循了权责一致的社会义理，也考虑到了城市准公共产品供给的公益性、民生性。所谓"有区分"，即区分面向工业用户与居民用户的不同市场供应政策；在民用领域中，又要严格区分基本生活消费与奢侈性消费的市场自由度。对工业用户，由于产品使用量较大，基础设施的个体选择与计价的技术改造可行性难度低，所以可以采取相对较为开放的市场政策，在保障用户自由选择供应企业的前提下，允许供应商自主定价或供应商与客户自主协商价格。这样既给予了供应商足够的自主经营、获取利润的空间，也能够通过价格杠杆督促工业企业节约能源、资源的使用。所谓"严准入"，即对于进入第一类产品供应终端市场的企业，应当设置较高的门槛，以保证产品供应的稳定性与高质量。由于准公共产品供给的公益性、长期性等特征，其对于供给者的要求自然要高于一般产品的供应企业。因此，有必要提高资源性公共产品的供应终端市场的准入门槛，保证由资金实力、技术实力、声誉良好且具有社会责任意识的企业来提供高质量、符合社会公共利益需求的长期城市准公共产品的供给服务。所谓"严监管"，即在企业进入供应终端市场后，政府必须坚持对这一市场的严格监管。监管的范围包括：在较为开放的市场领域，各供应商是否维持着健康有效的竞争，要防止由于准入企业较少而产生供应商联合，造成新的价格垄断；在涉及基本民生需要的市场领域，各供应商提供的单位成本是否公允真实；在终端基础设施运营方面，供应商是否尽到了应尽的维护义务；等等。只有在政府的持续严格监管下，才能够保证财政支出发挥长久作用，社会公平与效率得到维护与推进，我国城镇化进程得以健康发展。

随着社会经济的发展，社会各界对于公共产品的认识又不断深化，逐步实现由技术层面到价值层面的转变。公共产品的目的是满足全社会的共同需求，这也是政府提供公共产品的必要所在。在市场经济条件下，以价值要素为本质则是公共产品存在的永久性条件①。在当前我国逐步构建公共财政体制框架的背景之下，正确理解公共产品的属性和分类，合理界定政府供给公共产品的限度以及协调好与私人供给之间的关系，这都将为较好满足社会对公共产品的需求而奠定良好的理论基础。

3.3.2　老龄化背景下的公共产品供给

当然，即使没有人口老龄化这个社会背景，教育、医疗卫生及社会保障等也是社会中的公共产品，更准确点的说法则是都是准公共产品。只是在人口老龄化背景下，教育、医疗卫生及社会保障三个公共产品的供给将面临尤为突出的问题。

3.3.2.1　教育：多层次、多元化有效供给

就公共产品的定义来看，教育所具有的非排他性和非竞争性不足的显著特点，从严格意义上来讲，不是公共产品的范畴。但实践表明，教育更多的还是一种准公共产品，加之教育本身较强的正外部性，均促使了政府介入并干预教育成为现实必然。美国经济学家米尔顿·弗里德曼（Milton Friedman，1962）在《资本主义与自由》（Capitalism and Freedom）中提出，"教育的贡献体现在文化知识和社会准则两个方面。在一个孩子接受教育的过程中，教育在启迪他本人并使本人受益的同时，也将会使其他社会成员同样受益。"

随着我国社会经济的逐步发展，我国教育领域已经发生了深刻变化。市场机制的不断介入和政府干预的迟滞，二者共同导致了我国教育体制的公共性日渐缺失。公共产品引入私人供给机制，是为了提高社会整体的公共产品供给效率，最终满足社会的共同需要，但这并不是意味着政府让位于市场。在公共教育领域，教育自身强烈的正外部性特征决定了政府与市场均应有所作为，政府的主导、市场协作下的多元供给模式才能最大化增进社会整体福利水平。

在我国人口老龄化趋势不断加重的时代背景下，人口年龄结构变化将不断

---

① 秦颖. 论公共产品的本质［J］. 经济学家，2006（3）.

加快。基数大、增速快的老年人口群体将对社会公共教育提出更多层次的需求，这就要求社会公共教育能够顺势而为。从总体上看，老年人口巨大的教育需求势必会挤占公共教育用于青年期和成年期人口的教育供给，这将对我国社会人力资本积累带来一定的影响。人力资本积累的变动，最终将反映到国民经济发展上来。在政府公共教育支出规模有限的约束下，政府应通过结构调整和政策引导，在最大化发挥有限的财政资金效率的同时，积极引导社会资本参与公共教育供给。这样的话，一方面社会各群体对教育的公共需求能够得以满足，另一方面也可以有效促进我国长期的人力资本积累，为社会经济发展提供源源不断的人力资本。

3.3.2.2　医疗卫生：任重而道远

当前我国的医疗卫生体制下，医疗卫生费用成本由政府、社会及个人三者共同分担，但三者分担比例严重失衡，政府与社会分担小，而个人则分担了大头。政府较小的投入比例，在一定程度上助长了当前我国医疗卫生体制内药物滥用、重复检查、医患矛盾突出及医疗腐败等行为滋生。这在造成社会医疗卫生资源浪费的同时，也侵害了民众的自身健康。与此同时，随着我国积极推进基本公共服务均等化进程的加快，我国医疗卫生资源区域分布及城乡分布的差距在缩小，但仍然较大，从长期来看也将不利于社会经济的稳定发展。

与人口老龄化所对应的是，不断增加的老年人口将逐步扩大对社会医疗卫生供给的需求。在当前我国政府医疗卫生投入较小的情况下，政府应尽早做出渐进式的制度安排和政策调整。

3.3.2.3　社会保障：负担沉重、风险增大

社会保障作为公共支出的主体和现代政府支出的重点领域，可以有效缓解社会贫困差异、保障民生、抑制贫富差距、维护社会稳定和公平正义，以及促进社会经济持续发展。现今世界各国由于政治体制、发展水平和发展模式的差异性，不同国家的社会保障千差万别，无论是支出规模、结构、重点，还是支出范围和运行机制。围绕建立市场经济体制，经过不断发展和完善，我国已初步建立起涵盖社会救助、社会保险及社会福利在内的现代社会保障基本制度框架。享受社会保障权是每个公民应当正常享有的一项权利，提供社会保障服务则是任何政府所不可推卸的责任。因此，从一定意义上讲，社会保障也是一种准公共产品。

　　总体而言，虽然社会保障资金的来源拥有多种渠道，但公共财政始终是其中最关键性的渠道和最终责任者①。社会保障隶属于基本公共服务的范畴，这也决定了财政对社会保障的投入必然增加，这是构建公共财政体制的重要内容，也是政府职能转向服务型政府的必然要求。改革开放以来，随着我国各项改革的陆续推进和基本公共服务均等化的深入，我国用于社会保障的财政支出快速增加的同时，仍然存在总量不足、地区失衡、效率低下及中央与地方间比例失调等问题。

　　随着我国社会进入人口老龄化的新常态，养老保障体系再次成为社会各界研讨的焦点。自 20 世纪 90 年代我国初步建立了政府主办的社会保障（第一支柱）、雇主主办的企业年金（第二支柱）及个人养老（个人退休账户、个人商业保险、个人储蓄与投资）这三大养老体系的支柱至今，第一支柱的高高挺立仍是最大的现实。如此一来，养老体系结构对社保养老金的过度依赖，脆弱的资本市场难以满足基金管理的需要，由此导致公共财政补贴数额不断增加②。在我国人口老龄化尚处于初级阶段之时，政府公共财政补贴金额已有如此之大，我们很难想象人口老龄化继续加重下，公共财政还可以拿出多大份额来满足老年人口的养老金需求。因为，公共财政的职能不仅仅只是为老年人提供公共产品和公共服务，还有其他社会群体和其他政府职能的履行。

3.4　公共财政理论与人口老龄化

　　公共财政是以市场经济体制为基础的财政模式。经过 1994 年分税制改革，我国初步搭建起以分税制为核心、适应我国社会主义市场经济发展的财政体制框架。1998 年底，我国提出了逐渐建立公共财政体制基本框架的目标和要求。十余年的实践证明，我国的公共财政体制建设仍然任重道远，仍有许多地方难以有效实现公共财政理论与财政实践活动的有效结合。在人口老龄化的时代背景下，关于财政政策的研究必须基于公共财政理论的指导，并丰富和完善我国

---

　　① 李中义. 公共财政视角下的社会保障制度构建 [J]. 财政研究, 2007 (11): 44–46.

　　② 据中国社会科学院"世界社保研究中心"的《中国养老金发展报告 (2011)》数据显示, 自1997 年国家各级财政开始对养老金进行转移支付以来, 财政补贴规模迅速扩大。各级财政补贴金额在2000 年为 338 亿元, 2006 年为 971 亿元, 2010 年则为 1954 亿元, 而 2011 年已经高达 2272 亿元, 累计财政补贴金额约 1.25 万亿元。也就是说将近 3/2 (1.252/1.9) 的养老保险累计结余来自于财政转移支付。

的公共财政理论体系。

3.4.1 公共财政理论

3.4.1.1 西方公共财政理论的产生及发展

公共财政是以市场经济体制为基础的财政模式，公共财政理论的产生及发展过程是与市场经济的产生及发展相一致的同一过程，即人们对政府在市场经济中的职能认知的一个过程。

在 17 世纪中期~18 世纪中期，西欧国家正由封建社会末期向自由资本主义初期过度，经济形态也实现了由自然经济到自由市场经济的转变。"现代经济学之父"——亚当·斯密（Adam Smith，1776）的经典论著《国民财富的性质和原因的研究》的出版是公共财政理论诞生的标志。在论著中，他极力推崇经济自由主义，反对政府干预，市场经济是"看不见的手"调节的经济，市场能够实现社会资源的有效配置。他在承认政府参与公共产品供给必要性的基础上，进一步指出政府仅限提供最低限度的公共产品，即政府的"守夜人""廉价政府"角色。随后，瑞典经济学家维克塞尔（Knut Wick）、林达尔（Erik Lindahl）及英国经济学家约翰·穆勒（John Stuart Mill）都为斯密的公共财政理论进行了发展和完善。此外，法国经济学家让·巴蒂斯特·萨伊（Jean Baptiste Say）提出，在纯粹市场经济中的供给可以自动创造需求，从而实现经济的自身平衡。他主张政府的财政活动应仅仅限制在履行其基本职能，尽量减少对市场经济的干预。由此可见，古典经济学派中公共财政的职能定位在辅助市场进行资源配置。

此后一段时期，随着福利经济学的兴起和发展以及公共产品理论的创立，公共财政理论也得到了较大发展，职能范围得到大大拓宽。

西方资本主义于 20 世纪 30 年代初爆发的经济危机，宣告了强调市场自由主义的古典经济学理论的失败。从随后的"罗斯福新政"和凯恩斯主义的随运而生，世界各国政府干预市场经济达到空前规模，以有效弥补市场在资源配置中的缺陷，即"市场失灵"。20 世纪 40 年代，以德国政治经济学家理查德·阿贝尔·马斯格雷夫（Richard Abel Musgrave）所提出政府的资源配置、收入分配及稳定经济三大职能为标志，现代公共财政理论的基本框架正式形成。

好景不长，随着市场经济的发展，政府干预经济的弊端也逐渐显现，资本主义市场经济 20 世纪 70 年代的"滞胀"使得人们不得不重新认识政府干预和

"市场失灵"，以理性预期学派与供给学派为代表的新自由主义重新主张恢复市场经济的自由主义，政府干预应当减少。但 90 年代以后，政府干预政策又重新得以强调和重视。

随着市场经济的发展，政府在市场经济中的职能经历了不断调整的变动过程，财政的职能也随政府职能的调整而变化。但总的来看，政府和财政在市场经济中的职能遵循不断增强的规律发展。与社会经济发展相伴随的是，经济学理论的研究领域和范围得以不断拓展。特别是，宏观经济学与福利经济学的不断发展与逐步成熟，公共财政学也实现了向公共经济学的转变过程。在继承公共财政学的基础上，公共经济学更加关注政府财政收支政策对市场经济的整体影响，更深层次地探讨政府财政职能的问题，这也是公共财政理论的更进一步发展。

从政府的角度来看，公共财政的目标应集中在政府公共财政活动的经济意义，也就是政府通过公共财政收支进行资源配置的经济影响，而不是关注政府公共财政活动的政治意义，虽然政治意义是公共财政活动中需要考虑的背景之一。

3.4.1.2 公共财政理论的实质内容

从公共财政理论的发展历程可以看出，公共财政理论的实质是界定市场经济条件下政府与市场的职能划分问题，二者的边界如何划分，政府财政收支活动的经济学影响，如何弥补市场失灵和矫正政府失灵的问题。

政府与市场的边界划分。政府与市场的边界划分是公共财政理论研究的核心问题，从最初的"守夜人""廉价政府"到随后的"政府干预"到此后的"有限政府"的提出，都是以合理界定政府与市场边界为目标。通过对财政收支活动的限定，达到约束政府职能的目的，进而促进市场经济的发展。由此可见，公共财政理论是基于约束政府职能的考虑，通过这种方式达到有效弥补市场失灵和矫正政府失灵的目的。

市场失灵。在市场经济条件下，通过市场机制实现社会资源配置并不是万能的，部分问题仅仅依靠市场是无法解决的，这就出现了市场失灵。市场机制下各行为主体的私利性、追逐利润最大化的动机决定了部分问题无法依靠市场解决，比如社会收入分配不公、市场秩序混乱、经济波动大等问题。与此同时，市场经济的健康发展还需要法律法规、制度政策等"制度性公共产品"的有效供给，以及包括水、环境等"资源性公共产品"的有效供给，而这两部分公共产品是无法由私人提供，此时就需要政府干预以弥补市场失灵。

政府失灵。随着市场经济发展，政府干预的有限理性导致了"滞胀"等经济现象的出现，这就现实反映出政府失灵。公共选择理论认为，与市场经济中的其他私人个体一样，政府自身以及组成政府整体的各部门机关、政府成员同样符合"经济人"的特征。政府的强权特性，以及政府自身难以有效实现对自身的严格监管，权力寻租行为就难以避免。如此一来，政府在制定相关公共政策或调控市场经济时，一定程度上的个人倾向、利益倾向就会掺杂其中，制定实施的相关政策就难以达到理想目标，政府失灵出现。为解决政府失灵的问题，公共选择学派则提出了经典的宪政改革思想，以此来有效约束政府权力的过度膨胀和政府履行公共职能时的监督机制，有效矫正政府失灵。

3.4.1.3 公共财政理论的中国实践

在具有中国特色的社会主义市场经济体制下，从 1998 年我国引入公共财政理论以来，受制于国家政治体制、发展阶段以及基本国情的不同，公共财政理论在我国的发展也逐渐显现较强的"中国特色"。

相比起初公共财政理论在学术界的较大分歧，经过十余年的理论探讨和实践证明，公共财政理论在促进我国社会主义市场经济健康发展的过程中发挥了巨大的作用。这主要体现在以下两个方面。

第一，促进了政府与市场的界限划分。公共财理论通过规范政府财政收支活动，进而约束政府职能、促进政府与市场协调发展，不断深化了我国政府职能由"建设型政府"向"服务型政府"的转变，这对促进我国市场经济发展发挥了巨大作用。

第二，有效弥补了市场失灵和政府失灵问题。在我国社会主义市场经济发展过程中，资本主义市场经济体制下的市场失灵和政府失灵问题在我国也同样存在，并且在我国市场经济初级阶段的国情下问题也显得比较严重。以公共财政理论为基础，政府通过自身的财政收支活动安排，有效弥补了市场失灵和矫正了政府"缺位""越位"的诸多问题，在不断实现政府"自我瘦身"的同时，为我国市场经济发展注入了更多活力。

3.4.2 人口老龄化背景下的公共财政挑战

自 2000 年我国进入人口老龄化社会以来，虽然人口老龄化问题并未对我国公共财政与市场经济发展构成强有力的威胁，但随着人口老龄化趋势的快速发展，这种威胁正在潜移默化地加剧。

第一，挑战政府与市场界限格局。在我国政府职能由"建设型政府"转向"服务型政府"的过程中，不断加剧的人口老龄化问题将对政府与市场的职能划分提出新要求。在当前我国养老服务供给中，市场的资源配置产生了供给不足、供需失衡及分配不公等问题，政府职能定位不清，诸多因素导致了现金养老服务市场的秩序混乱、缺乏活力等深层次矛盾。随着不断增加的老年人口，政府在养老供给上的"托底"责任也日益加重。因此，从长期来看，不断加剧的人口老龄化趋势将挑战政府与市场的界限格局。

第二，市场失灵与政府失灵并存。由于不同个体的利益诉求、消费层次与消费结构的差异较大，现今应对人口老龄化的产品和服务供给上，普遍存在的趋同化倾向影响了政策效力。市场经济条件下"经济人"的显著特征，一方面是老年人口不断扩大的需求，另一方面则是供给主体强烈私利性驱使下的单一供给，市场失灵难免出现。对于政府而言，限于社会经济发展的需要和自身财力有限，政府在制定相关政策时也就陷入两难境地。随着人口老龄化趋势的不断加剧，市场失灵和政府失灵的问题也将变得更加棘手。

第4章 中国人口老龄化背景下的财政政策现状

基于第 3 章对相关理论基础的研究，本章内容将着力分析中国人口老龄化现状与发展趋势，重点探讨中国当前财政体制与财政政策的深层次问题。

4.1 中国人口老龄化的现状分析

国际上通常把 60 岁及以上的人口占总人口比例达到 10%，或 65 岁及以上人口占总人口的比重达到 7% 作为国家或地区进入老龄化社会的标准。根据这个标准，中国于 2000 年 65 岁及以上人口占总人口的比例达到 7%，正式进入老龄化，是较早进入老龄社会的发展中国家之一。

随着时间的推移和社会经济的发展，总体来看，我国人口老龄化主要呈现出以下特点：第一，我国人口老龄化出现"又大又快"的迅猛之势，即老年人口的规模大，老年抚养比快速增长，老龄化发展速度非常快。第二，我国人口老龄化发展不平衡，不仅表现为地区的不平衡，而且还表现为城乡发展的不平衡。第三，我国人口老龄化出现"未富先老"的现象。当人口老龄化发展进程超前于经济发展水平时，我国经济发展状况、社会保障能力和居民收入水平与人口老龄化发展出现了不和谐，这就是所谓的"未富先老"。简而言之，即是基数大、增速高；未富先老与未备先老；高龄化显著；区域、城乡及性别差异大。

根据《中国人口老龄化发展趋势预测研究报告》指出，中国的 21 世纪将是一个不可逆转的老龄社会，且老龄化将分为 3 个阶段，前一阶段（约 20 年）被称为"快速老龄化"阶段，第二阶段为"加速老龄化"阶段（其后 30 年），之后将达到"稳定的重度老龄化"阶段，到 2051 年，中国或将存在 4.37 亿老年人，约 10 个人中就有 3 个为 60 岁及以上的老年人（全国老龄工作委员会，2006）。

当前，中国人口老龄化形势日益严峻。数据显示①，截至 2011 年底，中国 60 岁以上老年人口已达 1.85 亿，占总人口的 13.7%。预计到 2025 年，老年人口总数将超过 3 亿。到 2033 年将超过 4 亿。到 2054 年，将达到老年人口的最高峰 4.87 亿。中国正在加速进入老龄化社会，生育率低、人口结构老化、社保制度滞后已经成为未来中国社会经济发展的重大隐患。我国 65 岁以上的老年人口数比例已从 1990 年的 5.5% 增长到 2014 年的 10.05%，老年的抚养率由 8.3% 增长到 13.7%。根据联合国在 2015 年做出的最新预测，到 2050 年我国 60 岁以上人口比例将由 15.2% 上升到 36.5%，80 岁以上的人口将由 1.6% 上升 8.9%。

4.1.1　老龄人口基数大、增速高

根据 2010 年中国第六次人口普查数据显示，截止到 2010 年 11 月 1 日零时，中国 60 岁及以上的老年人口数已达 1.78 亿，占中国人口总量的 13.26%，其中 65 岁及以上老年人口达到 1.19 亿，占中国人口总量的 8.87%。截至 2014 年末，中国 65 岁及以上老年人口数量为 13755 万人，占中国人口总量的 10.1%。

如图 4-1、图 4-2 所示，中国自进入老龄化社会以来，2000~2014 年的

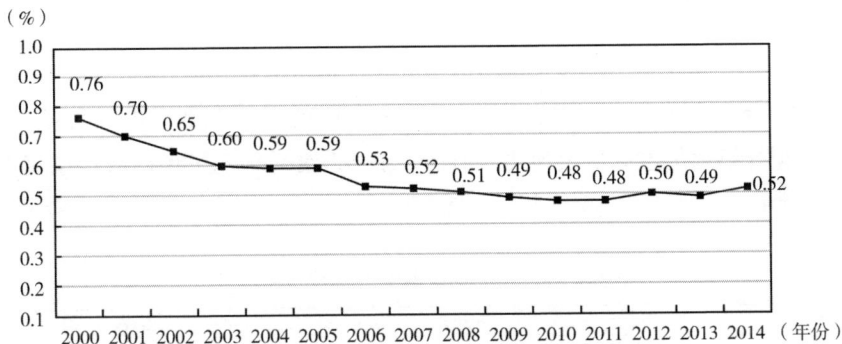

图 4-1　2000~2014 年中国总人口自然增长率变化

注：①2001~2004 年、2006~2009 年数据为人口变动情况抽样调查推算数；②2005 年数据根据全国 1% 人口抽样调查数据推算。

资料来源：2000~2013 年数据来自 2001~2014 年《中国统计年鉴》；2014 年数据来自国家统计局 2015 年 2 月 26 日发布的《2014 年国民经济和社会发展统计公报》。

---

①　新华网. 全国 60 岁以上老年人口达到 1.85 亿 占总人口 13.7% ［EB/OL］. http：// news. xinhuanet. com/society/2012–03/01/c_111591253. htm, 2012–03–01.

15 年内我国总人口自然增长率总体呈现持续下降态势,近年来在 0.50% 左右的水平徘徊;但 65 周岁及以上人口占总人口比重则一直攀升,2014 年已突破 10% 的比例。

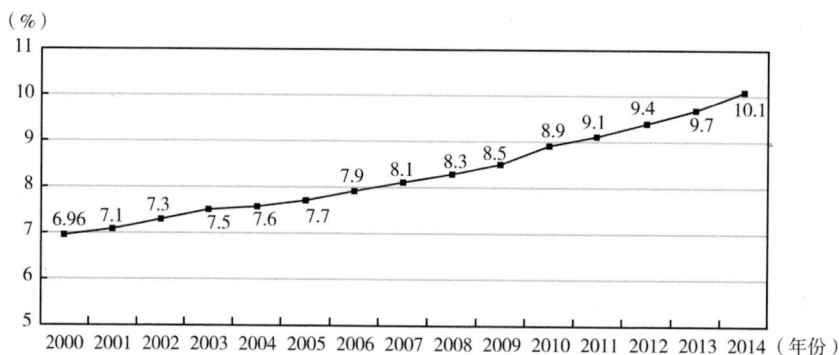

图 4 - 2　2000 ～ 2014 年中国 65 周岁及以上人口占全国总人口比重变动

注:①2001 ～ 2004 年、2006 ～ 2009 年数据为人口变动情况抽样调查推算数;②2005 年数据根据全国 1% 人口抽样调查数据推算。

资料来源:2000 ～ 2013 年数据来自 2001 ～ 2014 年《中国统计年鉴》;2014 年数据来自国家统计局 2015 年 2 月 26 日发布的《2014 年国民经济和社会发展统计公报》。

进一步讲,与上述年度数据相比,考虑到人口抽样调查过程中样本选择偏误及其他不可预测的因素的影响,我国至今开展的全国范围内的共计六次的人口普查数据能够更加准确反映现实,但这并不会改变总体的发展趋势,如表 4 - 1、图 4 - 3 所示。

表 4 - 1　　　　　　　中国历次人口普查数据中的年龄结构对比

年　　份		1953 年	1964 年	1982 年	1990 年	2000 年	2010 年
总人口（万人）		59435	69458	100818	113368	126583	133281
0 ～ 14 岁	数量（万人）	21563	28262	33865	31392	28975	22132
	比重（%）	36.28	40.69	33.59	27.69	22.89	16.61
15 ～ 64 岁	数量（万人）	35251	38723	62003	75662	88798	99256
	比重（%）	59.31	55.75	61.50	66.74	70.15	74.47
65 岁及以上	数量（万人）	2621	2473	4950	6314	8810	11892
	比重（%）	4.41	3.56	4.91	5.57	6.96	8.92

资料来源:《中国统计年鉴（2010）》《第六次全国人口普查数据公报》。

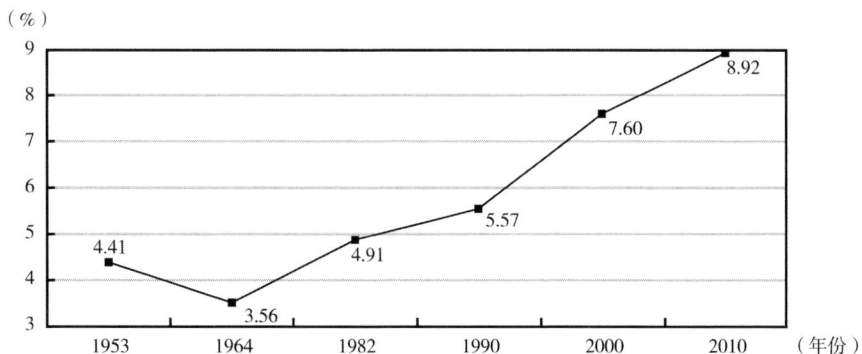

图 4 - 3　历次人口普查 65 周岁及以上人口占全国总人口比重变动趋势

资料来源:《中国统计年鉴（2010）》《第六次全国人口普查数据公报》。

由此看来，在人口自然增长率基本稳定的情况下，如此巨大的老龄人口数量及迅猛的增长速度，在加速我国社会老龄化进程的同时，数量巨大的老年人口也将使老龄化问题的严重程度逐步推深。

4.1.2　"未富先老"与"未备先老"

从国际上多数国家来看，随着社会经济中城市化、工业化及现代化的发展以及社会生育观念的转变，发达国家实现现代化以后才陆续进入人口老龄化社会。在发达国家进入人口老龄化社会时，人均国内生产总值基本在 5000 美元 ~ 10000 美元①以上。与之相比，我国自 20 世纪 70 年代推行"计划生育"基本国策以来，政策因素在限制人口过快增长的同时，也在一定程度上提高了人均生活水平。更重要的是，随着社会经济的发展和人们生活水平的改善，社会生育观念在发生急剧转变，人均寿命也在不断延长，诸多因素叠加起来助推了我国的人口老龄化问题。在 2000 年底我国进入人口老龄化社会时，社会经济仍不发达、并未实现现代化，按照相关数据计算，当时的人均国内生产总值仅为 945.60 美元②左右，"未富先老"特征十分明显。老龄化进程超前于经济发展，这就导致了社会对老龄化的承受力较弱。

发达国家在进入老龄化社会时，经济发展已经达到较高的水平，社会保障、养

---

① 新华网. 中国面临"未富先老"和"未备先老"双重挑战 [EB/OL]. http://news.xinhuanet.com/2012 - 04/07/c_111748301.htm, 2012 - 04 - 07.

② 根据《中国统计年鉴（2013）》计算得出。

老体系及医疗水平均较高，可以应对老龄化带来的挑战，而中国是在尚未实现现代化、经济还不发达的情况下进入老龄化社会的，即"未富先老"（饶克勤，2012）。

与此同时，国际上发达国家在进入老龄化社会时，社会经济发展已达较高水平，相应的社会保障、医疗卫生水平及养老体系也比较完善，虽然饱受人口老龄化的困扰，但足以应对人口老龄化问题。反观我国，在经济发展水平不高的情况下，初步建立的社会保障与养老体系仍不完善，还无力应对庞大数量和较快增速的老年人口的需求，可谓"未备先老"。

4.1.3 区域差异、城乡差异及性别差异大

4.1.3.1 区域差异、城乡差异及性别差异的数据展示

受制于地区间社会经济发展的巨大差异，以及伴随社会发展日趋增大的人口跨地区流动量，中国人口老龄化发展态势的地区差异也逐渐凸显。如表4-2所示，2000年全国第五次人口普查数据显示，中国人口老龄化发展具有明显的由东向西的区域梯次特征，东部沿海经济发达地区明显快于西部经济欠发达地区。以最早进入人口老年型行列的上海（1979年）和最迟进入人口老年型行列的宁夏（2012年）比较，时间跨度长达33年。

表4-2　　中国东部、中部、西部地区第五次、第六次全国人口普查数据　　单位:%

省份（包含省、自治区、直辖市）		2000年	2010年
		65岁及以上人口比重	65岁及以上人口比重
全国		6.96	8.92
东部	北京	8.36	8.71
	天津	8.33	8.52
	河北	6.86	8.24
	上海	11.53	10.13
	江苏	8.76	10.88
	浙江	8.84	9.34
	福建	6.54	7.89
	山东	8.03	9.84
	广东	6.05	6.79
	海南	6.58	8.07

续表

省份 （包含省、自治区、直辖市）		2000 年	2010 年
		65 岁及以上人口比重	65 岁及以上人口比重
中部	山西	6.20	7.58
	安徽	7.45	10.22
	江西	6.11	7.60
	河南	6.96	8.36
	湖北	6.31	9.09
	湖南	7.29	9.77
西部	内蒙古	5.35	7.56
	广西	7.12	9.24
	重庆	7.90	11.72
	四川	7.45	10.95
	贵州	5.79	8.71
	云南	6.00	7.63
	西藏	4.50	5.09
	陕西	5.93	8.53
	甘肃	5.00	8.23
	青海	4.33	6.30
	宁夏	4.47	6.39
	新疆	4.53	6.48
东北三省	辽宁	7.83	10.31
	吉林	5.85	8.38
	黑龙江	5.42	8.28

资料来源：《中国统计年鉴（2010）》《第六次全国人口普查数据公报》。

与此同时，如表 4-3 所示，对比 2000 年与 2010 年全国第五次、第六次人口普查数据可以发现，我国人口老龄化的区域差异格局发生了急剧逆转，与十年前相比，人口老龄化程度的区域差异与地区经济发展水平不再呈现相一致的发展规律。可以说，人口的大规模流动是改变这种格局的最主要因素，而经济发达地区较高的经济发展水平和较高的公共服务质量又是诱发人口流动的根本原因。对于人口流入地而言，大规模的成年劳动力的流动稀释了当地人口老龄化程度；而对于人口流出地而言，成年劳动力的流出则让当地的人口老龄化程度不断加深。

表4-3　　　中国第五次、第六次全国人口普查老龄化程度最高的五个省份　　单位:%

次序	省份	2000 年 65 岁及以上人口比重	2010 年 65 岁及以上人口比重	省份	次序
—	全国	6.96	8.92	全国	—
1	上海	11.53	11.72	重庆	1
2	浙江	8.84	10.95	四川	2
3	江苏	8.76	10.88	江苏	3
4	北京	8.36	10.31	辽宁	4
5	天津	8.33	10.22	安徽	5

资料来源:《中国统计年鉴 (2010)》《第六次全国人口普查数据公报》。

　　发达国家人口老龄化的发展历程表明,城市人口老龄化水平一般高于农村,中国的情况则恰恰相反。如表4-4所示,2000年全国第五次人口普查数据显示,农村的老龄化水平高于城镇1个百分点左右,到2010年全国第六次人口普查数据则显示,农村的老龄化水平则高于城镇、城市高达2个百分点以上。不断拉大的老龄化城乡差异也是中国人口老龄化不同于发达国家的重要特征之一。

表4-4　　　　　中国近两次人口普查数据中人口老龄化的城乡差异　　单位:%

年份	2000 65 岁及以上人口占城镇（乡村）人口比重	2010 65 岁及以上人口占城镇（乡村）人口比重
城市	—	7.68
城镇	6.30	7.98
乡村	7.35	10.06

资料来源:《中国统计年鉴 (2010)》《第六次全国人口普查数据公报》。

　　就性别而言,如表4-5所示,对比中国第五次、第六次全国人口普查数据可以发现,女性老龄化、高龄化水平明显高于男性老龄化水平,二者之间的差距也在不断拉大。

表 4-5	中国近两次人口普查数据中人口老龄化的性别差异			单位:%
年份	2000		2010	
	65 岁及以上人口比重	80 岁及以上人口比重	65 岁及以上人口比重	80 岁及以上人口比重
全国	6.96	0.96	8.92	1.57
男性	6.51	0.71	8.38	1.29
女性	7.73	1.24	9.49	1.88

资料来源:《中国统计年鉴 (2010)》《第六次全国人口普查数据公报》。

4.1.3.2　区域人口老龄化指标差异

代表老龄化的指标有老少比、老年人占总人口的比例、老年人口抚养比例等。我们选取老年人口抚养比例用来代表老龄化程度。老年抚养比指非劳动年龄人口数中老年部分与劳动年龄人口数之比,用以表明每 100 名劳动年龄人口要负担多少名老年人。中国人口抚养比显示虽然总的抚养比呈现下降趋势,但是老年抚养比不断在上升,说明我国老龄化程度在加大(见图 4-4)。

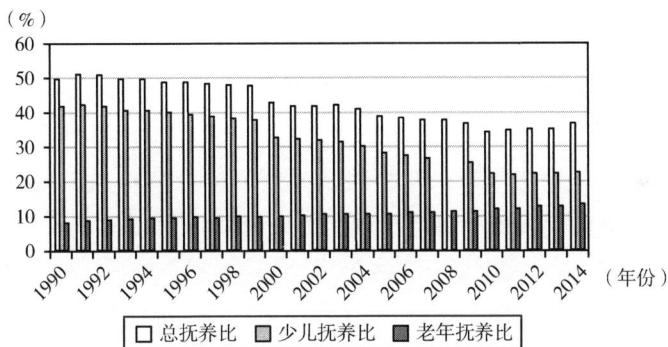

图 4-4　中国人口抚养比

资料来源:国家统计局。

就老年人口抚养比的区域性来看,如图 4-5 所示,东北、华北、华南、华中、西北和西南的地域分区所得到的六个地区老年人口抚养比的上升趋势是一致的。但是西南地区的老年人口抚养比大于其他地区的老年人口抚养比。从图中我们可以了解到中国人口老龄化存在一定的地区差异化,经济发展较好的地区老龄化程度比经济发展较差的区域老龄化的程度要好。原因之一是由于人口的迁移,为了获得更多的优惠和福利,很多年轻的劳动力搬迁到经济较好地区。华南地区的人口老龄化的程度最小,主要是由于沿海地带的经济发展快,工业水平比较高，工业工厂较多，吸引较多的年轻劳动力。总体来说，各个地区的老龄化程度都是在上升的，但是上升的速率不同，这是由于经济发展的程度或者其他因素所导致的。

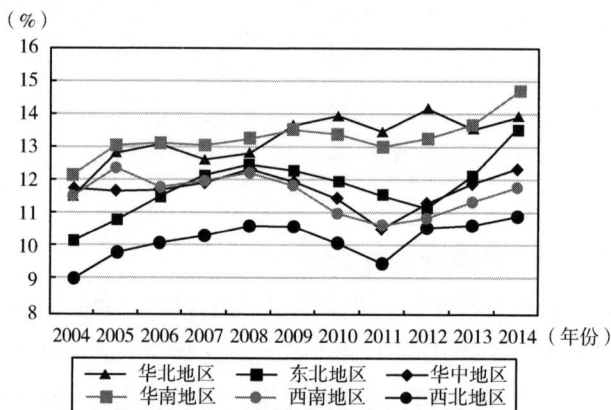

图 4-5 地区老年人口抚养比

资料来源：国家统计局。

4.1.4 中国人口老龄化的发展趋势

人口老龄化发展趋势与未来社会经济发展目标密切相关，国内外机构、学者针对我国人口老龄化发展趋势的预测，硕果颇丰。

4.1.4.1 联合国预测

根据联合国相关数据[①]，如图 4-6 所示，在不同的社会平均生育率水平的情况下，我国 65 周岁及以上人口占总人口比重的增加速度不同，人口老龄化趋势也呈现出不同的发展阶段。总体来看，大致可以划分为以下三个阶段：

第一阶段（2015~2040 年）：急速老龄化阶段。在此阶段，不同社会生育率水平的假设情景，对我国人口老龄化的发展速度不会造成太大的影响。从图 4-6 中可以看出，我国人口老龄化程度在此阶段将达到 20%~25% 的区间之内。

第二阶段（2041~2060 年）：快速老龄化阶段。在此阶段，我国人口老龄化

---

① Department of Economic and Social Affairs Population Division . World Population Prospects：The 2012 Revision [R]. New York：UNITED NATIONS, 2013.

的发展速度与前一阶段相比将有所放缓，但人口老龄化程度依然无法得到减轻。从图 4 – 6 中可以看出，我国人口老龄化程度在此阶段将达到 23% ～34% 的区间之内，社会生育率水平的差异对人口老龄化发展速度的影响显现出较大的差异。

第三阶段（2061 ～2100 年）：趋稳老龄化阶段。与前两个阶段相比，我国人口老龄化发展速度将呈现出比较稳定的趋势，但此时的人口老龄化程度已经达到比较严重的水平。不同社会生育率水平下，人口老龄化的严重程度的差异更大，对比高生育率水平与低生育率水平两种情况，人口老龄化的程度分别为21. 51% 和 37. 94%，两者相差达 16% 以上（见图 4 –6）。

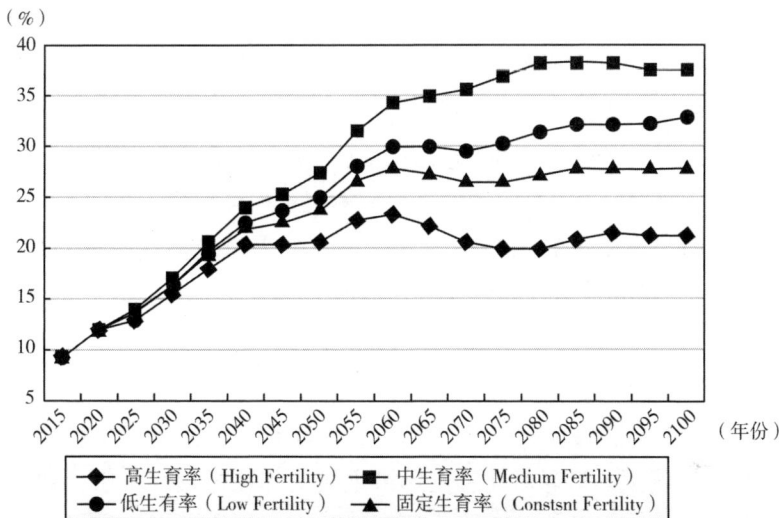

图 4 – 6 联合国关于中国 2015 ～2100 年 65 周岁及以上人口占总人口比重趋势

资料来源：Department of Economic and Social Affairs Population Division . World Population Prospects：The 2012 Revision ［R］. New York：UNITED NATIONS，2013.

4.1.4.2 国内预测

国内关于我国人口老龄化发展趋势的预测，成果颇多，相关参数及基准情景的选择不同，预测结果也难以达成一致。

就官方数据来看，2006 年由全国老龄工作委员会办公室首次发布的《中国人口老龄化发展趋势预测研究报告》中，将 21 世纪我国的人口老龄化社会发展划分为快速老龄化（2001 ～2020 年）、加速老龄化（2021 ～2050 年）及稳定的重度老龄化（2051 ～2100 年）三个发展阶段。在该研究报告中，所采用的指标是以"60 周岁及以上人口占总人口比重"作为衡量人口老龄化的标准。与此对应的是，三个发展阶段的老龄化程度的上限值分别为：17.17%、30%及31%。

就学术界相关研究来看，刘金塘和林富德（2000）基于我国1990年第四次人口普查数据，设定了三种社会生育率方案预测我国人口老龄化发展趋势。在中等方案下我国人口老龄化水平会在2040年达到19.5%[①]。郭志刚同样基于我国1990年人口普查数据，运用孩次递进生育模型在三种社会生育率方案下对我国人口老龄化发展趋势预测，在中方案下我国人口老龄化趋势呈现巨幅波动趋势，并将于2061年人口老龄化水平达到峰值22.5%[②]。杜鹏等（2005）基于我国2000年第五次人口普查数据，对我国21世纪的人口各指标进行了预测分析。针对人口老龄化程度这一方面，21世纪是我国人口老龄化程度呈现不断加重的总体发展趋势阶段，60周岁及以上人口占总人口比重的峰值为34.3%，65周岁及以上人口占总人口比重的峰值为27.5%，两个峰值均出现在2100年[③]。曾毅（2006）则利用我国1990年与2000年两次全国人口普查数据及其他年份的生育调查数据，运用拓展的ProFamy家庭人口预测宏观模型预测了两种方案下我国人口老龄化发展趋势，结果表明当时生育政策下的人口老龄化水平将持续上升，2050年与2080年将分别达到27.8%和38.6%的水平[④]。

4.1.4.3 总结

从前述国际上和国内对中国人口老龄化在21世纪的发展趋势的预测中可以看出，21世纪是我国人口老龄化程度不可逆转的加速过程。基于参数选择及预测情景的不同，各方数据难以达成一致，但总体趋势均趋同。面对如此巨大的挑战，我国应尽早拉开全面积极应对人口老龄化的序幕。

4.2 中国财政体制现状

众所周知，1994年分税制改革是中国社会主义市场经济的奠定性改革，后

---

① 刘金塘，林福德. 从稳定低生育率到稳定人口——新世纪人口态势模拟 ［J］. 人口研究，2000（7）：37-38.

② 郭志刚，张二力，顾宝昌，王丰，解振明. 21世纪中国人口与经济发展 ［M］. 北京：社会科学文献出版社，2006：63-95.

③ 杜鹏，翟振武，陈卫. 中国人口老龄化百年发展趋势 ［J］. 人口研究，2005（6）：91-93.

④ 曾毅. 试论二孩晚育政策软着陆的必要性与可行性 ［J］. 中国社会科学，2006（2）：97-98.

经不断调整和完善，搭建了中国现行财政管理体制的基本框架。经过分税制改革，国家财政收入占 GDP 比重稳中有升，中央财政收入占全国财政收入比重基本稳定，中央财力和宏观调控能力逐步增强；分税制下层层承包的"县际竞争"制度直接推动了中国经济的高速发展①；充分调动了地方政府财政理财和推进改革的积极性；在抑制通货膨胀、平抑经济波动以及推进基本公共服务均等化等方面发挥了重要作用②。

　　基于本书的研究目的和实际需要，本书将重点对我国进入人口老龄化社会以来的财政体制进行深入分析，以期能够探寻在人口老龄化的现实背景下，我国政府财政政策的宏观背景。

4.2.1　政府间财政关系

　　中国的政府间财政关系经历了三个不同的体制阶段：1949～1978 年的中央计划体制，1979～1993 年的财政包干体制，1994 年以来的分税制。三种财政体制对经济的发展、财富的公平分配乃至于社会结构的变动，都产生了深刻而重大的影响。1949～1978 年中央计划体制下的政府间财政关系的特征是：全国财政统收统支，地方政府仅仅是中央政府的代理机构，执行中央下派的财政收入和支出任务，没有任何财政自主权。地方政府负责征收关税之外的绝大多数财政收入，这些收入被分为上解和留用两个部分。至于上解和留用的比例，并无任何法律上的规定。在计划经济体制下，国有企业不仅是生产单位，而且还是国家财政收入的主要来源。1979～1993 年财政大包干时期，国家政府间财政关系从"统收统支"转变为在国家统一领导下，中央与地方财政分开，保持各自相对独立和稳定的收支预算。地方对中央有上交定额的义务，中央对地方有按定额补助差额的责任。这种政府间财政关系，给予了地方政府相对独立的财权，从而使支出责任划分、收入划分和转移支付的制度化浮出水面。1994 年至今是分税制时期。《国务院关于实行分税制财政管理体制的决定》指出按照中央与地方政府的事权划分，合理确定各级财政的支出范围；根据事权与财权相结合的原则，将税种统一划分为中央税、地方税和中央地方共享税，并建立中央税收和地方税收体系，分设中央与地方两套税务机构分别征管；科学核定地方收支

---

①　张五常. 中国的经济制度［M］. 北京：中信出版社，2009.

②　楼继伟. 中国政府间财政关系再思考［M］. 北京：中国财政经济出版社，2013.

数额，逐步实行比较规范的中央财政对地方的税收返还和转移支付制度，建立和健全分级预算制度，硬化各级预算约束。分税制改革以来，财政支出执行越来越地方分权化，财政收入越来越中央集权化。

政府间财政关系的内在目标是多元的，外部约束是综合的，并非简单的财政收支划分（楼继伟，2013）。分税制改革扭转了"两个比重"急剧下降、中央财政日益窘迫的局面，中央财力和宏观调控能力不断增强。之后经过局部改革和逐步调整，构建了中国以分税制为核心的现行政府间财政关系。

自 2000 年我国正式进入人口老龄化社会以来，中央财政收支格局也在发生悄然改变。如表 4-6、图 4-7 所示，中央财政收入与支出占全国财政收入与支出的比重均在逐步减少，地方财政收入与支出占全国财政收入与支出比重则相应在不断增加。如果进一步考虑税收返还的因素，中央财政收入占全国财政收入比重还将更低。地方政府发展经济的强烈冲动与现今政绩考核机制尚未发生根本性改变的情况下，面对日益加重的人口老龄化问题，政府间财政关系的变化在一定程度上会影响政府公共政策的制定、执行力与实施效果。对中央政府而言，财力不足也加大了政府在平衡地区间应对人口老龄化问题时的难度。

表 4-6　　　　　　　　　2000~2014 年中国政府间财政关系变化　　　　　　单位:%

年　份	中央财政收入占全国财政收入比重	地方财政收入占全国财政收入比重	中央财政支出占全国财政支出比重	地方财政支出占全国财政支出比重
2000	52.2	47.8	34.7	65.3
2001	52.4	47.6	30.5	69.5
2002	55.0	45.0	30.7	69.3
2003	54.6	45.4	30.1	69.9
2004	54.9	45.1	27.7	72.3
2005	52.3	47.7	25.9	74.1
2006	52.8	47.2	24.7	75.3
2007	54.1	45.9	23.0	77.0
2008	53.3	46.7	21.3	78.7
2009	52.4	47.6	20.0	80.0
2010	51.1	48.9	17.8	82.1
2011	49.4	50.6	15.1	84.9

续表

年　份	中央财政收入占全国财政收入比重	地方财政收入占全国财政收入比重	中央财政支出占全国财政支出比重	地方财政支出占全国财政支出比重
2012	47.9	52.1	14.9	85.1
2013	46.6	53.4	14.6	85.4
2014	46.0	54.0	14.9	85.1

　　注：与以往年份相比，2007 年财政收支科目实施了较大改革，特别是财政支出项目口径变化很大，与往年数据不可比，但并未改变政府间财政关系的总体变化趋势，并不影响到本书的分析结论。

　　资料来源：2000～2013 年数据来自 2000～2014 年《中国统计年鉴》；2014 年数据来自《关于 2014 年中央和地方预算执行情况与 2015 年中央和地方预算草案的审查结果报告》。

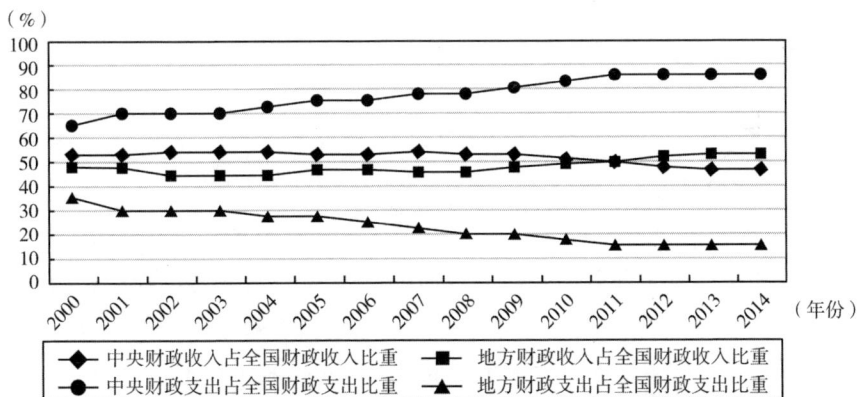

图 4 - 7　2000～2014 年中国政府间财政关系变化

　　资料来源：2000～2013 年数据来自 2000～2014 年《中国统计年鉴》；2014 年数据来自《关于 2014 年中央和地方预算执行情况与 2015 年中央和地方预算草案的审查结果报告》。

　　从世界主要国家来看，如表 4 - 7 所示，以英国、日本、法国等为代表的强调财政权力制衡的单一制国家，与以德国、澳大利亚和巴西为代表的具有更强分权特征的联邦制国家政府间财政关系差异甚大。即使相同国家结构下，受制于各国历史、政治及经济发展水平差异，集权分权比例各不相同，其政府间财政关系都体现出显著的本国特色。与世界其他国家相比，我国中央财政收入占全国财政收入比重明显低于其他国家水平，这与积极应对人口老龄化、加速推进公共服务均等化进程的要求不相适应。反过来讲，人口老龄化程度的不断加重，势必要求中央政府承担的支出责任不断增加，加之区域发展不平衡及公共服务均等化的影响，诸多因素决定了中国中央财政收入比重不能继续降低①。

表 4 -7　　　　　世界主要国家的政府间财政关系对比（2012 年）　　　单位:%

国家	财政收入			财政支出		
	中央占比	州占比	地方占比	中央占比	州占比	地方占比
澳大利亚	59. 3	34. 5	6. 2	62. 0	33. 1	4. 9
巴西	56. 3	26. 4	17. 3	58. 1	26. 4	15. 5
德国	59. 0	25. 3	15. 7	58. 5	25. 6	15. 9
法国	78. 7	——	21. 3	80. 8	——	19. 2
意大利	71. 7	——	28. 3	73. 6		26. 4
日本	40. 9	——	59. 1	54. 3	——	45. 7
韩国	65. 4	——	34. 6	67. 2		32. 8
俄罗斯	77. 8		22. 2	77. 0		23. 0
英国	74. 9	——	25. 1	77. 5		22. 5

注：俄罗斯数据为 IMF 对其 2012 年度的初步数据（preliminary or provisional）。
资料来源：IMF, Government Finance Statistics Yearbook, 2013.

　　财政关系是政府间关系的核心。政府间财政关系调整的过程中，与划分集权分权的合理比例这一指标相比，稳定政府间财政关系并使之可持续应是更深层次的追求。稳定的政府间财政关系，根本上决定了地方政府合理预期的区间，并可以有效减少地方政府的短期行为。这是因为，在我国人口老龄化的社会现实背景下，现实国情决定了政府在应对老龄化问题时的主导角色，尤其是中央政府在很大程度上会承担着"托底"的责任。短期来看，人口老龄化问题并不会对政府间财政关系构成较大威胁，但长期内我国快速的老龄化进程必将挑战中央与地方政府间的财政收支分配格局，中央政府极有可能又会陷入财力不足的困境。

4.2.2　公共财政收入

　　总体来看，我国自 2000 年进入人口老龄化社会以来，公共财政收入呈现增速放缓、结构分散的两大特征。

---

　　①　楼继伟. 中国政府间财政关系再思考［M］. 北京：中国财政经济出版社，2013.

4.2.2.1　政府收入的构成

政府收入包括以下几个方面。一是公共财政收入，公共财政收入由税收收入和非税收入构成，非税收入包括专项收入、行政事业性收费、罚没收入、其他收入。二是政府性基金收入，包括农网还贷资金收入、铁路建设基金收入、民航基础设施建设基金收入、转让政府还贷道路收费权收入、国有土地使用权出让金等共 37 项收入。三是国有资本经营收入，包括利润收入、股利股息收入、产权转让收入、清算收入、其他国有资本经营收入。四是社会保险费收入，包括城镇职工基本养老保险费收入、失业保险费收入、城镇基本医疗保险费收入、工伤保险费收入、生育保险费收入。

4.2.2.2　公共财政收入增速放缓，进入新常态

如表 4 - 8、图 4 - 8 所示，近十五年来，我国公共财政收入增速波动较大，增长速度则明显表现出放缓的特征。随着我国经济发展进入增速放缓的新常态，我国财政收入同时步入由高速增长转为中低速增长的新常态①。

表 4 - 8　　　　　　　　2000 ~ 2014 年中国公共财政收入变动趋势

年份	公共财政收入		
	总额（亿元）	名义增长率（%）	实际增长率（%）
2000	13395.23	17.05	14.83
2001	16386.04	22.33	20.11
2002	18903.64	15.36	14.72
2003	21715.25	14.87	12.03
2004	26396.47	21.60	13.97
2005	31649.29	19.90	15.54
2006	38760.20	22.47	18.18
2007	51321.78	32.40	23.68
2008	61330.35	19.50	10.99
2009	68518.30	11.72	12.38
2010	83101.51	21.30	13.96

①　楼继伟. 财政收入转为中低速增长克服速度情结［EB/OL］. http://politics.people.com.cn/n/2014/1230/c1001 - 26302908.html, 2014 - 12 - 30.

续表

年份	公共财政收入		
	总额（亿元）	名义增长率（%）	实际增长率（%）
2011	103874.40	25.00	16.47
2012	117253.50	12.90	10.75
2013	129209.60	10.20	8.37
2014	140350.00	8.60	—

注：①在计算公共财政收入名义增长率时按当年价格计算，在计算公共财政收入实际增长率时均在折算成1978年元后计算得出；②本表2000～2003年、2005～2008年数据为经济普查后修订的数据。

资料来源：2000～2013年数据来自2000～2014年《中国统计年鉴》；2014年数据来自《关于2014年中央和地方预算执行情况与2015年中央和地方预算草案的审查结果报告》。

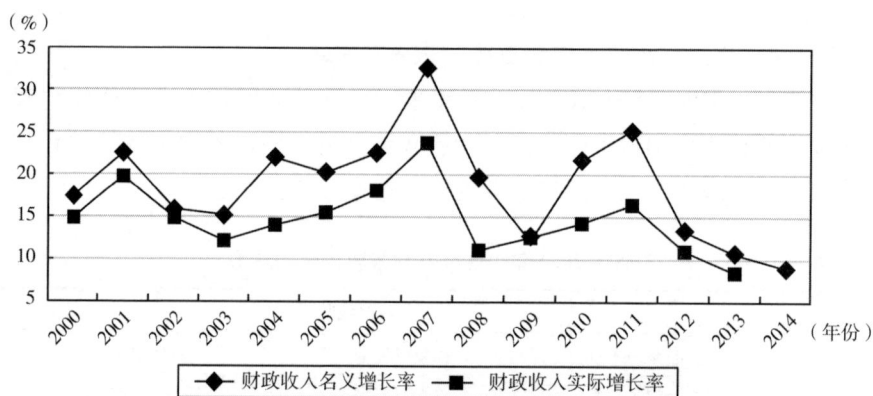

图4-8 2000～2014年中国公共财政收入变动趋势

注：①在计算公共财政收入名义增长率时按当年价格计算，在计算公共财政收入实际增长率时均在折算成1978年元后计算得出；②本表2001～2003年、2005～2008年数据为经济普查后修订的数据。

资料来源：2000～2013年数据来自2000～2014年《中国统计年鉴》；2014年数据来自《关于2014年中央和地方预算执行情况与2015年中央和地方预算草案的审查结果报告》。

在财政收入增速转向中低速增长的新常态下，不断加重的人口老龄化趋势将对公共财政收入产生重大影响，这主要体现在以下两个方面：一方面，不断加重的人口老龄化趋势将在影响社会经济发展的基础上，进一步影响公共财政收入的根本经济基础；另一方面，逐步增加的老年人口将对社会整体的消费结构、产业结构带来较大改变，这将直接影响到公共财政收入资金的来源渠道与规模。因此，考虑到我国人口老龄化的现实背景及严峻挑战，公共财政收入也将受到一定冲击。

4. 2. 2. 3　税收收入占比持续走低，财政收入形式分散化

据相关数据显示①，2014 年全国公共财政收入 140350 亿元，增长 8.6%。其中：税收收入 119158 亿元，同比增长 7.8%；非税收入 21192 亿元，增长 13.5%；税收收入占财政收入比重为 84.90%，非税收入占财政收入比重则为 15.10%，非税收入增速明显高于税收收入增速。税收收入占全国财政收入的比重于 2006 年首次跌破 90%，且近年持续徘徊在 85% 左右的较低水平。

如图 4－9 所示，2000 年以来的十五年间，税收收入占国家财政收入比重从 2000 年的 94% 左右下降到了 2014 年的 85% 左右，下降幅度近 10 个百分点，也降至新世纪以来的最低水平。与税收收入占财政收入比重持续走低相对应的是，非税收入占财政收入比重则不断攀升，政府财政收入形式分散的"老问题"重现。

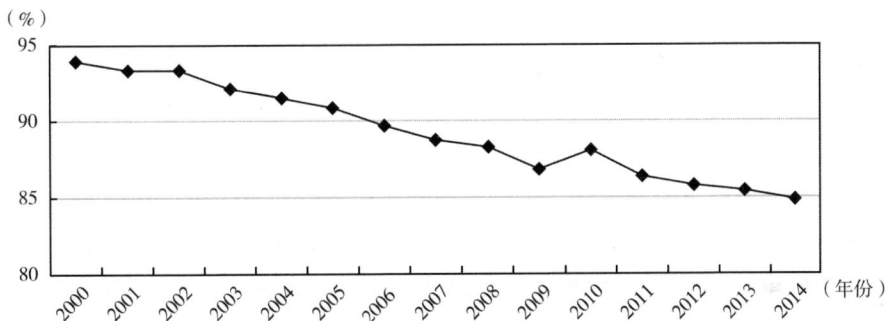

图 4－9　2000～2014 年中国税收收入占国家财政收入比重

资料来源：2000～2013 年数据来自 2000～2014 年《中国统计年鉴》；2014 年数据来自《关于 2014 年中央和地方预算执行情况与 2015 年中央和地方预算草案的审查结果报告》。

在现代市场经济国家，税收作为政府的主要筹资方式，占据无可替代的主导地位。如若违背了这一规律，则表明国民经济和财税体制处于"亚健康"状态。"税收国家"是在财政国家的模式下从收入层面对国家进行的定位。自近代以来，世界各国税收收入在整个财政收入中的比重日益提高，如今多数国家都高达 90% 以上。2000 年以来，我国税收收入占财政收入比重的持续走低，说明中国作为"税收国家"出现了新危机，如若不能得到有效遏制，就会出现"税

---

①　财政部：《关于 2014 年中央和地方预算执行情况与 2015 年中央和地方预算草案的审查结果报告》。

收国家"的蜕变。

我国税收收入占财政收入比重的持续走低，一方面在于地方政府收入形式的不规范，另一方面则是地方财政所面临的现实财力困境问题。税收收入占财政收入比重的持续走低，所折射出来的是中国财政体制发展的不可持续问题。税收是政府最主要的筹资方式，可持续的税收收入是政府宏观调控、提供公共产品和公共服务以及高效履行政府职能的强有力的保障。在我国人口老龄化社会日趋严重的背景下，政府一方面要坚持"清费立税"，规范政府的财政收入形式，强化税收筹集财政收入主渠道作用；另一方面则要早下决心，彻底推动我国新时期的财政体制改革，尽早为不断加重的老龄化问题预留政策施展空间。

4.2.2.4 税制结构"近乎停滞"

在中国，当前税制存在的主要问题体现在，一是间接税与直接税比重失衡。在现行税制下，大约70%的税收收入来自增值税、消费税、营业税等间接税，间接税的比重增加不利于经济稳定，我国现在正在考虑将税制结构由以增值税为主的间接税转向以所得税为主的直接税。二是地方税体系建设缓慢。我国实行"营改增"后，以前作为地方税主体税种的营业税转变为增值税，增值税是共享税，25%的税收收入由地方分享，这使得地方财政收入汲取机制受到冲击。虽然目前正在讨论是否征收房地产税作为地方的主体税种，但推行进程缓慢。三是地方债问题。自1994年分税制改革以来，中央及地方财政收入比重大约在50%浮动，相差不大（见图4-10）；地方财政支出比重与中央财政支出比重相比，差异迥然（见图4-11）。地方财政收入不足及收入与支出的不均衡，是导致地方债务加重的因素之一。

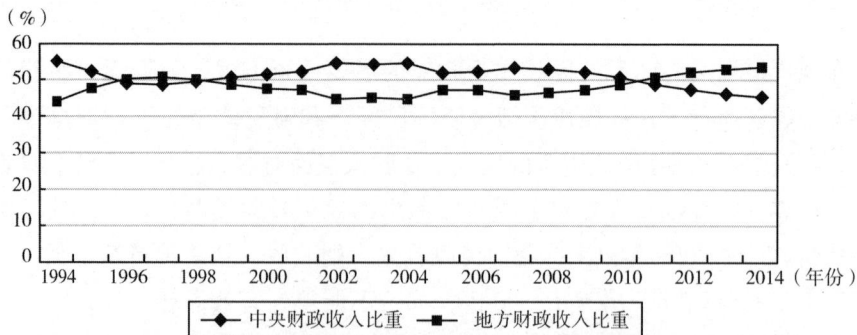

图4-10 1994~2014年中央及地方财政收入比重

资料来源：国家统计局。

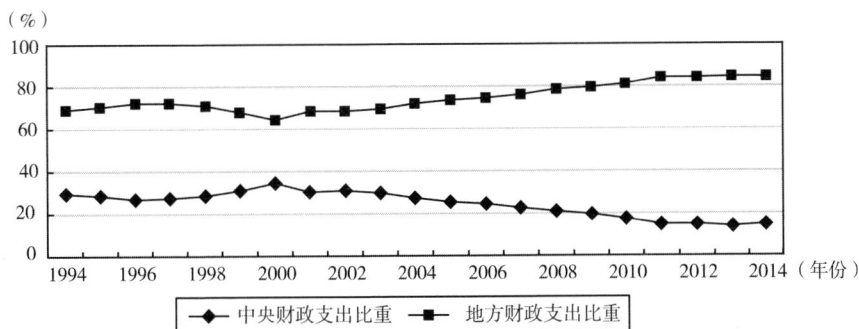

图 4-11　1994~2014 年中央及地方财政支出比重

资料来源：国家统计局。

　　针对直接税与间接税的问题，通过对比我国 2000 年和 2014 年的税制结构，如表 4-9、表 4-10 所示，我们可以发现，2000 年"三大流转税"（增值税、营业税及消费税）约占税收总收入的 69.72%；2014 年的这一比重约为60.38%。就直接税中的所得税来看，2000 年的企业所得税与个人所得税合计占比约为 18.45% 左右；2014 年企业所得税和个人所得税的比重合计则达到了26.86%。总体来看，进入人口老龄化社会以来的 15 年间，流转税的比重在下降、所得税的比重在上升，一增一减分别在 9 个百分点左右。但是，流转税的主体地位、"跛足"的"双主体税制"的大格局并未发生根本的改变。

表 4-9　　　　　　　　　**2014 年中国税收收入主要构成**

名　称	金额（亿元）	比重（%）
国内增值税	30850	25.89
国内消费税	8907	7.47
营业税	17782	14.92
企业所得税	24632	20.67
个人所得税	7377	6.19
进口货物增值税、消费税	14424	12.10
证券交易印花税	667	0.56
契税	3986	3.35
土地增值税	3914	3.28
耕地占用税	2059	1.73
城镇土地使用税	1993	1.67
税收总收入	119158	—

资料来源：财政部《2014 年财政收支情况》。

表 4 – 10   **2000 年中国税收收入主要构成**

名　　称	金额（亿元）	比重（%）
消费税	858.29	6.82
增值税	4553.17	36.19
营业税	1868.78	14.85
进口产品消费税、增值税	1491.70	11.86
城市维护建设税	352.25	2.80
企业所得税	1662.02	13.21
个人所得税	659.64	5.24
契税	131.08	1.04
证券交易印花税	477.58	3.80
税收总收入	12581.51	—

资料来源：《中国统计年鉴（2000）》.

如表 4 – 11 所示，1965 ~ 2005 年 OECD 国家税制结构总体上基本保持稳定。个人所得税、公司所得税、社会保障税、薪给税（payroll tax）等所得税比重从 54% 提高到了 62%，主要是人口老龄化背景下社会保障税比重提升所致；与所得税比重的提升刚好相反，OECD 国家间接税的比重则相应下降了 10 个百分点。而且在间接税内部，一般消费税的比重在上升、特种消费税的比重则出现了下降。如果说直接税比重的提升表明 OECD 国家总体上更加关注促进社会公平的话，那么间接税内部则在向促进效率提升靠近，二者之间正好在公平和效率之间实现了平衡。

表 4 – 11   **1965 ~ 2005 年 OECD 国家的税制结构变化**   单位:%

年　份		1965	1975	1985	1995	2005
所得税	个人所得税	26	30	30	27	25
	公司所得税	9	8	8	8	10
	社会保障税	18	22	22	25	26
	薪给税（payroll tax）	1	1	1	1	1
	所得税合计	54	61	61	61	62

续表

年　份		1965	1975	1985	1995	2005
间接税	财产税	8	6	5	6	6
	一般消费税	14	15	16	18	19
	特种消费税	24	18	16	13	11
	间接税合计	46	39	37	37	36
其他税收		1	1	1	3	3
合　计		100	100	100	100	100

资料来源：OECD，Revenue Statistics 1965 ~ 2006，2007.

　　以间接税为主体的税制结构，容易导致宏观调控的"顺周期"问题，加大了政府"逆周期"宏观调控的实施难度，与此同时，也将在一定程度上冲击税收收入的稳定性。如图 4 - 12 所示，自 2000 年我国进入人口老龄化社会以来，尤其是 2003 ~ 2013 年，我国税收收入弹性平均值约为 1.22，这就意味着如果未来 GDP 增长率下降 1 个百分点，税收收入增长率则将下降 1.22 个百分点。在人口老龄化社会和经济发展新常态的现实背景下，当前的税制结构应当做出调整和改革。

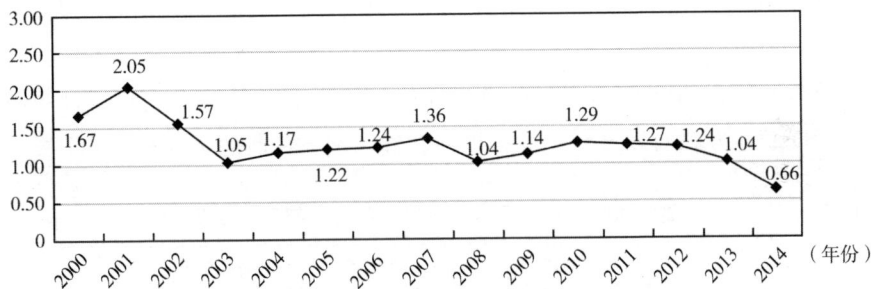

图 4 - 12　2000 ~ 2014 年中国税收收入弹性变动趋势

注：税收收入弹性 = 税收收入增长率/GDP 增长率。

资料来源：2000 ~ 2013 年数据来自 2000 ~ 2014 年《中国统计年鉴》；2014 年数据来自《关于 2014 年国民经济和社会发展的统计公报》。

　　"人们对税收公平和公正的追求，是主导税制结构演进的最重要因素。"[①] 中国税制当前以间接税为主体，民众对间接税并不敏感，对直接税则有"切肤之

① 高培勇．由适应市场经济体制到匹配国家治理——新一轮税制改革取向的探讨 [J]．财贸经济，2014（3）：9 - 10.

痛"。这样中国推进直接税逆转间接税的努力反而会遭受到一般民众的反对,民众反对的是"直接税的增加",纳税人并不能确信直接税增加之后间接税会"跷跷板式"的同比例下降;税制改革的结果往往可能是不仅间接税没有削减和下降,反而导致了直接税的绝对增加。依此看来,纳税人对直接税增加的反对就是理性地选择了,而这客观上却延缓了税收对收入不公的调节进程,导致了社会整体收益受损。对于政府来说,既然间接税征收阻力小、直接税推进难,那么中国税制结构 10 余年来几乎一成不变就不难理解了。我国税制结构"近乎停滞"的状态是否再次验证了黑格尔"中国只有空间,鲜有时间概念"的论断①。

针对"两个比重"及地方债的问题,我们应借鉴 1994 年分税制改革的成功经验,我们考虑如果单纯按照税种划分政府间财政关系,是否会回到 1994 年分税制改革之前"分灶吃饭"的老路去,使地方政府主要关注地方税的增长,中央财政收入占 GDP 的比重就会得不到保障,中央财政收入比重的下滑势必将会直接对全国财政收入占 GDP 的比重造成冲击和影响。已经成功解决 20 多年的"两个比重"问题将会作为影响我国财政可持续发展的"暗礁"从而重新浮出水面。如表 4-12 所示,主要发达国家中央税收占全部税收比重大多超过 50%,我国中央税收的比重与主要发达国家相比并不大,甚至还存在一定差距。在新一轮税制改革中,我国陆续进行的一系列税制改革已经在一定程度上改变了中央与地方的税收分配格局。因此,构建新的中央与地方政府税收收入划分标准应当与现行的税收制度相适应,在稳定税负的前提下,保障中央政府税收收入的同时,调动地方政府发展经济的积极性,提高地方税收收入规模。

表 4-12　　　　　　主要发达国家及中国中央政府税收占全部税收比重　　　　单位:%

国家	1980 年	1990 年	2000 年	2005 年	2009 年
澳大利亚	81.81	79.50	81.80	82.24	80.17
加拿大	48.36	47.41	50.64	48.66	45.96
法国	97.49	83.27	80.51	77.56	70.45
德国	50.83	51.37	50.63	51.03	51.53
意大利	97.28	95.64	78.44	75.89	78.04
日本	64.09	65.24	59.73	60.04	53.35

---

① 即来自"中国的历史从本质上看是没有历史的,它只是君主覆灭的一再重复而已。任何进步都不可能从中产生"。黑格尔. 法哲学原理 [M]. 北京:商务印书馆,2009:298-320.

国家	1980 年	1990 年	2000 年	2005 年	2009 年
西班牙	90.89	80.42	74.44	53.90	45.25
英国	87.10	91.48	95.19	94.10	93.35
美国	60.75	55.54	59.76	54.66	47.78
中国	24.52	33.79	52.18	52.29	52.42

资料来源：OECD 数据库。

　　税制结构影响最大的则是税收负担在社会群体代际之间与代际之内的公平和公正问题。在我国人口老龄化趋势不断加快的背景下，未来的税制建设，总体上应在稳定税负的基础上，以推进个人所得税、房地产税改革与择机开征遗产税与赠与税为目标。

4.2.3　公共财政支出

4.2.3.1　支出规模增速波动大

　　总体来看，2000～2014 年的十五年间，与公共财政收入变动趋势相一致的是，我国公共财政支出同样呈现出波动幅度较大的总体特征。这与国际经济危机影响下政府出台大规模经济刺激政策有很大关联，是政府激发经济发展活力的重要经济手段，也是社会经济发展的强烈需求（见表 4 - 13、图 4 - 13）。

表 4 - 13　　　　　　　　2000～2014 年中国公共财政支出变动趋势

年份	公共财政支出		
	总额（亿元）	名义增长率（%）	实际增长率（%）
2000	15886.50	20.46	18.25
2001	18902.58	18.99	16.77
2002	22053.15	16.67	16.02
2003	24649.95	11.78	8.93
2004	28486.89	15.60	7.97
2005	33930.28	19.11	14.75
2006	40422.73	19.13	14.84
2007	49781.35	23.20	14.48
2008	62592.66	25.70	17.19

续表

年份	公共财政支出		
	总额（亿元）	名义增长率（%）	实际增长率（%）
2009	76299.93	21.90	22.56
2010	89874.16	17.80	10.46
2011	109247.80	21.60	13.07
2012	125953.00	15.30	13.15
2013	140212.10	11.30	9.47
2014	151662.00	8.20	—

资料来源：2000～2013 年数据来自 2000～2014 年《中国统计年鉴》；在计算公共财政支出名义增长率时按当年价格计算，在计算公共财政支出实际增长率时均在折算成 1978 年基期价格后计算得出；本表 2001～2003 年、2005～2008 年数据为经济普查后修订的数据，2014 年数据来自《关于 2014 年中央和地方预算执行情况与 2015 年中央和地方预算草案的审查结果报告》。

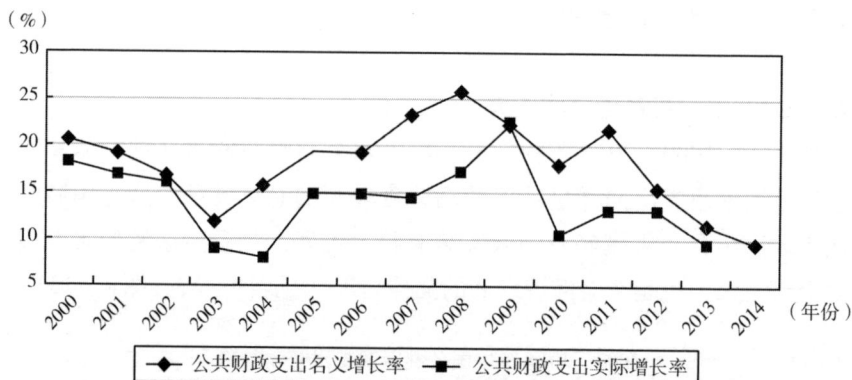

图 4 - 13　2000～2014 年中国公共财政支出变动趋势

资料来源：2000～2013 年数据来自 2000～2014 年《中国统计年鉴》；2014 年数据来自《关于 2014 年中央和地方预算执行情况与 2015 年中央和地方预算草案的审查结果报告》。在计算公共财政支出名义增长率时按当年价格计算，在计算公共财政支出实际增长率时均在折算成 1978 年基期价格后计算得出；本图 2001～2003 年、2005～2008 年数据为经济普查后修订的数据。

　　从规模上来看，公共财政支出的增速放缓，短期内与当前的人口老龄化程度并未形成十分突出的供需矛盾。但从长期来看，如若不采取合理的应对措施，快速加重的老龄化趋势定会加剧、并很有可能会激化这种供需矛盾的爆发。

4.2.3.2　支出结构政府间、地区间差异大

　　考虑到本书的研究背景和研究目的，本书将重点研究公共财政支出结构中

的公共教育支出与公共医疗卫生支出两者。如图 4 – 14 所示，2000～2013 年，二者占全国公共财政支出比重均呈现总体上升势头。这表明一方面国家始终坚持公共教育支出以增加人力资本投资；另一方面则是日益严重的人口老龄化也加大了对政府提供公共医疗卫生服务的需求。其中，公共医疗卫生支出占全国公共财政支出比重于 2007 年增速明显加快，增加部分主要用于大幅扩大新型农村合作医疗制度覆盖面、支持重大疾病防控和社区卫生服务，以及开展城镇居民基本医疗保险制度试点的财政补助；公共教育支出占全国公共财政支出比重的小幅震荡，较大程度上还是受国内外因素综合影响下经济增速放缓、公共财政收入增速放缓，以及国家调整财政支出结构刺进经济计划的影响。

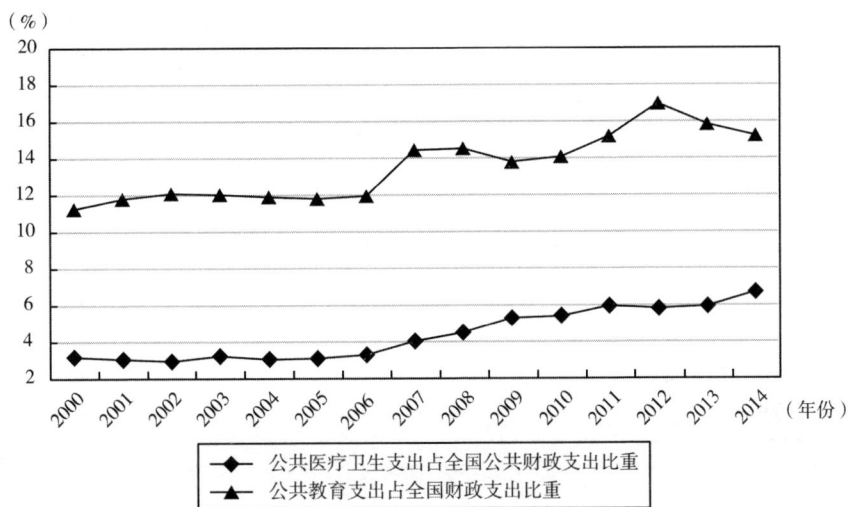

**图 4 – 14　2000～2013 年中国公共医疗卫生支出、公共教育
支出占公共财政支出比重的变动趋势**

资料来源：2000～2013 年数据来自 2000～2014 年《中国统计年鉴》；2014 年数据来自《关于 2014 年中央和地方预算执行情况与 2015 年中央和地方预算草案的审查结果报告》。

从纵向的维度观察，2000～2013 年，在全国公共教育支出与公共医疗卫生支出中，自政府间财政支出责任的划分来看，中央与地方政府支出比重呈现明显的一升一降，地方政府始终占据支出的主导地位。可以说，与中央政府相比，地方政府应该具有更加准确、完备的当地民众对公共教育与公共医疗服务的需求信息（见图 4 – 15、图 4 – 16）。

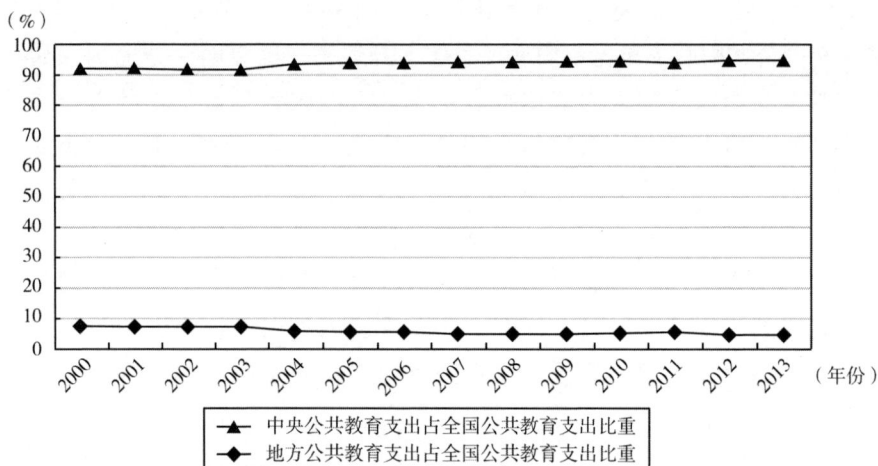

图 4 – 15 2000～2013 年中国公共教育支出中中央与地方政府占比的变动趋势

资料来源：2000～2013 年数据来自 2000～2014 年《中国统计年鉴》；2014 年数据来自《关于 2014 年中央和地方预算执行情况与 2015 年中央和地方预算草案的审查结果报告》。

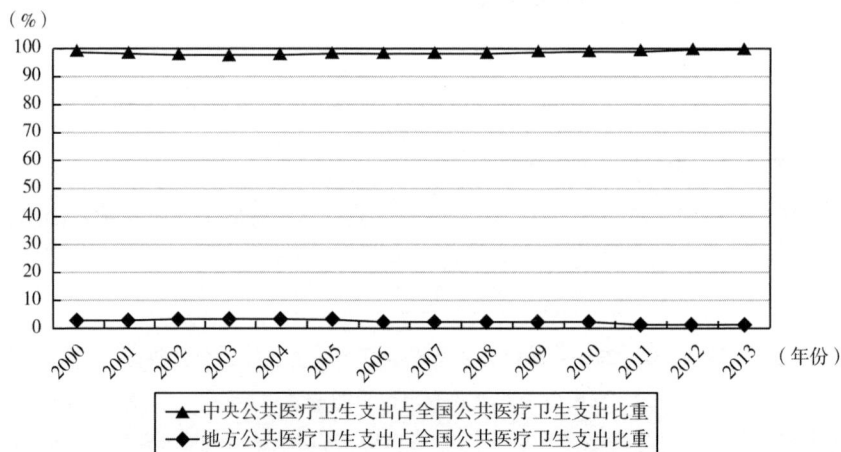

图 4 – 16 2000～2013 年中国公共医疗卫生支出中中央与地方政府占比的变动趋势

资料来源：2000～2013 年数据来自 2000～2014 年《中国统计年鉴》；2014 年数据来自《关于 2014 年中央和地方预算执行情况与 2015 年中央和地方预算草案的审查结果报告》。

从横向维度来看，受制于各地区间经济发展水平的较大差异，我国公共教育支出与公共医疗卫生支出的区域间差异甚大。基于人口老龄化的现实背景，本书选取了 2010 年全国第六次人口普查数据中人口老龄化程度最严重的五个省份，以此来进行对比分析。对比发现，数据显示出地区间公共教育支出与公共医疗卫生占地方公共财政支出比重差异较大，与当地的人口老龄化程度也并未呈现出一致的规律，本书认为产生这种现象在很大程度上还是由于各地区间的社会经济发展水平差距悬殊所致（见表 4 - 14）。

表 4 - 14　2010 年中国第六次全国人口普查老龄化程度最高的五个省份数据对比　　单位:%

次序	省份	65 岁及以上人口比重	公共教育支出占公共财政支出比重	公共医疗卫生支出占公共财政支出比重
—	全国	8.92	13.96	5.35
1	重庆	11.72	14.07	5.55
2	四川	10.95	12.70	6.18
3	江苏	10.88	17.61	5.08
4	辽宁	10.31	12.69	4.74
5	安徽	10.22	14.93	7.12

资料来源：《中国统计年鉴（2011）》《第六次全国人口普查数据公报》。

4.2.4　中国财政体制现状总结

　　分税制是中国政府间财政关系的奠定性改革，后经逐步调整和完善，搭建了中国现行财政管理体制框架，1994 年的分税制改革对如今新一轮的税制改革具有重要的借鉴意义：一是分税制改革使得财政收入稳定增长。1994 年分税制改革之前，我国的财政收入是 4349 亿元，1994 年实行财政分税制初期，我国财政收入为 5218 亿元，与 1993 年相比增长了 19.98%。如图 4 - 17 所示，1994 ~ 2014 年中国的财政收入与我国 GDP 实现了同步的稳定增长。二是分税制使得财政"两个比重"实现增长。财政"两个比重"是指财政收入占国民生产总值的比重和中央财政收入占全国财政收入的比重，如图 4 - 18 所示，财政收入占国民生产总值的比重缓慢稳定上升，中央财政收入占全国财政收入比重大体在 50% 左右上下浮动，这是由于在近 20 年间，中央政府的财政收入金额大于地方政府，考虑到地方政府需要提供经营性投资，为了体现税收的公平性，中央政府一直在加大转移支付和专项资金的运用，这些举措平滑了我国各地税收收入的波动，稳定了中央与地方各自的收入来源。三是主体税种的共享成功将中央与地方的利益捆绑在一起。我们以增值税为例，第一，在改革之初，仅考虑国内增值税，中央分享的增值税比例实际上要远低于 75 ％；第二，将进口环节增值税考虑进来之后，中央的增值税分享比例就超过了 75 ％；第三，将中央和地方所负担的增值税出口退税也考虑进来。虽然中央负担了绝大部分的出口退税，但增值税的分享比例仍呈现出不断攀升的态势。增值税分享比例在不同情景的不同数值，既凸显了增值税作为当前我国第一大税种所发挥的特殊经济调节作

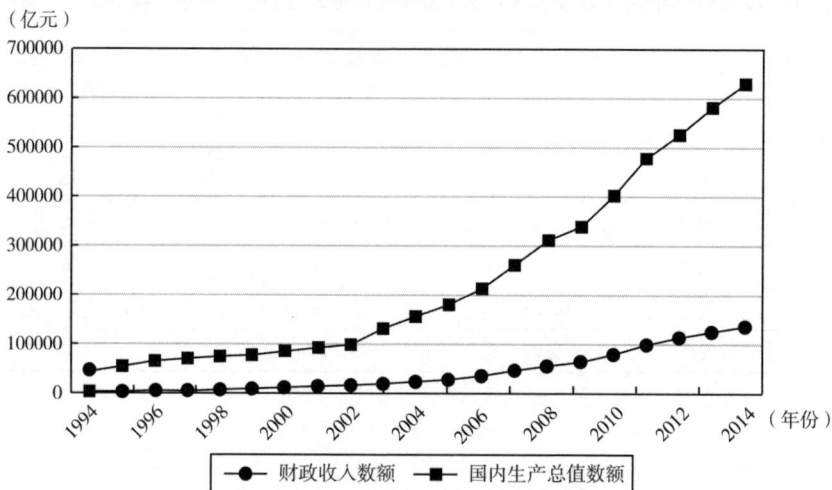

图 4 – 17　1994 ~ 2014 年中国财政收入与国内生产总值数额

资料来源：国家统计局。

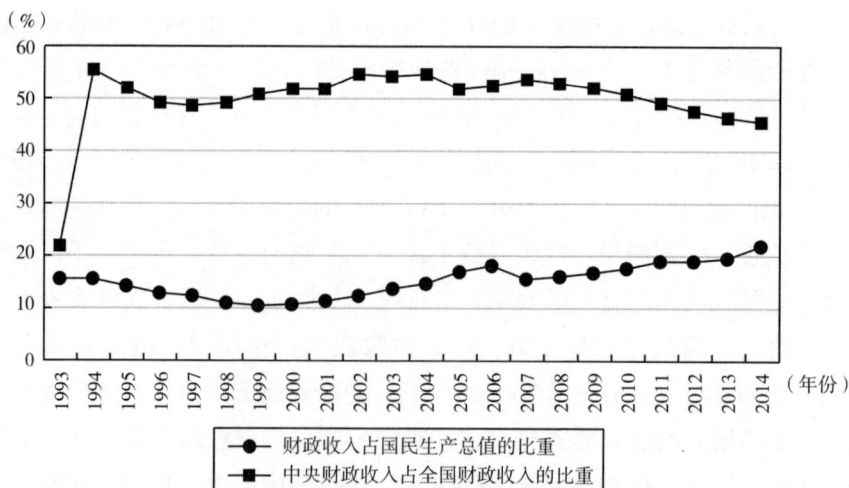

图 4 – 18　1993 ~ 2014 年"两个比重"的数据

资料来源：国家统计局。

用，同时也是我国中央与地方在政府间财政关系上不断博弈的结果。基于危机推动和渐进改革的路径依赖，推动并保证了改革的顺利实施，但不可避免地带来了改革效率低、停滞不前的问题①。分税制改革 20 年来，逐渐呈现出朝"分钱制""分成制"方向发展的趋势（高培勇，2013；吕冰洋，2014）。

在人口老龄化趋势日趋严重的现实背景下，现行财政管理体制的诸多深层次问题需要特别关注。本书认为，中央财政收入占全国财政收入比重下行趋势明显，政府间财政关系的变化对政府实施宏观调控、应对人口老龄化会造成不利影响，尤其是中央政府财力的下降会加大中央政府制定相关政策的难度，削弱公共政策的实施效果；税收收入占财政收入比重持续走低，政府财政收入形式分散化问题重现，这将对政府应对人口老龄化政策的可持续性构成一定的威胁。

财政体制改革已经进入深水区和攻坚区，房地产税和个人所得税改革面临既得利益集团的掣肘，提高中央财政收入占全国财政收入比重则面临地方政府嫁接稳增长、保民生等方面的压力。

人口老龄化与养老金改革、税制结构优化与收入分配改革等，都是财政改革进入攻坚期和深水区之后的"硬骨头"，不能一蹴而就，需要放到中长期的范畴内统筹考虑。节能减排、国际危机、反恐等国际性公共产品的出现，中国经济体量的不断增大，诸多国内外因素都要求财政改革的目光要"跳出一隅而关注全局"。中国财税改革将告别高速经济增长和财政增长，一方面，分税制财政体制的改革空间过去依靠"增量改革"来化解和减轻改革阻力，改革思路需要做出调整，改革腾挪的空间将被压缩；另一方面，未来的出路在于，应立足于完善国家治理体系的高度来推进财政体制改革，跳出财政看财政，以经济社会体制的全面完善"倒过来"创造财政体制的"改革红利"。

4.3　人口老龄化背景下的财政政策现状

财政政策是政府依据客观经济规律制定的指导财政工作和处理财政关系的一系列方针、准则和措施的总称。总体而言，自 2000 年我国进入人口老龄化社会以来，我国政府财政政策经历了从"积极"到"稳健"再到"积极"的

---

①　楼继伟. 中国政府间财政关系再思考 [M]. 北京：中国财政经济出版社，2013.

转变过程，这主要是为了平抑国际经济危机给我国经济发展所带来的消极影响。

随着我国人口老龄化进程的不断加快，我国政府对人口老龄化问题也已高度关注和重视。政府陆续颁布实施的各种政策文件中，虽未显著表明，但实质上则是针对人口老龄化问题的破解。同时，财政政策始终扮演重要角色。具体来讲，主要通过财政支持与税收优惠两条途径实施。

4.3.1 财政支持

"三农"问题始终是政府工作的重中之重，财政资金用于民生支出的比例逐年提高。其中与人口老龄化关系最为密切的当属我国在先行试点的基础上，现已基本全覆盖的新型农村合作医疗制度（以下简称"新农合"）、新型农村合作养老保险制度（以下简称"新农保"）与城镇居民社会养老保险制度（以下简称"城居保"），国家各级政府财政对"新农合""新农保"及"城居保"的补助标准逐年呈增加趋势。其中，在2014年"新农保"与"城居保"实现并轨为"城乡居民基本养老保险制度"后，2015年财政补贴标准也在2014年的基础上实现上调。2016年1月12日，国务院发布《关于整合城乡居民基本医疗保险制度的意见》（以下简称《意见》），城镇居民基本医疗保险和新型农村合作医疗将合二为一，成为新的城乡居民医疗保险。《意见》提出了"六统一"的要求：即统一覆盖范围、统一筹资政策、统一保障待遇、统一医保目录、统一定点管理以及统一基金管理。《意见》指出合理划分政府与个人的筹资责任，在提高政府补助标准的同时，适当提高个人缴费比重。个人缴费比重的提高可以纾解国家财政的压力，有利于维持长期的收支平衡，有利于提高参保人享受医保的质量。

在退休养老方面，人社部也推出了职工基础养老金全国统筹方案、渐进式延迟退休年龄方案等重大举措。近年来，由于我国人口逐渐迈入老龄化，养老金的支出面临巨大压力。养老金如何投资运营，更好的保值增值一直是社会关注的热点。2015年8月23日，国务院印发了《基本养老保险基金投资管理办法》，要求各省、自治区、直辖市人民政府，国务院各部委、各直属机构认真贯彻执行，在人口老龄化的背景下，养老金投资管理办法的实施有利于增强制度的吸引力，调动群众缴费积极性，扩大参保覆盖面；有利于拓宽基金来源，减轻企业和财政负担，推进全国统筹；有利于增强养老基金支撑能力，促进制度可持续发展；有利于盘活存量资金，促进经济发展，应对经济下行压力。2016年 2 月 3 日，《全国社会保障基金条例（草案）》在国务院常务会议上获得通过。草案规定，全国社保基金由中央财政预算拨款、国有资本划转、基金投资收益等资金构成，明确了基金投资运营和监管、风险管理等制度，强化了审计、公开等监管措施。这是在国家层面的立法，立法层次的提高，意味着顶层设计的确立。全国社会保障基金成立于 2000 年，用于补充和调剂人口老龄化高峰时期养老保险等社保支出，由"全国社会保障基金理事会"负责管理运营。国家规范主权养老基金，显示应对老龄化浪潮的决心。《条例》为全国社会保障基金开启了新的篇章，为将来建立外汇型的主权养老基金打下了基础，也为下一步基本养老金以及职业年金等其他社会保险基金的市场化运营创造条件。

与此同时，国家在推进养老服务业发展的过程中，各级政府财政通过降低土地出让金、财政贴息、补助投资、政府购买服务等不同方式，支持养老服务业的发展。实施全面放开"二孩"政策，应对人口老龄化的趋势。

4.3.2　税收优惠

国家应对人口老龄化的税收优惠政策集中体现在两个方面：一方面，通过减免企业所得税和个人所得税的方式推动企业年金制度和职业年金制度的发展；另一方面，通过减免税等优惠政策推进养老服务业的快速发展，包括免征营业税、房产税、城镇土地使用税以及特定条件下的企业所得税减免等方面。

2012 年上海首先作为试点推行个人税收递延型养老保险。个人税收递延型养老保险，是指投保人在税前列支保费，在领取保险金时再缴纳个人所得税。由于在购买保险和领取保险金的时候，投保人处于不同的生命阶段，其边际税率有非常大的区别，对于投保人有一定的税收优惠。个税递延型养老保险对于企业和个人来说是个双赢的举措：从企业的角度来说，购买个税递延型养老保险是员工自己投保，企业不需要支付额外的费用，却能提高员工的福利；对于个人来说，由于在税前购买养老保险，就能减免部分当期的个人所得税。发展个人税收递延型商业养老保险，能够有效拉动内需，释放存款，此外，还有利于改善民生、完善社会保障体系。更重要的是，养老基金规模的扩大，可以为国家积累大量的长期建设资金，有利于支持实体经济的发展。

因此，从现有的应对人口老龄化的公共政策中可以看出，财政政策始终扮演着重要角色。这在肯定了财政在政府公共治理中的重要地位的同时，也证明了在应对不断加快的人口老龄化进程中，财政政策应该作为主线索和突破口。

当然，我们在肯定财政政策的积极成果的同时，还应明确的是，第一，从长期来看，财政支持不宜作为长久之计，这是因为老年人口比重的不断扩大会对政府财政支持提出更高的需求，将在一定程度上拖累政府财政，财政支持也存在失衡的诟病；第二，现今的税收优惠政策在一定程度上制造了"税收洼地"，而且部分税收优惠政策并没有起到预期效果，比如，企业年金制度中免税额的呆滞就在一定程度上打压了部分企业和个人的参保积极性。

综上所述，本书认为，在我国人口老龄化进程不断加快的现实背景下，财政政策应当实现一定的转变，转变的不仅是思维，还包括转变方式。单凭现行的财政支持和税收优惠，并不足以应对未来的老龄化挑战。财政政策牵一发而动全身，从"财政是国家治理的基础和重要支柱"的思想出发，从变革财政政策入手探求破解人口老龄化难题，将是我国应对人口老龄化趋势的必然选择。

第5章 人口老龄化背景下财政 政策的国际经验借鉴

一个不争的事实是，21 世纪是人口老龄化的世纪。人口老龄化已经成为人类需要应对的全球性问题。一直以来，我们讨论最多的是发达国家的人口负增长和高福利。就在我们印象中仍旧残存着发达国家老态龙钟的形象时，一个现实问题摆在了面前：我们"未富先老""未备先老"。

从国际上来看，西方发达国家是最早进入人口老龄化社会的地区，也是当今人口老龄化程度最高的地区。在更早面对老龄化问题的挑战的同时，加之当前全球经济形势持续低迷、复苏乏力仍在继续，发达国家的高福利社会保障制度也面临新的严峻考验，但他们尽早实施的持续性财政政策应对，很好地处理了人口老龄化与社会经济发展之间的平衡。就东亚地区而言，以日本和韩国为代表的东亚国家也先于中国进入老龄化社会。在社会发展历程、老龄化社会进程及文化传统等诸多方面，中国与日本、韩国存在较多共同之处。解决人口老龄化没有"一劳永逸"的药方，加之国情的差异和财税体制的不同，我们难以照搬西方发达国家的应对经验，但在应对老龄化的过程中，发达国家的财政政策足以给我们提供很好的借鉴。

5.1 西方国家的经验借鉴

通过对德国、英国和美国三个发达国家在应对人口老龄化挑战过程中，政府公共财政政策及其对经济增长影响的分析，本书发现，老龄化程度的不断加重给政府公共财政增加了巨大负担和风险，利用税收政策开辟新税源以弥补巨大的财政开支是德国、英国及美国三个发达国家的普遍做法。

我们以欧洲和美国为例代表西方国家，简要介绍其社会保障体系。欧洲国家拥有四种代表模式，其中，以英国为代表的西欧模式，形成了一套从"摇篮到坟墓"的全面保障体系；以瑞典为代表的北欧模式，具有广覆盖、高水平、高税收、法治化的特点；以德国为代表的中欧模式，遵循既强调国家保护又重视个人责任，既要竞争又要互助的基本原则；以意大利为代表的南欧模式，注重"特殊"和"择优"，不以社会需要和平等权利为制定政策的依据。随着社会的发展，社会保障体系存在的问题难以弥补收入差距的扩大：一是巨额的社会保障支出。欧洲主要国家社会保障支出占 GDP 的比例均在 25% 左右，医疗支出的部分占 GDP 的比例在 10% 左右，且呈逐年递增趋势。二是财政收支失衡，赤字严峻。欧洲主要国家所得税占财政收入的比例 10 年没有改变，但政府财政支出仍然逐年增加，财政盈余率越来越低。三是高失业率使失业保险制度承受的压力不断增加。欧洲国家福利费用不断扩张，劳动力成本提高，失业人数增加，使社会保障体系压力不断增加。四是高福利政策使社会进入怠惰状态。贫困者完全依赖福利待遇生活，不愿从贫困中解脱出来，这就是过度的社会保障制度的副作用，从而使得收入差距增大。美国的社会保障计划是基于个人收入的，通过单独的工薪税（payroll tax）征缴，而不是简单通过一般税收征缴；养老金待遇以年金的形式提供，而且退休者只能在其生存期间享有这些权利，在养老金原则中融入了一种福利原则。这样，作为一种单纯的养老金计划，同时作为一种"福利"计划，社会保障制度又实现了调节收入的功能。无法弥补收入差距的社会保障体系的问题体现在：第一，财政危机。随着科技的进步与社会的发展，生活必需品的价格上涨，社会保障各项目最低标准提高，开支不断扩大。以心脏搭桥手术的费用为例，1970 年为 1.4 万美元，1991 年增至 40.7 万美元，涨幅惊人。第二，失业救助使得社保领取者失去了寻找工作的积极性。因为领取失业救助的人大多是缺乏工作技能长期失业者，他们找到的工作工资较低，甚至低于失业救助资金，这使他们丧失了寻找工作的积极性。第三，养老金的问题。随着社会的发展，老年人的寿命延长，死亡率降低，使整个社会进入一个"老龄化"的阶段。美国社会保障资金主要采取"现收现付"的形式，用青年工作者与企业缴纳的社会保障金和税款支付老年人的社会保障费用。随着人口结构老龄化程度的加深，纳税人相对减少，而受惠者相对增加，这使得政府财政更加艰难。

5.1.1 德国的税制改革

德国是欧洲最大经济体，同时也是欧洲出生率最低的几个国家之一。长期以来，德国饱受人口老龄化问题的困扰。1972 年以来德国人口的持续负增长，在缩减德国人口规模的同时，使得该国本已比较严重的老龄化问题日益凸显。德国联邦就业局（Federal Employment Agency）预测[①]，到 2025 年，德国工作人口将减少 700 万人。政府为化解人口老龄化所带来的养老金支出逐年增加、财政负担不断加剧和财政风险日益加大等问题，通过优化财政支出结构、增加税收收入和延迟退休等公共政策的实施加以应对，从而降低老龄化所带来的抑制增长效应。其中，一系列的税制改革成为德国政府应对人口老龄化的重要举措。

5.1.1.1 提高税率、开辟新税源，弥补养老金支出

在税率调整方面，为应对不断加剧的老龄化趋势对养老保险支出上涨的需求，德国政府通过增值税税率的上调增加税收收入，增加的税收收入部分用于补贴养老保险支出。相关数据显示[②]，德国人口老龄化水平由 1997 年的 15.4 上升到 1998 年的 15.9%，2006 年时则已经达到 19.0%。在此期间，德国政府先后两次调整增值税税率水平，1998 年由 15% 上调到 16%，2006 年进一步上调到 19%（2007 年开始实施）。

与此同时，德国政府于 1999 年推动了生态环境税改革，将电力和石油制品纳入生态环境税征收范围，将由此取得的绝大部分税收收入用以补充社会养老金支出。

5.1.1.2 "借道"税式支出，缓解支出压力

在应对人口老龄化问题时，德国政府十分重视多支柱社会养老体系中个人养老保险计划的作用，德国政府通过创新税收优惠政策激发个人参与补充养老

---

① 新华网．德国拟征"年龄税"以应对人口锐减和老龄化危机［EB/OL］http：// news. xinhuanet. com/world/2012－04/05/c_111739017. htm？prolongation＝1，2012－04－05.

② United States：Statistical Yearbook（1997－1998）. Population Referenee Bureau of United States：2005 World Population Data Sheet. 此处的人口老龄化水平标准采用 65 周岁及以上人口占总人口比重这一指标。

保险的积极性。2001 年开始，德国政府全面推行"里斯特改革"（Riester Re-fom）①，主要是借助税收优惠政策发展第三支柱养老保险覆盖范围，从而减轻第一支柱的养老金替代率水平。

"里斯特改革"的主要内容是：政府采取直接财政补贴和间接税式支出的方式，鼓励民众积极与保险机构、银行或基金公司等金融机构合作制订个人退休养老计划。其中，直接补贴方式为政府通过财政支出直接补贴参与该类计划的民众，间接补贴方式为政府通过税收减免、税收递延等税式支出方式，减免参与该类计划民众的个人所得税。

总体来看，通过实施"里斯特改革"，将财税支持政策与养老保险发展相结合，可以在减少政府财政支出的同时，有效改善社会福利水平。如此一来，德国政府在实现了促进社会经济发展的同时，缩减了社会收入分配差距，有效促进了社会公平与效率的统一。

除此之外，德国政府还一直在酝酿向 25 岁以下收入人群征收个人收入 1% 比例的"年龄税"② 议案，税收收入用以建立储备金，以便预防应对未来老龄化加剧给社会保障支出带来的巨大压力。德国政府希望通过税收途径以应对老龄化问题的做法值得重视和借鉴。

5.1.2 英国的开源节流

进入 21 世纪以来，2001～2011 年英国人口老龄化水平一直维持在 16% 的水平，2012 年上升 1 个百分点达到 17% 的水平③。

2011 年 7 月，英国预算责任办公室（Office for Budget Responsibility）发布《财政可持续性报告》（Fiscal sustainability report）。该报告指出，英国政府必须重视人口老龄化所带来的严峻挑战，积极采取减少公共开支或增减税收等相关措施，以保证政府财政在未来 5 年内的可持续发展。随后，英国政府就涵盖政府机关、教育、公检法等公营部门工作人员的养老金计划提出改革方案，主要内容包括：将个人退休年龄从 60 岁延长至 66 岁、提高工作期间的养老金缴费比

---

① Axel H. Borsch Supan. Shifting Perspectives：German Pension Reform. Internationl Economics. 2005 （9 – 10）. pp250.

② 新华网. 德国拟征"年龄税"，以应对人口锐减和老龄化危机［EB/OL］. http：// news. xinhuanet. com/world/2012 – 04/05/c_111739017. htm? prolongation = 1，2012 – 04 – 05.

③ Population Referenee Bureau of United States：World Population Data Sheet （2002 – 2013）.

例以及降低退休后政府支付的养老金水平等。但经过长时间的政府与持反对意见工会组织的多次谈判，仍未就改革方案达成一致。这也最终导致了 2011 年底英国爆发近 32 年间的最大规模的公营部门罢工事件。

总体来看，英国政府针对人口老龄化问题显得格外重视，政府通过财政政策实施了一系列的改革，所遵循的政策原则同样是"开源与节流并举，增加税收、减少支出"。

5.1.2.1　税收优惠支持个人养老金计划发展

早在 20 世纪 70 年代，迫于不断加剧的养老金支出压力，英国政府逐渐认识到仅靠自身财力已难以维持社会基本养老金支付的可持续性。随后，英国政府陆续推出了相关税收优惠政策，刺激养老金的私有化改革，以期构建社会养老保障的多支柱体系。当前，英国的个人养老金计划包括职业养老金和个人养老金两个重要部分：职业养老金计划由企业和个人共同承担，个人养老金计划由个人与保险公司、基金公司或者银行等金融机构制定商业合同，由个人完全依照个人意愿承担全部缴费额。职业养老金计划和个人养老金计划的共同之处在于，政府均给予 EET（Exempting, Exempting, Taxing）的税收优惠模式，即在养老金的缴纳和投资阶段均免收个人所得税，仅在最终个人领取养老金时缴纳相应的个人所得税。

5.1.2.2　增加公共教育支出

英国政府长期重视通过增加公共教育支出提高人力资源素质，弥补人口老龄化对社会人力资本积累的影响。相关数据显示，在 2002 年英国的 3520 万就业人口中，受过高等教育的人口比例为 17% 左右，而在这 17% 的受过高等教育的人口中，又有大约 38% 比例的人具有科学家或工程师资质。自 1999 年起，英国政府将公共教育支出的年平均增长率始终维持在 6% 左右的较高水平。在政府加大公共教育支出的同时，也相继实施了针对贫困群体及缺乏教育的青少年劳动力的职业培训计划等举措。

与此同时，英国政府同样重视健康对人力资本积累的影响。通过政府加大对社会医疗保健项目的资金支持，提高健康人力资本水平，进而促进国民经济增长。据相关数据显示，在 1997~2007 年由托尼·布莱尔（Tony Blair）主政的时间内，英国政府用于公共医疗保健项目的财政支出资金增长了近 3 倍。

5.1.2.3 增值税税率调整

自 2011 年 1 月 4 日起，英国政府将普通增值税税率在 17.5% 的基础上提高到 20%，以增加财政收入弥补日益严重的财政赤字，从而更好地应对不断增加的社会养老金支出。

与此同时，英国的增值税制度也向社会老龄事业给予一定程度的税收优惠政策，增值税税率除 20% 的普通税率外，还设置了 5% 的低档税率和零税率档次。比如，在领取养老金的家庭中，家庭供热设施和安全设备的安装、保养或者维修的费用，适用 5% 的低税率或者零税率。

英国在应对人口老龄化问题时，除了实施有效的财政政策外，也实施了促进就业、放宽移民限制等其他社会政策。

5.1.3 美国的多管齐下

早在 20 世纪 40 年代，美国就已步入人口老龄化社会，但在整个 20 世纪，美国的人口老龄化水平增长缓慢，从 1940～2000 年的增长幅度仅为 6%[1]左右。进入 21 世纪以来，美国人口老龄化水平也一直在 12%～13%[2]的区间内波动，并未呈现出老龄化进程加快的趋势。这与美国一直较高的人口出生率水平，以及不断增加的青壮年移民规模有很大关系。

理论与实践皆已证明，人口老龄化问题处理的妥当与否，将对国民经济和社会发展产生严重的影响。人口老龄化问题，一直是美国政府高度关注的问题之一。总结起来，美国应对人口老龄化的政策主要有以下几点。

5.1.3.1 完善的法律保障

早在 1935 年，美国政府就通过了以养老保险为主要内容的《社会保障法案》，为应对人口老龄化制定了强有力的法律约束机制。此后，《美国老年人法案》以及《禁止启示老年人就业法案》的陆续出台，给老年人的合法权益提供了强有力的保障。在不断提高社会保障支出水平的同时，美国政府修订了先前的《禁止歧视老年人就业法案》，取消了强制退休的相关条文，并明令禁止，强

---

① 熊必俊. 人口老龄化与可持续发展 [M]. 北京：中国大百科全书出版社，2002：91～93.

② Population Referenee Bureau of United States：World Population Data Sheet（2000－2013）.

制 70 周岁以下的员工退休。

5.1.3.2　延迟退休政策

延迟劳动人口的退休时间，是大部分工业化国家解决人口老龄化问题的主要方法之一，并经实践证明，延迟退休年龄的方法并不会给社会就业带来不利影响。

事实上，早在 1983 年美国既已通过将法定退休年龄从 65 岁延长至 67 岁的法案，但一直到 2003 年才开始真正实施。从 2003~2015 年，年满 65 岁的员工均将延迟退休时间，每年延长两个月的工作时间，直至 2015 年退休年龄达到 67 岁。

与此同时，美国政府同时实施了鼓励员工退休后再就业的公共政策。退休后再就业的员工可以选择两种方案：其一，在获得工作报酬的同时领取养老金；其二，仅获得工作报酬，在再次退休或达到强制退休年龄 70 岁以后领取养老金，此时将领取比正常退休要高的养老金，增加的比重为员工延迟退休年限的 7%。这种政策目的依然是推迟养老金的支付时间，同时延长缴费年限。

5.1.3.3　加大公共财政投入，支持社会保障事业

比尔·克林顿（William Jefferson Clinton）任期内（1993~2001 年），美国联邦政府财政实现了大量的预算盈余，财政预算盈余数额 1998、1999 及 2000 年分别为 692 亿美元、1244 亿美元及 2370 亿美元[①]。此时，美国政府意识到 21 世纪社会保障制度建设的突出重要性，并提出将大部分的财政预算盈余投入社会保障事业发展的主张。但该项主张随着布什总统的大规模的"刺激消费的减税计划"的实施而失败，这也导致"美国民众错失储备未来养老金的大好机遇"[②]。

然而，用于社会保障事业和老年人服务的财政投入一直在美国政府公共开支中比例较高，以 2007 年为例，政府公共开支中有 21.5% 的资金用于社会保障、19.1% 左右的资金用于医疗保险和医疗救助。在美国的社会保障支出中，养老金的支出是数额最大的一部分，占社会保障总支出的 4/5 左右。

---

① 张占平，王洪春. 布什政府的社会保障政策［J］. 山东工商学院学报，2004（2）：3 - 4.

② Jeffrey A. Frankel，Peter R. Orszag. Review American Economic Policy in the 1990s［J］. Journal of Economic Literature，Vol. 42，No. 1（Mar.，2004），pp. 178 - 179.

5.1.3.4　提高工薪税税率

社会保障工薪税税收收入是美国养老保险基金重要的资金来源。美国现行12.4%的工薪税税率是罗纳德·威尔逊·里根（Ronald Wilson Reagan）政府（1981～1989年）于1983年通过《社会保障修正案》做出的调整。根据该项法案，将社会保障工薪税税率上调到12.4%；针对除社会保障收入以外还有充足收入来源的老年人家庭，政府会征收部分社会保障福利税，税收收入直接划拨信托基金；针对年收入总额在2.5万美元以上的个人或年收入总额在3.2万美元以上的家庭，其所领取的退休金的50%应作为计税基数，计算缴纳退休金所得税。

在比尔·克林顿政府（1993～2001年）时期，由于养老保险基金财务状况有较大改善，政府在维持社会保障工薪税税率的基础上，仅仅提高了退休金所得税，将社会养老金受益人群中受益最高的20%群体的退休金的85%作为退休金税的计税基数。

克林顿总统当政期间虽然养老保险基金已经走出了入不敷出的困境，但是克林顿总统仍希望拓宽社会保障的资金来源以增强制度的长期偿付能力。克林顿总统表示，除了增税以外，所有其他的办法都可以一试。因此在他当政期间工薪税率保持不变，仅仅提高了退休金税率。最富有的20%养老金受益人的应税养老金百分比从50%提高到85%。

5.1.3.5　完善的社会养老保障体系

如今，美国已经构建了一个比较成熟的包括政府公共养老金、公共部门养老金、雇主养老金和个人养老金在内的三大支柱养老保障体系。其中，第一支柱是全民强制参加社会保障养老金计划；第二支柱是由公共部门和雇主提供的养老金计划；第三支柱则是个人与保险公司或者其他金融机构签订的自愿性补充养老金计划，政府针对个人的自愿性补充养老金计划提供一定程度的税收优惠政策，普遍实行EET的模式。

美国政府1978年颁布实施的《美国国内税收法案》中，制订了发展雇主养老金计划和个人养老金计划的相关条款，即"401K"计划，这是美国当今雇主养老金的主要形式，明显缓解了政府的财政压力。此后的《税法改革修正案》（1986）、《经济增长与减税调和法案》（2001）以及《企业改革法案》（2002）等，都极大地促进了"401K"计划的私有化发展，也使得美国的三支柱社会养老体系得到平衡发展。

除上述之外，美国联邦及州政府在积极应对人口老龄化的同时，认识到高龄化、长寿风险以及健康人力资本的重要性，政府加大财政支出力度用以资助开展相关问题的研究分析与对策制定。

2007 年，包括白宫预算办公室与美国联邦储备委员会等官方机构的研究表明，美国快速的老龄化趋势，必将对现行的社会保障体系及医疗保险制度带来巨大压力，并进一步加大政府制定经济财政政策的难度。根据美国联邦储备委员会的初步估算，预计到 2030 年，政府在社会保障体系及医疗保险制度方面的公共开支占 GDP 的比重，将由现今的 7% 骤升至 13% 左右，增加部分将主要由医疗保险开支的支出比重上升所致。

5.2　东亚国家的经验借鉴

中国、日本与韩国现今都已进入人口老龄化社会行列，日本也是当前世界上人口老龄化程度最高的国家。出于中国、日本与韩国地理位置相近、社会习俗差异较小及社会发展进程类似等方面的考虑，本书在此选取日本与韩国两个国家进行比较分析，以期能够得到为中国所借鉴的成功经验。

在介绍之前，简要介绍东亚国家的社会保障体系：东亚地区的社会保障制度以社会保险为核心。由于中华文明对东亚地区数千年来的影响较为深刻，所以东亚地区的社会保障具有双重性，一方面要依赖政府的保障；另一方面又需要家庭的保障。东亚地区的社会保障体系是在向现代化的发展过程中建立起来的，存在的问题有很多，不足以弥补收入差距扩大的状况，它的覆盖范围过小、保障水平低，如我国的社会保障覆盖面仅为 30%，与国际相比，低于低收入国家平均的 47% 和中等收入国家平均 75% 的水平；法制建设滞后、立法层次较低，欧盟国家的社会保障法建立的时间在 17 世纪或 18 世纪，而东亚地区大多在 20 世纪，完善在 21 世纪，落后将近 200 年时间；因社会保障体系发展时间较短，存在诸多管理问题。随着社会发展，财政资金不足，管理经验缺乏，机构冗杂，监管不到位，责任模糊，使得财政负担加重。

5.2.1 日本的一体化改革方案

早在 20 世纪 70 年代，日本就开始进入老龄化社会，同时老龄化程度逐步加深，现今处于"少子老龄化"阶段。进入 21 世纪以后，日本人口老龄化趋势明显加快，现今也是世界上人口老龄化程度最严重的国家，如表 5-1 所示。

表 5-1　　　　　　　2001~2012 年日本人口年龄结构变动　　　　单位:%

年份	0~14 岁占总人口比重	15~64 岁占总人口比重	65 岁及以上占总人口比重
2001	15	68	17
2002	14	68	18
2003	14	67	19
2004	14	67	19
2005	14	66	20
2006	14	66	20
2007	14	65	21
2008	13	65	22
2009	13	64	23
2010	13	64	23
2011	13	64	23
2012	13	63	24

资料来源：Population Referenee Bureau of United States：World Population Data Sheet（2000~2013）.

长期不断加重的人口老龄化问题，导致了日本社会福利开支急剧蹿升，这也加重了日本政府的债务水平。为了解决社会保障支出对政府财政支出依赖程度越来越高，以及由此带来的代际间不公平等一系列问题，日本政府 2012 年 6 月 26 日通过并推行了社会保障与税收政策的一体化改革方案（以下简称"一体化改革"）。

5.2.1.1 分阶段上调消费税税率

在"一体化改革"方案中，上调消费税税率是该方案的重要突破口，上调消费税税率所增加的税收收入（除地方政府 1% 的消费税收入之外）将全部用于补充社会保障资金。上调消费税税率将分为两个阶段：第一阶段，2014 年 4 月

起将消费税税率由 5% 提高到 8%，该阶段目前已顺利实施；第二阶段，2015 年
10 月起将消费税税率在 8% 的基础上上调至 10%。

由于税制结构的不同，日本政府选择将消费税税率调整作为重要税收政策
应对人口老龄化，是基于消费税的三大优点：其一，消费税受经济波动影响较
小，税基稳定，税收收入可以实现稳定增加；其二，消费税的普遍征收，可以
将税率调整对经济的影响控制在最小范围之内；其三，消费税筹集资金能力
较强。

除了上调消费税税率之外，为应对人口老龄化不断增加的养老金需求，日
本政府先期也进行了其他税种的改革。

5.2.1.2　取消个人所得税中的部分税收优惠政策

个人所得税的改革主要集中体现在取消繁多的、不合理的减免税等税收优
惠政策，除某些特定的个人及其个人所得外（例如，老人、退休金收入、家庭
妇女、雇用所得等）。这在填平税收的"政策洼地"的同时，在一定程度上也有
利于政府税收收入的增加。

5.2.1.3　征收高额遗产税

日本政府遗产税最高税率为 70%，这是一项重要的老龄化税制改革。遗产
税的高税率能够有效促进人们的消费，在生存期间能够将自己的收入合理消费，
从而减轻政府对于老龄人口的福利负担。另外，也是一种消除贫富差距的措施，
能够用比较富裕的老人来帮助那些比较贫困的、需要政府扶持的老人。

5.2.1.4　财政支持退休老年人再就业

一方面，政府通过公共财政支出加强对退休人员的职业培训，以促进再次
就业；另一方面，政府通过投入相应的预算资金，加强对再就业退休人员的直
接补贴或者所在企业的补贴等方式，积极促进退休老年人的再就业问题。

此外，日本政府于 20 世纪 80 年代开始既已陆续实施了延长退休年龄、支持
退休老年人再就业以及支持社会护理服务业发展等公共政策。日本可能还要针
对目前的老龄化社会可能带来的过重的社会负担问题，要向肥胖者征收"肥胖
税"（fat tax），其中之一的做法是在医疗保险方面会减少那些超重者的就医费
用，降低社会负担比例。

5.2.2 韩国的税制改革

与中国人口老龄化进程相似，如表5-2所示，韩国同样在21世纪初进入人口老龄化社会，现今仍处于人口老龄化发展的初级阶段。在应对人口老龄化问题，尤其是近期人口老龄化不断加速发展的态势，韩国政府制定并实施了一系列的公共政策。在财政政策中，税制改革同样是韩国政府的重要手段。

表5-2 　　　　　　　　　2000~2012年韩国人口年龄结构变动 　　　　　　单位:%

年份	0~14岁占总人口比重	15~64岁占总人口比重	65岁及以上占总人口比重
2001	22	71	7
2002	22	71	7
2003	21	71	8
2004	20	72	8
2005	19	72	9
2006	19	71	10
2007	18	72	10
2008	18	72	10
2009	17	73	10
2010	17	72	11
2011	16	71	13
2012	16	73	11

资料来源: Population Referenee Bureau of United States: World Population Data Sheet (2000-2013)。

在现今经济合作与发展组织（Organization for Economic Co-operation and Development, OECD）34个成员国中，韩国是其中税负水平较低的国家之一。韩国政府于2008年9月公布实施了近十年来最大规模的税制改革方案，税制改革的目标是：促进经济增长、增加财政收入、调节收入分配和完善地方税制，从而更好地应对不断加剧的人口老龄化问题。税制改革方案主要涉及公司所得税、个人所得税、财产税及商品劳务税四个税种。

5.2.2.1 调低公司所得税税率，促进经济增长

公司所得税改革目标主要是兼顾税收中性的同时，能够促进国民经济增长。

具体调整内容有三项：其一，降低法定税率，将公司所得税税率从 2009 年起由
25% 下调至 22%，2010 年起进一步下调至 20%；其二，适用于中小企业的低档
税率自 2009 年起由 13% 下调至 11%，2010 年进一步下调至 10%；其三，明确
公司所得税税收归属于中央政府。此外，政府针对公司所得税这一税种，大幅
压缩了公司所得税的税收优惠政策范围和适用范围。

韩国政府通过逐步降低公司所得税税率，意在降低企业税收负担，进而促
进经济增长，从长期内为不断增加的老年人口筹集资金。通过明确公司所得税
税收收入归属于中央政府，将充实中央政府财政资金来源，这使得政府在制定
针对老龄人群的福利政策时有更加充足的财力保障。

5.2.2.2　下调个人所得税税率，调节收入分配

政府通过个人所得税税率调整，以期能够实现促进经济增长、调节收入分
配和增加财政收入的目标。个人所得税的改革内容主要包括四项：其一，降低
劳动所得的边际税率，在整体降低各档次边际税率 2% 的基础上，从 2010 年起
调至 6% ~33% 的税率水平，并将个人劳动所得的费用扣除标准由 100 万韩元上
调至 150 万韩元；其二，加强对私营业主的税收征管和逃税惩罚力度；其三，
实行勤劳所得个人的税收抵免（Earned Income Tax Credit，EITC）制度，对勤劳
工作者给予一定的税收优惠；其四，针对个人的各项福利所得，一并征收个人
所得税。政府对个人所得税的改革，更多的还是基于调节社会收入分配的考虑，
从而应对人口老龄化问题。

5.2.2.3　商品劳务税改革

就应对人口老龄化而言，商品劳务税改革主要包括三项内容：其一，维持
税收中性原则，保持商品劳务税在税收收入中的较高比重；其二，取消各种税
收优惠政策，增加公共财政收入；其三，调整商品劳务税应税范围，扩大税基。

5.2.2.4　财产税改革

在财产税改革方面，政府采取不断提高财产保有环节的税率，降低交易环
节税率的措施，以增加财政收入。同时提出将财产税划归地方税种，以促进地
方政府提高公共服务供给水平。

此外，韩国政府在重视通过立法维护老年人合法权益的基础上，通过财政
补贴支持老年人延迟退休、退休后再就业以及发展养老服务产业，积极引导社

会各界力量参与老龄事业的发展。

5.3 拉美国家的经验借鉴

在拉美地区，2012 年 60 岁以上的老人达到 5800 万人，到 2035 年将超过 14 岁，到 2050 年将增加两倍。需要第三者照顾的 80 岁以上的老人到 21 世纪中期将从 1.5% 增加到 6%。

拉美地区的社会保障体系的特点体现在：养老社会保障私有化，强调个人的自我保障，政府不再直接承担向退休者支付养老金的义务或减少这种义务；拉美社会保障的重点对象是特权和中间阶段，具有分层化、排斥性和非公正性；拉美社会保障模式注重养老和医疗，其他方面较为缺乏。在大多数拉美国家，不同社会阶层、不同职业群体、不同经济部门、不同地域的人群从社会保障体系中所获的利益不均，一些低收入社会群体被排斥在社会保障体系之外；拉美地区社会保障注重养老和医疗，对其他方面缺乏重视，如针对贫困阶层的失业保险与家庭救助计划，且拉美国家没有为社会救助立法，使得社会救助具有不确定性，这样的社会保障政策具有不平衡性。

本书从古巴和智利两个国家为例分析拉美地区人口老龄化情况，通过分析总结拉美地区财政政策与社会保障政策，得到对我国人口老龄化挑战的借鉴与教训。

5.3.1 古巴的社会保障制度改革

古巴国家统计局早在 2009 年 6 月 22 日在哈瓦那发表报告称，古巴人口正在减少，人口老龄化速度加快，到 2025 年将成为拉美人口老龄化最严重的国家。2008 年底，古巴全国人口为 1120 万人，其中男性占 50.1%，女性占 49.9%。但到 2025 年，古巴将减少 10 万人，2032 年人口将少于 1100 万。到 2025 年，古巴 60 岁以上人口将达 290 万人，比现在多 100 万人，其在全国人口中所占比例将达 26%，将使古巴成为拉美人口老龄化最严重的国家。为应对人口老龄化，古巴改革了其社会保障制度。

5.3.1.1　古巴较早的社会保障制度

1979 年 8 月古巴颁布新的《社会保障法》，即"第 24 号法"，于 1980 年 1 月 1 日生效，一直实施到 2009 年 1 月。"第 24 号法"将社会保障确定为一种制度，在统一的社保制度内设计了两个体制，即社会保障体制和社会救助体制。社会保障体制包括面向工资劳动者及其家庭的一般计划。社会保障的内容主要包括养老保险、医疗保险、工伤保险等。社会救助计划的对象主要是老年人、残疾人、基本需求没有保障的人、生活条件或健康需要保护的人、没有社会的帮助就不能渡过难关的人，以及不具备劳动能力且没有亲属照顾的人。社会求助通过社会保护计划和行动计划来实施。

5.3.1.2　人口结构发生变化后的社会保障制度

从 2009 年开始，古巴的社会经济形势发生重大转变，人口结构发生很大变化，这对传统社会保障制度造成了压力。因此，2008 年 12 月 27 日古巴全国人大通过了新的《社会保障法》，即"第 105 号法"。造成压力的原因有：一是老龄化的压力。古巴老龄化问题日益加剧，位居世界 60 岁以上人口比重最高的 50 个国家之列，60 岁以上人口占总人口的 16.6%。预计 2025 年会达到 26.1%。1959 年以来人口平均预期寿命增加了 20 多岁，目前已达到 77 岁，其中女性 79 岁，男性 75 岁。60 岁老年人的平均预期余命为 20 年，75 岁和 80 岁的老年人平均预期余命分别为 10.2 年和 7.6 年。人口老龄化预示着领取养老金的人员增加，养老金总量支出增加，传统社保模式在资金方面不堪重负。二是人口结构变化的压力。2006 年和 2007 年古巴人口增长分别为 -0.4% 和 -0.2%，出现了与发达国家类似的人口发展趋势。在老龄化加剧的同时，0~14 岁的人口在总人口中的比重却在下降，由 1995 年的 22% 下降到 2010 年的 17.7%。1995 年全国人口平均年龄为 34.5 岁，2006 年为 36.39 岁，2007 年为 37.1 岁，2010 年达到 41.6 岁。1980 年达到工作年龄的青年人数量为 23.85 万人，2007 年为 11.63 万人，2020 年将下降到 10.91 万人。三是退休人员迅速增加的压力。随着老龄化加剧，退休人员队伍会进一步膨胀。2015 年以后特别是 2020~2030 年，将有大量人口退休，20 世纪 60 年代高峰期出生的人相继进入退休年龄，退休人员增加而产生的养老金给付需求将超过国家经济的实际承载能力。四是社会保障资金的困难和压力。在老龄化加剧、社会保障资金压力不断增大的情况下，有必要对社保制度进行更加深入的改革。

5.3.1.3 古巴社保制度改革涉及的内容

一是改革了缴费方式。废除劳动者个人不缴费的制度，社保资金由国家拨款，企业和劳动者按照法律规定的数量和比例进行缴费。二是延长退休年龄。将退休年龄延长 5 年，男女退休年龄分别从先前的 60 岁和 55 岁提高到 65 岁和 60 岁，退休者至少需具有 30 年工龄。三是改变和调整养老金计算方法。达到退休条件的人退休后所领取的养老金数量与缴费多少、工资高低、工龄长短有了较大的关联性。四是退休后可继续工作。退休人员可以自愿选择合适的工作，也可以选择与退休前不同的岗位。如果所从事的工作岗位与退休前不一样，在获准劳动和社会保障部门授权的情况下，可以同时领取退休金和所从事工作岗位的工资；但若与退休前是同一个工作岗位，在一般情况下，养老金和工作总额不能超过退休时的工资水平。五是扩展社会保障特殊计划的范围。扩展建立一个从事咖啡、烟草和可可种植农业生产者的特殊社会保障计划，建立一个面向自我就业者的特殊社会保障计划，确保社会保障完全覆盖所有人口。六是完善社会救助体系。社会救助具有临时性的特点，强调对缺乏资源的老年人、没有条件工作的人的保护。

5.3.2 智利的养老保险基金

智利国家统计学院 2014 年 9 月 4 日公布的数据显示，2014 年全国人口达到 17819054 人，其中男性 8819725 人，女性 8999329 人。60 岁以上老人数量 2578823 人，占总人口的 15%；15 岁以下孩子数量 3924788 人，占总人口的 20%。数据显示智利正在向老龄化方向发展。15 岁以下孩子的占比较 2002 年的 26.3% 有所下降，预计 2020 年为 19.7%；60 岁以上老人的占比较 2002 年的 10.8% 有所上升，预计 2020 年达 17.3%。智利《三点钟报》2013 年 4 月 3 日报道，智利是拉美地区人口增长率最低的国家之一。人口老龄化的严峻挑战促使智利进行改革，其中养老保险基金的运营监管值得我们借鉴。

5.3.2.1 智利养老保险基金的运营模式

智利养老保险基金的运营模式特点在于：一是养老金管理私营化、政府监管间接化。智利首开先河地实行了由私营的养老基金管理公司对养老基金进行竞争性经营的管理模式。政府只负责监管制度运行，而不再过多参与制度本身的运行。二是资金运营资本化。即将养老保险基金不作为"储备金"性质的资金来管理，而是作为资本来投资，以期获得较好的回报，使基金保值增值，并遵循安全性、收益性、流动性等基本原则。三是基金投资限额化，对养老金可投资于何种领域以及不可投资于何种领域有明确规定。四是风险控制多元化。为防范基金投资出现风险并保护个人账户所有者利益，智利实施了多种风险控制措施。制定了法定存款准备金制度，政府使用财政收入充当最后担保人，实施基金管理公司资产与养老基金分离制度。

5.3.2.2　智利对中国改善养老基金管理的启示

一是政府在投资运作中的作用发生转变。政府由直接操纵养老基金的投资运作转为由专门的投资管理机构负责养老基金的投资运作，政府职能转变为监督与管理。二是不同类型养老保险基金应该采用不同的管理模式。如个人账户基金、全国社会保障基金、补充养老保险基金的管理应采取不同的方法。三是养老保险基金投资机构。采用专业性投资机构而非政府负责养老基金的投资运营，这样既有利于市场化运行，保证市场的公平性，也有利于提高基金的投资效益。四是保险基金投资组合模式。智利的投资组合模式是国际化的基金运作，使股票在投资组合模式中占有重要地位，并坚持多元化投资原则。五是建立养老保险基金投资风险补偿机制。为抵御人口老龄化，减轻国家、企业负担，在确保养老基金保值增值的同时确定一个最低收益，防止收益波动和降低风险，是一项必要的措施。

5.4　国际经验的启示

政府作为社会公共产品和公共服务的重要提供者，在应对人口老龄化问题时，均承担了"兜底"的职责。总结国外在人口老龄化背景下保持经济增长的公共政策选择，本书发现，财政政策，尤其是税收政策在世界各国政府应对人口老龄化问题上是强有力的宏观调控手段；优化公共财政支出结构、增加社会人力资本投资积累，以及加大对老年人各项事业发展的财政支持力度，是各国政府一致的财政政策倾向；通过开辟新税源或调整税制结构等举措激发国民经济活力，以更好地筹集财政收入，缓解不断增加的老年人口对公共财政支出的短期压力和长期风险，是各国应对老龄化社会的主要途径。与此同时，以政府财税支持政策为导向，充分调动地方政府和社会力量参与发展老龄事业的积极性，不断丰富和完善政府主导下的老龄化机制框架是各国政府应对人口老龄化的要义所在。

近年来诸多发达国家或较发达国家借助税收改革等手段，在确保财政收入可持续发展的基础上，大力推进相关税种的改革以适应不断加重的老龄化趋势，注重社会福利和养老金政策，有效地适应了"健康老龄化"与"积极老龄化"①的发展，改善了社会整体的"代际间"与"代际内"福利差距，促进了老龄人口与年轻人口更加和谐相处，从根本上改变了应对老龄化社会的内涵，均取得了显著成效。

反观我国，在经济社会发展尚未完成现代化进程的情况下就"未富先老"，在社会养老保障体系十分不健全的情况下就"未备先老"，庞大的老年人口规模、较快的老龄化速度，以及地区间经济发展失衡显著等诸多因素的影响下，我国所面临的人口老龄化问题将是更加复杂、更加艰巨的一个挑战。

人口老龄化问题不仅仅是人口问题、社会问题，还是重要的经济问题。在当前我国社会经济发展进入"新常态"模式下，应当高度重视人口老龄化问题给国民经济发展所可能造成的严重影响，尽早谋划行之有效的、长期可持续的措施积极应对。当前，我国政府实施的"单独二孩""以房养老"及"延迟退休"等公共政策，均面临着停滞不前、难以形成合力的境地。

财政是国家治理的基础和重要支柱。财政政策作为政府实施宏观调控、供给公共产品、弥补市场失灵的重要工具，可以为政府职能履行、社会经济发展以及和谐社会建设提供强有力的制度保障和财力保证。在我国应对人口老龄化问题时，财政政策应是政府公共治理的主线索和重要抓手，财政政策的实施与变革应始终贯穿于人口老龄化社会中各项经济社会改革之中。这是政府履行职能的职责所在，也是满足社会共同需求、促进和谐社会建设的应有之义。

在中国人口老龄化的社会背景下，财政政策的实施与变革应实现两个目标：其一，有效促进社会经济发展，这是财政政策实施与变革的目标之一，也是财政政策得以实施与变革的物质基础、前提条件；其二，有效应对人口老龄化挑战，这是财政政策实施与变革的目标之二。

---

① "健康老龄化"与"积极老龄化"是世界卫生组织（World Health Organization，WHO）分别于1990 年、1999 年提出的口号。"健康老龄化"是指老年人身体、心理和社会功能的完美状态；"积极老龄化"则是指是指最大限度地提高老年人"健康、参与、保障"水平，确保所有人群和个体在老龄化过程中能够不断提升生活质量，充分发挥自己体力、社会、精神等方面的潜能，能够按照自己的权利、需求、爱好、能力参与社会活动，并得到充分的保护、照料和保障。

第6章 人口老龄化背景下的
财政政策与经济发展

　　政府财政政策与社会经济发展是一个相互影响、相互作用的有机体。在满足一定的约束条件下，"经济决定财政，财政影响经济"是客观存在的真理。经济发展为财政活动提供所需的物质基础，财政活动又对经济发展产生复杂的影响。理论与实践皆已表明，在市场经济条件下，政府财政政策的首要目标是促进国民经济发展。

　　自 2000 年我国进入人口老龄化社会以来，在国内外诸多因素的影响下，为促进社会经济发展，我国政府财政政策也经历了由"积极"到"稳健"再到"积极"的转变过程，财政政策的有效转变，给我国经济发展提供了强有力的制度保障和财力支持。在我国人口老龄化进程不断加快的现实背景下，应对人口老龄化需要诸多公共政策的变革，但财政政策应作为主线索和突破口。从老龄化背景下实施财政政策变革的目标来看，最重要的应该是如下两个：第一，有利于国民经济发展；第二，有利于建设和谐社会。本章将对"老龄化背景下的财政政策要有利于经济发展"这一目标展开深入分析，"老龄化背景下的财政政策要有利于建设和谐社会"将在下一章讨论。

6.1 财政政策与经济发展

　　当前国内外关于财政政策与经济发展两者关系的研究成果颇丰，但由于研究视角与研究方法的不同，所得出的结论也不尽相同。在市场经济体制下，政府财政政策与社会经济发展始终是一个相互影响、相互作用的有机体。自 2000 年我国进入人口老龄化社会以来，在国内外诸多因素的影响下，为促进社会经济发展，我国政府财政政策也经历了由"积极"到"稳健"再到"积极"的转变过程。财政政策转变的目的主要是平抑国际经济危机给我国经济发展所带来的消极影响，保证我国经济的稳定发展。随着我国人口老龄化进程的不断加快，人口老龄化也是我国的一个社会常态，经济发展应是当前以及今后政府财政政策变革的基本目标之一。

6.1.1 我国财政政策演变

总体而言，自 2000 年我国进入人口老龄化社会以来，我国政府财政政策经历了从"积极"到"稳健"再到"积极"的转变过程，这主要是为了平抑国际经济危机给我国经济发展所带来的消极影响。

6.1.1.1 积极的财政政策（1998～2003 年）

受 1997 年亚洲经济危机的影响，面对我国经济实现"软着陆"之后所出现的内需不足、投资与出口乏力及经济增长不景气等困境，我国政府于 1998 年开始实施了积极的财政政策，主要是通过增发国债与扩大财政支出规模的途径来拉动经济增长。

6.1.1.2 稳健的财政政策（2004～2008 年）

在实施了积极财政政策后，内需扩大效果显著，我国社会经济在 1998～2003 年的六年内实现了较好的复苏与增长。从 2004～2008 年上半年，我国政府开始实施稳健的财政政策，主要内容包括控制财政赤字、推进各项改革、调整财政支出结构及增收节支四个方面。

6.1.1.3 积极的财政政策（2009 至今）

受 2008 年下半年全球国际经济危机的强烈冲击，我国经济增长出现明显下滑趋势，为抑制经济增长持续下滑，稳定社会投资与消费水平，我国政府 2009 年再次启用了积极的财政政策，同时实施稳健的货币政策。此次重启的积极财政政策与 1998～2003 年的积极财政政策内容有所不同的是，此次积极财政政策将在"增支"的基础上并行"减税"的举措，即扩大政府公共财政支出与实施"结构性减税"并举。

6.1.2 财政政策演变与经济发展

实践证明，政府财政政策依据经济发展形势所作出的转变，有力地促进了我国国民经济的稳定发展。与此同时，社会经济的发展在一定程度上影响了政府财政，公共财政收入实际增长率变动趋势与国内生产总值实际增长率（国民总收入实际增长率、人均国内生产总值实际增长率）之间存在着一致而又不同的变动趋势，如图 6 - 1 所示。

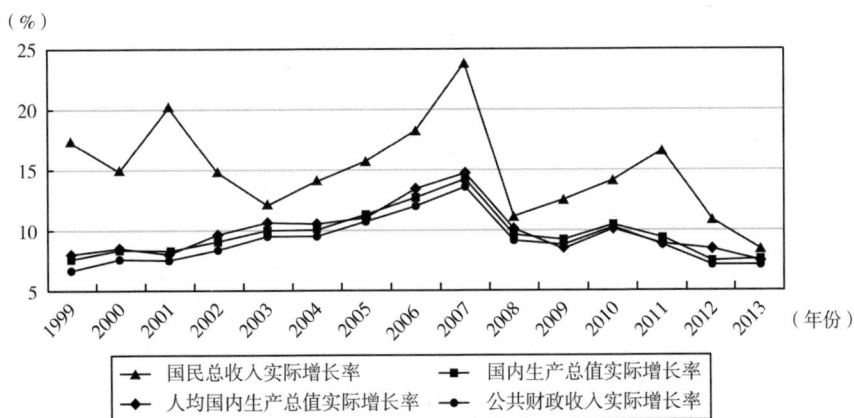

图 6 - 1 1999 ~ 2013 年中国经济发展相关指标变动趋势

注：①在计算各指标实际增长率时均在折算成 1978 年元后计算得出；②本图 2001 ~ 2003 年、2005 ~ 2008 年数据为经济普查后修订的数据。

资料来源：1999 ~ 2013 年数据来自 2000 ~ 2014 年《中国统计年鉴》。

由上述分析可以看出，自 2000 年我国进入人口老龄化社会以来，我国政府财政政策的转变较好地实现了促进社会经济发展的目标。在政府积极的或稳健财政政策内容中，虽未直接与应对人口老龄化挂钩，但也在一定程度上体现了政府的意图，不断增加的公共教育支出、医疗卫生支出及社会保障支出可以作为一个很好的例证。然而，从长期来看，这并不足以应对我国社会快速加重的人口老龄化问题，这需要政府的整体规划、长期投入与长远布局。

6.2 人口老龄化背景下财政政策与经济发展的实证检验

受制于各地区间的资源禀赋、产业结构及经济开放程度等因素不同，我国各地区间经济发展水平、人口老龄化程度、财政支出规模与结构以及宏观税负水平等均存在较大差异。因此，本书将采用面板数据模型来全面考量人口老龄化与财政政策对各地经济发展的影响。面板数据就是选择一批来自同一批截面个体的不同时期的数据。由于面板数据的数量比较大，可以在回归分析过程中减少多重共线，改进模型估计的有效性，因此，成为当前计量模型的主要分析工具之一。

6.2.1 模型设定、变量选取与数据来源

6.2.1.1 变量的选取

为了验证人口老龄化背景下，政府财政政策与经济发展之间的关系，因此在模型中必须包含三个变量，即第一个是代表人口老龄化程度的变量，第二个是代表政府财政政策的变量，第三个是代表经济发展的变量。然而，社会经济发展事实上并不仅仅因为政府财政政策，主要还要受到以下因素的影响：人口增长、社会消费支出、社会实物资本积累以及社会人力资本积累等因素，为此，沿袭席纳（Sebnem，2000）的做法，本书还将在上述三个变量的基础上，引入包含人口增长、社会消费支出、社会实物资本积累以及社会人力资本积累的一组控制变量。其中，引入人口自然增长率（POP）和最终消费支出增长率（CON）来分别控制人口增长和消费支出对经济增长的影响。同时，本书使用资本形成总额的增长率（INV）和人均人力资本的增长率（AHC）来分别控制实物资本积累和人力资本积累对经济增长的影响。

6.2.1.2 指标的选取与模型设定

为验证理论结构，根据本书前述内容以及对影响我国社会经济发展的因素分析，为探讨人口老龄化背景下政府财政政策对经济发展的影响，本书将模型设定为：

$$GDP_{it} = \alpha_0 + \alpha_1 AGE_{it} + \alpha_2 FIN_{it} + \alpha_3 HEA_{it} + \alpha_4 EDU_{it} + \alpha_5 X_{it} + U_{it}$$

或者：

$$GDP_{it} = \alpha_0 + \alpha_1 GDP_{it-1} + \alpha_2 AGE_{it} + \alpha_3 FIN_{it} + \alpha_4 HEA_{it} + \alpha_5 EDU_{it} + \alpha_6 X_{it} + U_{it}$$

其中，将 GDP 作为模型的被解释变量；将人口老龄化水平（AGE）、公共财政支出规模（FIN）、公共医疗卫生支出占财政支出比重（HEA）及公共教育支出占财政支出比重（EDU）作为模型的解释变量；X、U 是一组控制变量，代表模型中的常数项和随机扰动项。

6.2.1.3 数据来源与处理

为了对此模型进行估计，本书选取了 1998～2013 年中国 30 个省级面板数据[①]，在选取社会资本积累变量指标时，本书利用了中央财经大学中国人力资本与劳动经济研究中心的相关数据，即人均人力资本增长率这一指标，指标数据来自《中国人力资本报告（2014）》[②]。除此之外，其余数据均来自《中国统计年鉴》《中国财政年鉴》《中国人口统计年鉴》《中国人口和就业统计年鉴》及《中国人口年鉴》。其中，GDP 选取的指标是 30 个省份（包括省、自治区、直辖市）GDP 的实际增长率；AGE 选取的指标是各省份（包括省、自治区、直辖市）人口老龄化水平（即 65 岁及以上人口占总人口比重）；FIN 选取的指标是各省份（包括省、自治区、直辖市）公共财政支出占 GDP 比重；HEA 选取的指标是各省份（包括省、自治区、直辖市）公共医疗卫生支出[③]占公共财政支出比重；EDU 选取的指标是各省份（包括省、自治区、直辖市）公共教育支出占公共财政支出比重。

本模型所包含的各个变量的统计特征描述如表 6-1 所示。

表 6-1　　　　　　　　　变量统计特征描述　　　　　单位：%

变量含义	表示	观测数	均值	标准差	最小值	最大值
GDP 实际增长率	GDP	480	11.502710	2.496965	5.100000	23.80000
人口老龄化水平	AGE	480	8.505913	1.914827	4.048059	16.37507

---

①　当前关于中国进入老龄化社会的准确年度不够一致，共有 1997 年底和 1999 年底两种观点，因此，本书选取 1998～2013 年数据进行分析，其中，西藏除外。

②　中央财经大学中国人力资本与劳动经济研究中心：《中国人力资本报告（2014）》，第 70－119 页。该报告中的数据期限是 1985～2010 年，本书 2011～2013 年的数据取各年度前十年的均值。

③　由于《中国统计年鉴》《中国财政年鉴》等统计资料中，关于社会保障的公共财政支出的统计口径不一和数据缺失等原因，本书选取了公共医疗卫生支出（含计划生育支出）这一指标来代表社会保障支出。本书发现，这并未改变分析结论。

续表

变量含义	表示	观测数	均值	标准差	最小值	最大值
财政支出占 GDP 比重	FIN	480	17.423770	8.093654	5.750576	61.210750
公共医疗卫生支出占公共财政支出比重	HEA	480	5.230246	1.398790	2.736740	9.149485
公共教育支出占公共财政支出比重	EDU	480	16.017050	2.491325	9.694264	22.216880
人口自然增长率	POP	480	5.651378	3.123504	-1.900000	14.480000
最终消费支出增长率	CON	480	10.430340	5.908436	-17.819500	53.396660
资本形成总额增长率	INV	480	14.514260	9.678941	-20.994870	55.415900
人均人力资本增长率	AHC	480	10.535750	2.891999	1.146079	22.255790
人口死亡率	DEA	480	6.051396	0.688382	4.210000	7.980000

注：本表中相关数据均在折算成 1978 年元后整理计算出相关变量的实际增长率。

6.2.2 实证分析与结果

6.2.2.1 散点图观察

通过对散点图的观察（见图 6-2），可以发现：中国人口老龄化程度（65 岁及以上人口占总人口的比重）与实际 GDP 的增长速度呈现正相关的关系，这也印证了本书之前的论述，即人口老龄化可能会给经济增长带来积极的促进作用，也就是说自我国进入人口老龄化社会以来，人口老龄化并没有给我国经济发展带来阻碍影响。自 2000 年以来，不论是"积极的财政政策"还是"稳健的财政政策"，政府不断扩大的公共财政支出规模也在一定程度上刺激了中国的经济增长，如图 6-3 所示。

在此情况下，政府公共医疗卫生支出应当与经济增长呈现正相关的关系（见图 6-4），政府公共教育支出与经济增长应当呈现负相关的关系（见图 6-5）。在此背景下，政府的财政政策应当是通过扩大公共财政支出规模和增加公共教育支出比重，以促进社会整体的人力资本积累，从而使经济达到均衡的增长状态。

与此同时，本书发现，在中国人口老龄化发展的初期阶段，政府公共教育支出规模与人口老龄化程度呈现正相关的关系，如图 6-6 所示。这说明中国人

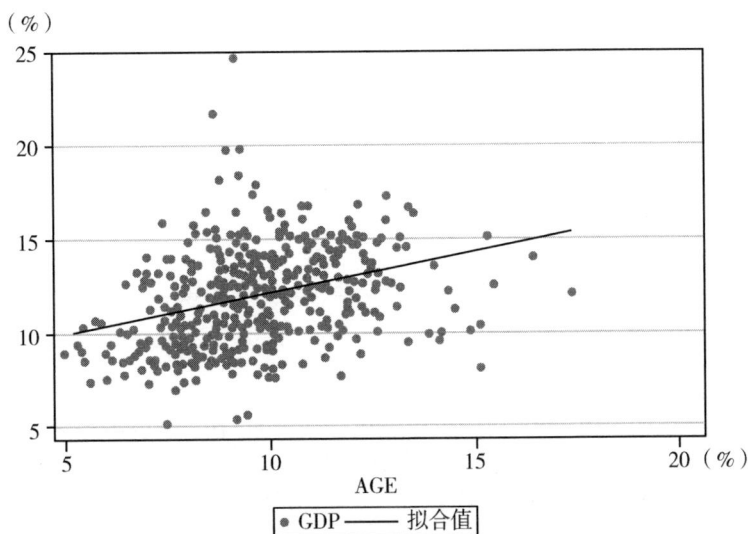

图 6 - 2　65 岁及以上人口占比与 GDP 实际增长率趋势

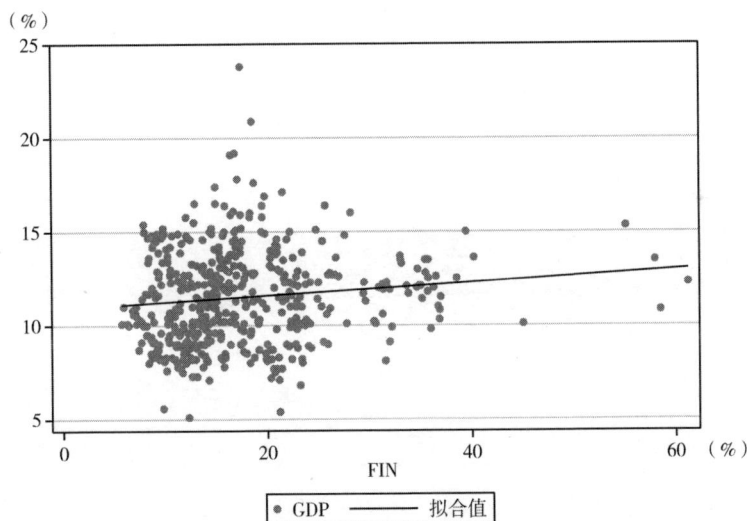

图 6 - 3　政府公共财政支出规模与 GDP 实际增长率趋势

口老龄化发展的初期阶段，实物资本的积累较快，而人力资本的积累较慢①（李
海峥等，2010）。政府公共医疗卫生支出与人口老龄化程度呈现正相关的关系，

---

① 李海峥等. 中国人力资本测度与指数构建 [J]. 经济研究，2010（8）：42 - 52.

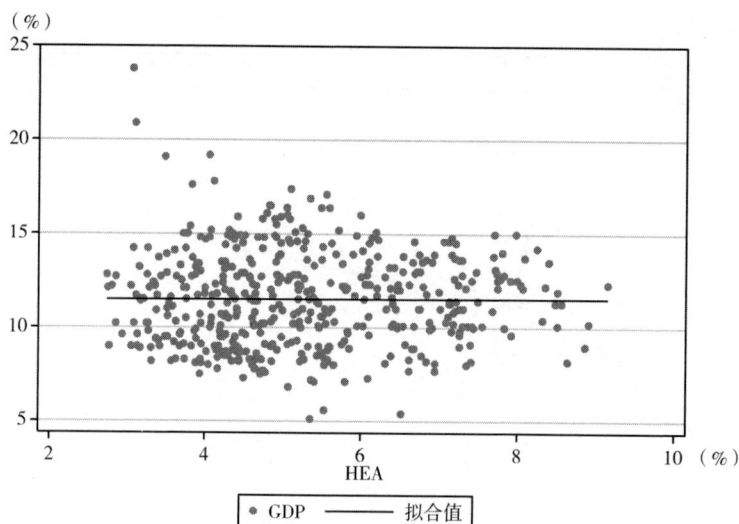

图6-4　政府公共医疗卫生支出规模与实际GDP增速趋势

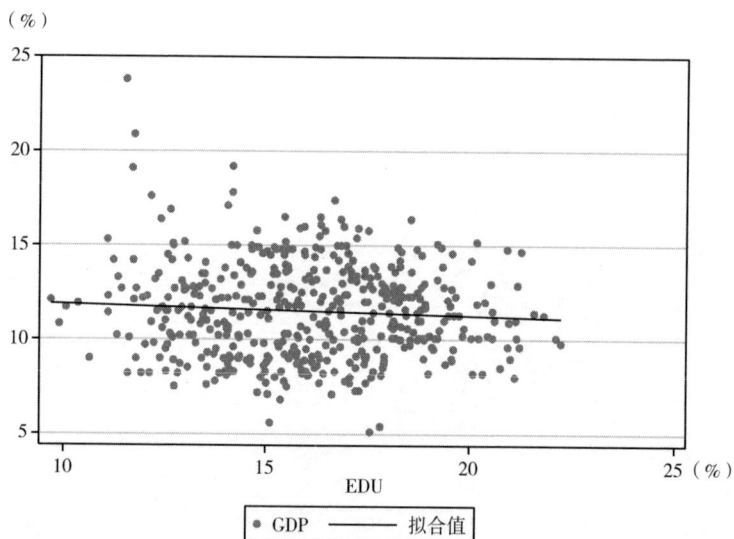

图6-5　政府公共教育支出与实际GDP增速趋势

这说明不断扩大的老龄人口加大了对政府公共医疗卫生支出的需求，也预示着政府公共医疗卫生支出的财政压力将逐渐增加，如图6-7所示。

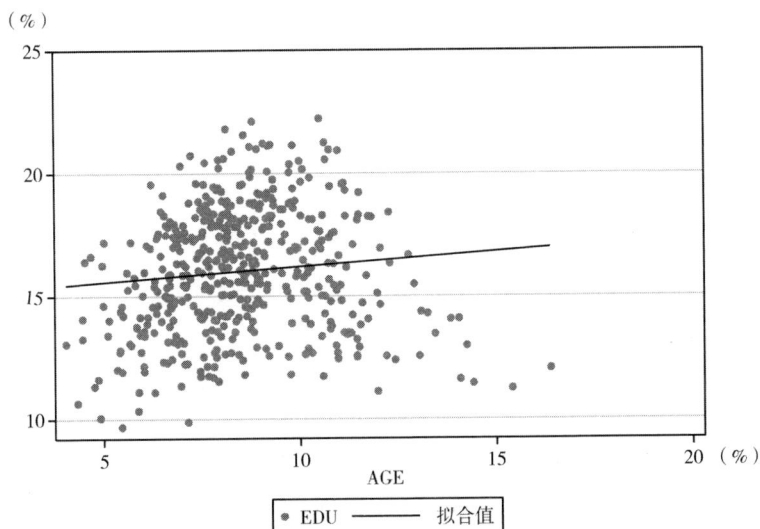

图 6 − 6 人口老龄化水平与政府公共教育支出规模趋势

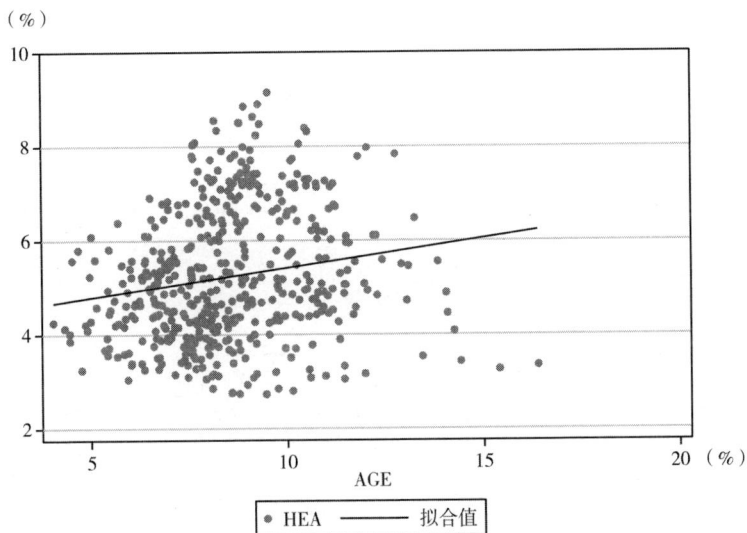

图 6 − 7 人口老龄化水平与政府公共医疗卫生支出规模趋势

应当明确的是,以上散点图的趋势分析忽略了影响经济增长的其他因素,在全面考虑到其他因素后,中国的人口老龄化、政府的公共财政政策对经济增长的影响是否会发生变化,这还有待进一步的实证检验。

6.2.2.2 静态面板估计

考虑到中国地区间的人口老龄化水平、政府财政政策以及社会经济发展水平的较大差异，本书将在研究全国 30 个省际（西藏除外）人口老龄化水平、政府财政政策与经济增长关系的基础上，按照当前中国关于东部、中部、西部和东北地区的行政区划分，重新划分为东部、中部及西部三个区域，并分别对东部、中部、西部地区的老龄化背景下公共财政支出与经济增长间的关系进行实证研究①。

国家层面的省际实证分析。由于方程以 5% 的显著水平拒绝了个体间和各时期截距相等的原假设，因此不能用纯 Pooled 形式估计，而是需要用面板模型估计。通过 Stata12.0 软件的 Hausman 检验得到的 P 值为 0，这说明本书的面板数据应该采用固定效应模型，而非随机效应模型。

由于中国区域间经济发展水平、地区间社会结构差异较大，为消除省际不可观测的异质性，本书选取个体固定效应回归模型进行横截面加权的 GLS 估计。估计结果如表 6 - 2 所示。

表 6 - 2　　　　　　　　　　　　静态面板估计结果

数据	估计 1 (GLS)	估计 2 (GLS)	估计 3 (GLS)	估计 4 (GLS)
AGE	0.125 * (2.111)	0.134 *** (2.401)	0.008 * (1.974)	0.131 ** (1.998)
FIN		0.036 ** (2.313)		0.042 * (1.973)
EDU		- 0.2066 * (- 1.36)		- 0.1511 ** (- 2.351)

① 当前中国统计体系中的行政区域划分为：东部 10 省（市）包括北京、天津、河北、上海、江苏、浙江、福建、山东、广东和海南；中部 6 省包括山西、安徽、江西、河南、湖北和湖南；西部 12 省（区、市）包括内蒙古、广西、重庆、四川、贵州、云南、西藏、陕西、甘肃、青海、宁夏和新疆；东北 3 省包括辽宁、吉林和黑龙江。本书重新划分后的东部、中部、西部为：东部地区包括北京、天津、河北、上海、江苏、浙江、福建、山东、广东、海南和辽宁；中部地区包括山西、安徽、江西、河南、湖北、湖南、吉林和黑龙江；西部地区包括内蒙古、广西、重庆、四川、贵州、云南、陕西、甘肃、青海、宁夏和新疆（西藏除外）。

续表

数据	估计 1	估计 2	估计 3	估计 4
	（GLS）	（GLS）	（GLS）	（GLS）
HEA		0.310 *** (4.46)		0.281 * (1.824)
POP		0.136 (0.614)		0.137 (0.619)
AHC			1.245 ** (1.9970)	1.172 *** (3.03)
CON			− 0.142 *** (− 6.30)	− 0.170 *** (− 5.37)
INV			0.215 *** (20.19)	0.291 *** (9.03)
_cons	9.118 *** (10.403)	2.954 *** (6.721)	10.602 *** (8.67)	15.091 *** (7.573)
R^2	0.372	0.331	0.618	0.557
观测值	480	480	480	480

注：括号中为 t 值，*** 代表在 1% 水平下显著，** 代表在 5% 水平下显著，* 代表在 10% 水平下显著。

估计 1 ~ 估计 4 采用 GLS 方法估计。估计 1 将人口老龄化水平与 GDP 实际增长率做了回归分析，本书发现二者呈正相关的关系，这进一步验证了前述的人口老龄化可能会促进经济增长的结论。估计 2 将人口老龄化水平、公共财政支出规模、公共教育支出与公共医疗卫生支出作为解释变量，估计了这四个因素对经济增长的影响效果。估计 3 和估计 4 引入了人口自然增长率、人力资本积累增长率、实物资本积累增长率以及最终消费支出增长率四个控制变量后，分别对估计 1、2 作出进一步的深入分析，结果表明人口老龄化水平、公共财政支出规模、公共教育支出比重及公共医疗卫生支出对经济增长的影响依然不变。

表 6 - 2 的实证分析结果同时表明，从规模上来看，在人口老龄化背景下，不断扩大的政府公共财政支出规模有利于我国的经济增长；从结构上来看，在人口老龄化背景下，现阶段的公共教育支出还未对我国经济增长起到促进作用，这是由于公共教育对社会人力资本积累的作用需要较长一段时间才能得以显现；现阶段政府公共医疗卫生支出在一定程度上促进了我国经济增长，这也印证了社会公共医疗卫生水平的提高可以通过降低社会人力资本折旧的途径，

有利于健康人力资本的增加，从而促进社会人力资本积累（Schultz，1997；王第海、龚六堂、李宏毅，2008）。

跨区域固定效应的实证分析。在此部分的跨区域效应实证分析之前，本书分别利用东部、中部及西部地区的数据进行检验得到回归方程以5%的显著水平拒绝了个体间和各时期截距相等的原假设，因此不能用纯 Pooled 形式估计，而是需要用面板模型估计。通过 Stata12.0 软件的 Hausman 检验得到东部、中部及西部地区的 P 值均为0，这说明在分析跨区域效应的面板数据均应该采用固定效应模型，而非随机效应模型。

如表6-3所示，在不同的区域条件下，人口老龄化、公共财政支出规模和结构对于地区经济增长影响的跨区域效应差异较大。总体而言，人口老龄化在一定程度上可以促进地区经济增长，这与前述全国层面的实证分析结果一致，从而进一步证实了本书理论分析中得出的人口老龄化可能促进经济增长的结论；扩大财政支出规模有效促进了地区经济增长，但受制于各地区间经济、社会发展水平差异，公共财政支出结构的调整对地区间经济增长的影响差异较大。

以东部地区为例，人口老龄化对经济增长的影响系数为0.242，这表明人口老龄化明显有利于东部地区的经济增长，这与东部地区经济社会发展水平较高、人口集聚效应大等因素有密切关系；就公共财政支出规模而言，公共财政支出规模对东部地区经济增长的影响系数为0.112，这表明扩大公共财政支出规模有利于东部地区经济增长；就公共财政支出结构而言，人口老龄化背景下，医疗卫生支出的增加在一定程度上不利于地区经济增长，这与东部地区比较优越的基本公共服务体系和人口规模大等因素有关，东部地区较大的人口规模与人口老龄化水平也扩大了对医疗卫生等公共服务的供给需求。

表6-3　　　　　　　　　　　　跨区域固定效应的分析结果

数据	东部	中部	西部
	估计1	估计2	估计3
	（GLS）	（GLS）	（GLS）
AGE	0.242 ** (1.99)	0.442 *** (2.98)	0.260 * (1.75)
FIN	0.112 ** (2.04)	0.0780 *** (2.42)	0.0615 *** (2.98)
EDU	-0.0953 (-1.14)	-0.137 * (-1.65)	0.0337 (0.48)

数据	东部	中部	西部
	估计1	估计2	估计3
	（GLS）	（GLS）	（GLS）
HEA	0.353 ** (2.12)	0.156 (1.07)	0.120 (0.80)
AHC	0.0834 ** (2.31)	0.187 *** (4.20)	0.136 *** (3.77)
POP	0.0182 (0.19)	0.0450 (0.46)	0.258 *** (3.05)
CON	−0.0194 （−1.13）	−0.0431 * （−1.65）	−0.0144 （−1.08）
INV	0.0527 *** (3.66)	0.0520 *** (3.80)	0.00473 (0.48)
_cons	14.44 *** (7.36)	10.45 *** (6.16)	11.02 *** (5.78)
R²	0.526	0.478	0.349
观测值	176	128	176

注：括号中为 t 值，*** 代表在 1% 水平下显著，** 代表在 5% 水平下显著，* 代表在 10% 水平下显著。

跨区域混合效应的实证分析。影响人口老龄化的因素有很多，我们主要从三个层面来说，经济发展层面主要包括人均 GDP、CPI、PPI 等。社会发展层面主要包括了城市化率、医疗程度等。人口发展层面主要有人口预期寿命、出生率、死亡率等。在这里，我们选取部分数据代表各个层面数据，即选取人均 GDP 和居民消费指数代表经济发展，选取城乡人口比例和医疗机构个数代表社会发展，选取人口预期寿命、出生率代表人口发展。由此得到公式：

$$\ln Y_{it} = a_0 + a_1 \ln X1_{it} + a_2 \ln X2_{it} + a_3 \ln X3_{it} + a_4 \ln X4_{it} + a_5 \ln X5_{it} + a_6 \ln X6_{it}$$
$$+ a_7 \ln(X1_{it} \times X4_{it}) + a_8 \ln(X4_{it} \times X5_{it}) + a_9 \ln(X4_{it} \times X6_{it}) + \mu_{it}$$

模型中的 Y_{it}、$X1_{it}$、$X2_{it}$、$X3_{it}$、$X4_{it}$、$X5_{it}$、$X6_{it}$ 分别代表老年人口抚养比、人均 GDP、GPI、城乡人口比例、医疗机构人数、人口预期寿命以及出生率。医疗服务机构的增多，能在一定程度表现我国医疗服务的增强。人均 GDP 要比 GDP 更加能够真实表示经济增长。由于人均 GDP 对医疗服务有影响，人均 GDP 的增长必然会造成医疗服务的增强。医疗服务的增强必然会使得人口预期寿命的增长，出生率比例增大，所以我们在这里使用交叉回归模型。为了减弱模型异方差、自相关性，所有变量均取自然对数。我们选取了 10 个省份数据进行分析。选用辽宁省和黑龙江省代表东北地区；选用山西省、河南省和安徽省代表中部地区；选用北京市、福建省、广东省代表东部地区；选用重庆市和甘肃省代表西部地区。全部样本为 2002 ~ 2014 年全国 31 个省共 12 年的面板数据，所有变量数据来源于《中国统计年鉴》《中国人口统计年鉴》。

我们利用 Stata 对面板数据进行了固定效应 T 检验、随机效应检验以及混合效应 Husman 检验，发现数据较为符合混合效应 Husman 检验，所以我们选择混合效应进行方程回归。

利用混合效应得到回归系数。如图 6 – 8 所示，我们利用回归得到 $\ln$ ($X1_{it}$ × $X4_{it}$) 对老龄化系数影响不大，$\ln$ ($X4_{it}$ × $X5_{it}$)、$\ln$ ($X4_{it}$ × $X6_{it}$) 对老龄化系数影响也不大，不显著。所以去除这三项影响数据后，再进行回归人均 GDP、CPI、城乡人口比例、出生率、医疗服务个数对老龄化影响，弹性是 0.43、– 2.28、– 0.53、– 0.35、3.38、– 0.19。我们可以看出经济因素对人口老龄化影响较大，经济发展越快，老年人口抚养比上升越快，也说明为什么我国沿海发展好的区域比发展较弱的区域老龄化更加严重。我们由此可以知道人口老龄化与经济发展是相互影响的。经济发展使得社会更加利于老年人生存，便于养老。但是老年人口的增加必然会抑制经济发展。城市化对人口老龄化影响较小，城乡人口比例与老龄化成负比例。人口因素对人口老龄化影响较大，尤其是平均预期寿命的增加对人口老龄化的影响较大。社会因素对人口老龄化也有一定

ledr	Coef.	Std. Err.	z	P>|z|	[95% Conf. Interval]	
lgdp	0.435689	0.0892029	4.88	0.000	0.2608545	0.6105236
lcpi	−2.281287	0.9746112	−2.34	0.019	−4.19149	−0.3710845
lcc	−0.5301632	0.1126072	−4.71	0.000	−0.7508692	−0.3094571
lbr	−0.3584588	0.1044562	−3.43	0.001	−0.5631891	−0.1537284
lafl	3.382294	1.692191	2.00	0.046	−0.0656606	6.698928
lhos	−0.1915886	0.0503686	−3.80	0.000	−0.2903092	−0.092868
_cons	−3.173458	8.954592	−0.35	0.723	−20.72414	14.37722
sigma_u	0					
sigma_e	0.08276344					
rho	0	(fraction of variance due to u_i)				

图 6 – 8　跨区域混合效应的分析结果

影响，但是影响因子较小。我们可以发现医疗服务机构的增多，老年人口的减少，也就是医疗服务机构增加对出生率的影响比对老年人口增加的影响要大。所以医疗服务机构的增加利于社会发展，平均预期寿命的增加必然会导致老年人口的增多。但这也是社会进步、经济发展的一个体现。

6.2.2.3　动态面板估计

一般而言，受经济增长延续性的影响，当年 GDP 实际增长率通常会受到上一年度 GDP 实际增长率的影响。与此同时，就经济增长与人口老龄化二者而言，经济增长会带来社会经济发展水平的提高，随之会在一定程度上延长人口寿命，这加重了人口老龄化程度；人口老龄化程度的加重，则也会对经济增长产生影响。基于上述研究目的，为了检验回归分析结果的稳健性，本书将引入上期 GDP 实际增长率作为本期 GDP 实际增长率的一个解释变量，以构建动态面板的数据模型，估计方法将采用系统广义矩（GMM）估计方法。

在本模型计算中，被解释变量的滞后项 GDP 最多时用三阶滞后项作为工具变量；AGE 作为内生解释变量，设定最多使用两期滞后项作为工具变量。因模型使用较多的工具变量，故需要进行过度识别检验，为此本书采用 Sargan 检验来判断工具变量的有效性。系统 GMM 成立的前提是，扰动项不存在自相关，为此本书采用 Arellano-Bond 方法检验扰动项的差分是否存在一阶自相关与二阶自相关的问题。

表 6 – 4　　　　　　　　　　　　　系统 GMM 估计结果

数据	估计 1	估计 2	估计 3	估计 4
	GDP	GDP	GDP	GDP
	0.063 * (1.861)	0.0047 * (1.754)	0.052 * (1.726)	0.042 * (1.749)
AGE	0.145 * (1.738)	0.123 * (1.677)	0.116 * (1.543)	0.121 * (1.656)
FIN		0.119 ** (2.180)		0.124 ** (2.471)
EDU		– 0.1366 ** (– 2.36)		– 0.0511 * (– 1.51)

续表

数据	估计 1	估计 2	估计 3	估计 4
	GDP	GDP	GDP	GDP
HEA		0. 0310 *** (4. 46)		0. 0281 *** (4. 02)
POP		0. 0136 (0. 613)		− 0. 0137 (− 0. 609)
AHC			1. 245 *** (2. 130)	0. 0356 *** (2. 23)
CON			− 0. 142 *** (− 5. 267)	− 0. 170 (− 5. 37)
INV			0. 215 *** (11. 921)	0. 1991 *** (11. 03)
_cons	9. 118 *** (14. 40)	9. 954 *** (11. 72)	8. 602 *** (8. 67)	10. 09 *** (9. 57)
观测值	480	480	480	480
AR （2）	0. 4673	0. 4156	0. 4198	0. 8275
Sargan	0. 9965	1. 0000	1. 0000	1. 0000

注：括号中为 t 值，*** 代表在 1% 水平下显著，** 代表在 5% 水平下显著，* 代表在 10% 水平下显著。AR （2） 与 Sargan 检验结果输出为 P 值。

如表 6 - 4 所示，实证分析表明，采用系统 GMM 方法估计得出的结果与静态面板估计结果基本相似。也就是说，在当前我国人口老龄化社会发展的初级阶段，尽管人口老龄化程度不断加深，但并未对我国经济增长构成明显的阻碍作用，反而促进了经济增长。与此同时，在人口老龄化背景下，不断扩大的公共财政支出规模也有效地促进了我国经济增长，这也可以在一定程度上反映出我国政府主导型的市场经济特征；公共医疗卫生支出通过降低社会人力资本折旧的方式促进社会人力资本积累，从而促进经济增长；政府不断扩大的公共教育支出规模对促进社会人力资本积累的效果还不明显，这是由于公共教育投资回报需要较长的一段时间才可以逐步显现。

6.3　研究结论与政策意义

通过人口老龄化背景下政府财政政策与经济增长关系的理论分析、实证检验，可以得出基本的研究结论，在此基础上提出其政策意义。

6.3.1　研究结论

首先，从本章第一节的理论分析可以发现：自 2000 年我国进入人口老龄化社会以来，在国内外复杂的经济形势下，政府财政政策通过由"积极"到"稳健"再到"积极"的不断调整，有效促进了国民积极的稳定发展。政府通过扩大公共财政支出规模、调整公共财政支出结构以及税收政策调整，激发了国内总需求、消费与投资，进而拉动了经济增长。政府通过增加公共教育支出、医疗卫生支出以及财政支持社会保障体制力度等政策，提高了人民生活水平，改善了社会福利状况，同时使得人口老龄化对国民经济并未造成消极影响。

其次，进一步通过我国 30 个省份（包含省、自治区、直辖市）1998～2013 年的相关数据的面板数据分析，本书发现：在我国人口老龄化仍处于初级阶段之时，人口老龄化因素对我国经济增长存在着积极的促进作用，这与现今关于人口老龄化与经济增长关系的众多研究结论一致。然而，考虑到我国地区间经济发展水平、人口老龄化程度及地方政府财政状况均存在较大差异，各地区之间人口老龄化水平与财政政策对地方经济发展的影响则存在着明显的差异性。本书在当前我国关于东部、中部、西部及东北三省行政区划的基础上，实证分析了划分为东部、中部及西部三个区域之间的差异，结果表明区域间的差异较大。

最后，在当前我国政府主导型的市场经济条件下，政府公共财政支出对国民经济发展起到并将持续提供强有力的推动作用。在人口老龄化趋势不断加快的背景下，政府公共财政对"涉老支出"的"托底"责任将逐步加重。面对经济发展和财政收入增速同步放缓的挑战，政府财政政策应该及时做出相应的转变。因为，发展始终是解决任何问题的物质基础和最高目标，人口老龄化又是一个长期性、不可逆转的发展趋势。

6.3.2 政策意义

财政是国家治理的基础和重要支柱。长期以来，中国政府应对老龄化问题的制度和政策明显表现出一定的滞后性①。财政政策作为政府实施宏观调控、供给公共产品、弥补市场失灵的重要工具，可以为政府职能履行、社会经济发展、和谐社会建设提供强有力的制度保障和财力保证。在中国人口老龄化的社会背景下，财政政策的实施与变革应实现两个目标：其一，有效促进社会经济发展，这是财政政策实施与变革的目标之一，也是财政政策得以实施与变革的物质基础、前提条件；其二，有效应对人口老龄化挑战，这是财政政策实施与变革的目标之二。

与此同时，人口老龄化问题不仅仅是人口结构问题，更是社会问题、经济问题；人口老龄化问题不是仅仅针对老年人口这一群体如何养老的问题，而是整个社会群体如何协调发展的问题；人口老龄化问题不是政府、市场和个人应该如何应对的问题，而是从国家治理的战略高度出发，全社会应该如何合谋合力、实现多元共治模式的问题。

在人口老龄化的现实背景下，从政府公共治理的角度考虑，本书认为，财政政策是我国应对人口老龄化问题的主要手段，也是其他各项公共政策的基础和重要支撑，财政政策应当转变取向、"有所为"。

---

① 胡志勇．论中国"老龄化"的经济影响及财税对策［J］．东南学术，2012（5）：34－35.

第7章 人口红利式微下的财政收支平衡研究

——以东北地区为例

财政平衡，也称财政收支平衡，指一定时期内政府的财政预算收支应当保持收入与支出相符的状态。它是衡量一个国家财政状况的指标之一，也是各国财政预算制度应当遵循的基本原则之一，是约束政府盲目扩大财政赤字、促进政府加强财政管理、改善财政收支结构、促进社会经济健康持续发展的重要工具之一。影响财政收支平衡的因素有很多，例如经济发展水平、政府财政政策、国家建设等，其中人口因素也会对政府财政收支情况产生一定影响，尤其是当前随着我国人口年龄结构转变，人口红利逐渐减弱甚至消失，这会通过诸多因素影响政府财政收支平衡。

2015年东北地区经济面临下行压力，增长乏力，财政收入下降，而其人口外流问题在此背景下更是引起了国内外广泛关注。东北地区是我国较早进入人口老龄化的地区，其低生育率的状况更是加剧了其老龄化形势。老龄化程度的不断加深会使得劳动年龄人口在总人口比重中降低以及劳动力老化，阻碍劳动生产率的提高，从而使得社会产出减少，并减少政府税源，同时持续加剧政府在养老保障和医疗保障方面的支出责任，增加政府的公共资源和支出义务压力，由此产生财政风险。

7.1 东北地区财政收支平衡研究背景

财政平衡作为一个指标，能够衡量一个国家财政状况。随着我国人口年龄结构转变，人口红利逐渐减弱甚至消失，对政府的财政收支平衡造成较大影响。一方面，老年型人口结构会带来政府医疗养老社会保障相关支出增加，人口出生率的降低会带来教育支出的减少；另一方面，年龄结构进入老年型会导致储蓄率偏低，社会消费结构变化，社会投资减少。这一人口结构变化作用于财政收入和财政支出，会影响财政平衡及其长期可持续性。

从中国的人口发展轨迹来看，如图 7-1 所示，新中国成立以后直到 20 世纪 60 年代我国生育始终处于高峰阶段。由于"三年困难时期"，我国人口出生率和自然增长率在 1958～1961 年有一个非常态的下降。1962 年开始我国第二次人口生育高峰到来，且峰值高、峰期长。1966～1970 年，年均人口出生率超过 34‰，自然增长率高达 26.35‰[①]。为此，20 世纪 70 年代我国实施了严格的计划生育政策，逐渐控制了人口增长过快态势，人口出生率由 1971 年的 30.74‰ 下降到 1978 年的 18.34‰，降幅为 40.3%，自然增长率由 23.4‰ 下降到 12.05‰，降幅为 48.5%，妇女总和生育率由 5.442 下降到 2.716，降幅达 50%。1998 年我国人口自然增长率首次降到 10‰ 以下，为 9.14‰，2009 年下降到 5‰ 以下，为 4.87‰[②]。

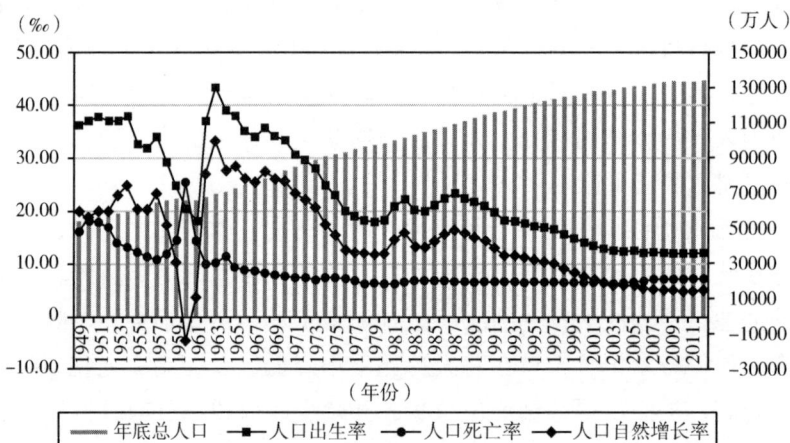

图 7-1　1949～2013 年中国人口出生率及年末总人口变动

注：1981 年及以前数据为户籍统计数，1982 年、1990 年和 2000 年数据为人口普查数据，1987 年、1995 年和 2005 年数据根据全国 1% 人口抽样调查数据推算，其余年份数据为人口变动抽样调查推算数。

资料来源：根据《中国统计年鉴（2014）》相应数据绘制。

在人口转变的早中期阶段，人口死亡率的下降落后于人口出生率的下降过程，人口年龄结构会出现"中间大、两头小"即少儿人口和老年人口占比低、

---

① 根据历年《中国统计年鉴》数据计算得到。

② 根据《中国统计年鉴（2014）》相应数据整理。

青壮年人口占比高的的情况。在此人口结构下，劳动力供给充足，社会抚养负担轻，有利于增加储蓄提高社会资本积累，这一人口机遇期被称为"人口红利期"或"人口机会窗口"。在人口转变后期，人口老龄化发展加剧，老年人口规模迅速增加，对经济增长和社会发展提出挑战。未来我国将面临人口规模大、人口红利削弱甚至消失、人口老龄化、人口流动加快等严峻形势，如何应对人口结构变化对政府财政收支平衡的不利冲击是我们需要考虑的一个问题。

从社保基金收支数据来看，2014 年全国社会保险基金支出 33669.12 亿元，而全国社会保险基金收入 39186.46 亿元中保险费收入 29104.1 亿元，剔除财政补贴收入 8446.35 亿元后收不抵支①。对此，楼继伟部长在 2015 年 3 月 22 日"中国发展高层论坛 2015"上提出不能把社保缺口完全留给公共财政，社会保险的政策设计要综合考虑人口结构的变化、人口流动、代际可持续等情况，需要往后想 50 年或者更长的时间，要调动当代人的积极性，强化个人责任，建立一个自身能够精算平衡的制度，否则不仅不公平，还可能带来公共财政不可持续和国家治理的危机。

1978 年以来，中国人均 GDP 增长速度一直保持着高水平，"人口红利"可以说是推动实现这一高速增长的重要因素之一。对于不同区域来说，人口结构转型带来的人口红利所发挥的作用不一，青壮年人口大量流入的地区例如长三角地区、京津冀地区更多地享受到人口红利带来的好处，而青壮年人口流出较大的地区则一定程度上面临着更大的经济发展压力。同时，这种结构性人口红利并非取之不尽、用之不竭的，人口红利会随着转型进程的延续逐步下降甚至消失。

从东北地区发展状况来看，东北三省作为我国最大的老工业基地，是我国工业化最早、重工业程度最深的地区。如图 7-2 所示，自 1952 年来，东北三省的地区生产总值占全国比重呈下降趋势，工业增加值占比也不断下降，目前比重维持在 10% 左右。分省来看，1984 年辽宁省的 GDP 占比为 6.08%，2014 年这一比重下降到 4.5%；黑龙江省 1984 年为 4.43%，2014 年这一比重下降 2.36%；吉林省降幅较小，1984 年为 2.42%，1997 年降到 1.83%，直到 2007 年这一占比始终低于 2%，直到 2008 年才首次超过 2%，但基本在 2% 略上徘徊，2014 年占为 2.17%②。东北三省自改革开放以来，在全国经济中的分量

---

① 《关于 2014 年中央和地方预算执行情况与 2015 年中央和地方预算草案的报告》。
② 根据《中国统计年鉴（2014）》计算得到。

持续减弱，期间虽经历振兴东北劳动基地等战略推动，但始终增长乏力，目前面临着财政收入下滑、经济增速下滑、劳动力人口对外净转移等问题，经济发展形势不容乐观。究其原因，既包括东北计划经济向市场经济转型的制度原因，也包括东北地区产业方面的结构性因素，还与东北地区的人口因素有一定关系。

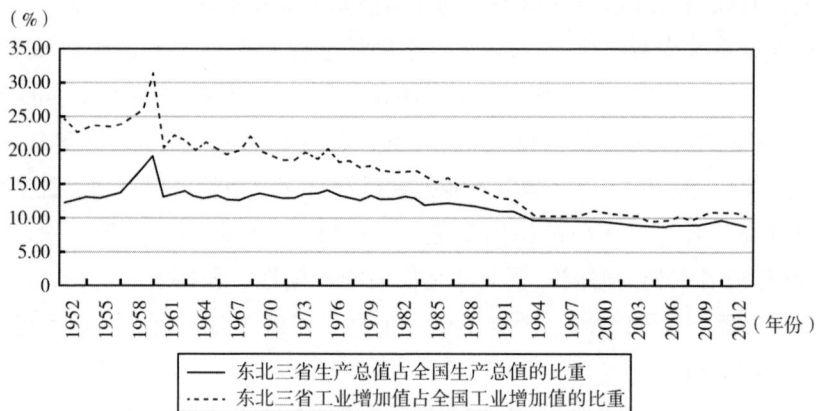

图 7－2　1952 年以来东北三省的地区生产总值与工业增加值占比变化

资料来源：根据历年《中国统计年鉴》数据计算得到。

与全国其他地区相比较，东北地区的生育率低，因而其人口自然增长率比全国平均人口自然增长率要低 3‰ ~ 4‰，人口自然增长速度慢于全国平均水平。尤其是近年第一次出生高峰期出生的人口已经步入老龄，而第二次出生高峰期出生的人口也即将步入老龄阶段，近二十多年的低人口出生率使得新增劳动力减少，且东北三省的人口流出更加剧了青壮年人口不足的问题，劳动力不足带来经济增长乏力，影响财政收入可持续增长，同时老龄化加剧带来的严峻社会保障压力又要求财政支出政策的支持，这对东北地区的财政收支平衡和可持续提出了一系列难题。2015 年 7 月 23 日，经济学人智库（The Economist Intelligence Unit）发布的《2015 年中国新兴城市报告》指出，人口因素对经济增速影响突出，东北的"人口红利"远远落后于全国水平，东北城市正面临着人口结构对经济发展带来的阻碍。东北地区目前主要存在着人口净迁出规模不断扩大、人口老龄化日趋严峻、人口出生率过低以及边境地区人口流失等突出性人口问题，长远来看将对该地区的经济社会发展产生不利影响，增加财政支持风险。

7.2 东北地区财政收支平衡研究意义

在人口年龄结构的变动中会出现一个劳动抚养负担较轻的有利时期，即人口红利期。中国改革开放后三十多年的高速发展伴随着人口在生产类型的转变过程，计划生育政策的推行使得我国的人口年龄结构转变与西方发达国家的自然演变过程相比要快得多，中国这一人口转变的特殊国情也对我国应对人口红利消失提出了特殊要求。

政府作为资源配置主体之一，承担着提供公共物品维护社会公共秩序的职能，肩负着建设和谐社会的重任，对于解决人口结构转变和老龄化问题有着不容推卸的责任。其中，财政收支是政府履行职能的主要手段，是政府有效解决人口红利式微问题的重要杠杆。本书以东北地区为例，研究东北地区的财政平衡状况和人口红利期阶段，阐述两者之间的影响机制，试图探讨建立现代财政体系以促进人口结构与社会经济持续协调发展的路径。

东北地区自然资源丰富，工业基础深厚，当前经济增长面临困境。在未来转变经济发展的道路上，本书的研究对挖掘东北地区人力资本潜力、应对人口老龄化带来的财政收支压力具有一定的现实意义。同时，东北地区属于全国较早较快进入人口老龄化进程的地区，其面临的经济困境和财政压力对全国其他地区尤其是山西、内蒙古等资源性省份具有一定的借鉴意义。

7.3 东北地区财政平衡状况

市场经济下的公共财政具有公共性，政府通过财政收支履行其促进经济发展和调节收入分配等职能，财政作为政府管理职能最直接的体现，市场机制本身存在的风险也会转化为财政的责任，财政收支平衡对于财政稳定具有重要意义。

7.3.1 东北三省的财政概况

在我国地方治理中，地方政府支配的财政资金来源通常包括地方税收、土地财政、中央转移支付和地方平台融资这四个方面。由于地方财政收入不足以弥补地方公共财政支出的部分大致反映了中央转移支付的情况，本书用财政收支比（财政收入/财政支出）来衡量这一状况，如图7-3所示，自1993年之后东北地区的财政收支比（财政收入/财政支出）呈下降趋势，这与1994年分税制改革后地方财力弱化不无关系，中央政府通过转移支付调节地方经济，地方财政收支比低于1是正常现象。但是东北三省平均来说目前财政收支比小于0.5，也就是说财政收入中一半略多都来自中央转移，地方政府财力相对不足。分省来看，辽宁的财政收支比与吉林、黑龙江相比高出许多，说明其财政实力要强于另两个省份。

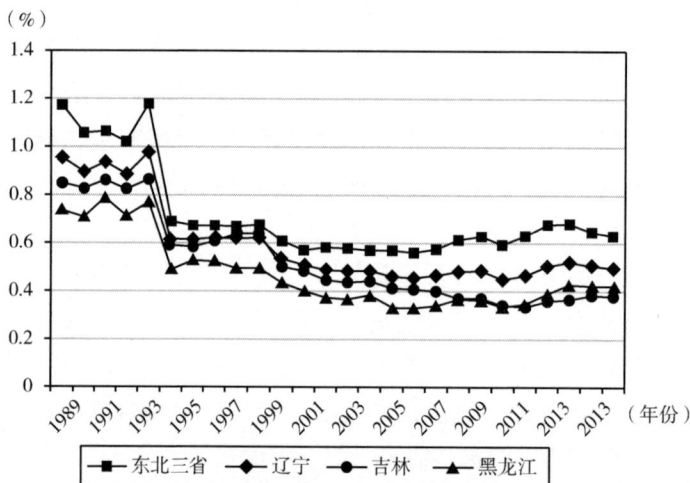

图7-3 东北三省及各省的财政收支比（财政收入/财政支出）

资料来源：根据中经网统计数据库数据绘制。

从东北三省的财政收支规模来看，采用财政收入/地区生产总值这一指标来衡量，1989~2014年，辽宁、吉林、黑龙江三省地方财政收入占地方GDP的比重平均分别为9.3%、7.47%、7.29%，地方财政支出占地区GDP的比重分别为13.35%、16.2%、14.89%，同期全国财政收入占全国GDP的比重平均为16.02%，财政支出占全国GDP的比重为17.34%。可见，东北三省地方地方财政实力低于国家平均水平，且在这三省中，辽宁地方财政实力最强，黑龙江地方财政实力较薄弱。与此同时，东北三省的财政支出规模增长迅速，地方政府实际使用和支配的地方国民收入规模逐渐扩张，如图7-4所示，尤其是1997年以来，辽宁地方财政支出占GDP的比重从9.51%上升到17.73%，吉林从

11.59% 上升到 21.11%，黑龙江从 8.63% 上升到 22.63%，这与全国财政支出占 GDP 的比重从 11.76% 上升到 23.94% 的趋势一致，一定程度上反映了随着经济发展和人均收入的提高，财政支出占国民收入比重会相应提高这一"瓦格纳法则"。

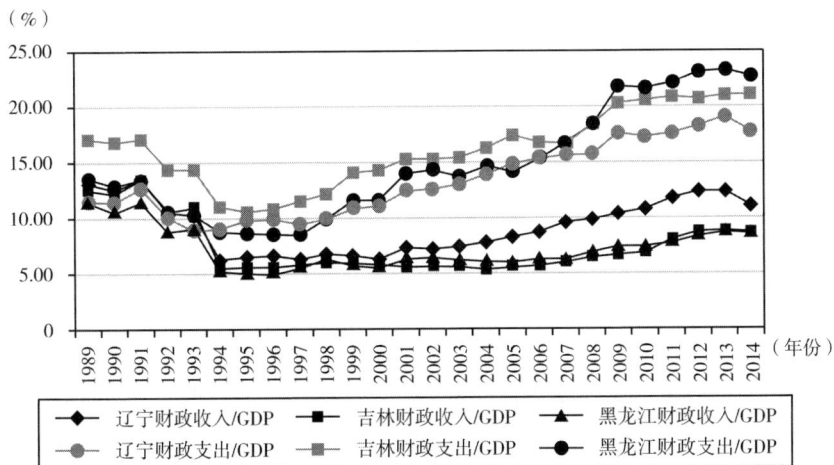

图 7 - 4　1989～2014 年东北三省财政支出占 GDP 的比重变化

资料来源：根据中经网统计数据库相应数据计算并绘制。

从东北三省的财政收入增长率来看，如图 7 - 5 所示，东北三省的地方财政收入呈现波动态势，几十年以来基本都呈现正增长，并且基本与 GDP 增长率保持同步，个别年份还出现财政收入增长超过地方经济增长速度的情况，这与我

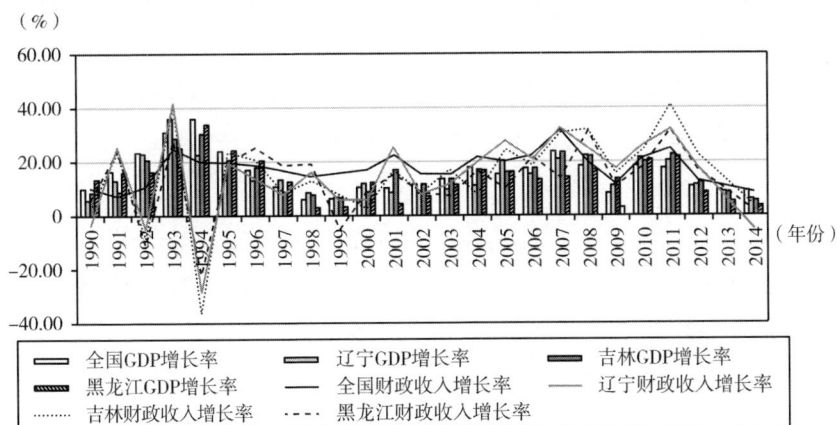

图 7 - 5　1989～2014 年东北三省与全国财政收入增长率与 GDP 增长率比较

资料来源：根据中经网统计数据库相应数据计算并绘制。

国税制改革带来的财政收入高速增长紧密相关。但是 2012 年以来，东北三省的财政收入呈现下降态势，2014 年辽宁甚至为负增长。在财政收入下降的同时，财政支出增加具有刚性，两者之间的矛盾引发财政平衡风险。

7.3.2 东北地区财政收支平衡性检验——古典偿债模型

财政运行不是孤立的，财政平衡应与经济周期相适应，不能只局限于年度平衡，也应追求长期周期性平衡。古典偿债模型主要是通过研究财政收入和财政支出的时间序列性质，并检验非蓬齐均衡，来研究财政平衡长期的稳定性。

7.3.2.1 建立模型

2014 年修订的《预算法》第三十五条规定，地方各级预算按照量入为出、收支平衡的原则编制，除本法另有规定外，不列赤字。我国地方政府公共财政收支差额通常依靠中央转移支付来弥补，除此之外，可以通过发行地方政府债券在国务院确定的限额内以举债的方式来筹集必需的建设投资的部分资金。由于本书主要考虑的是地方政府自身的财政收支稳定性，以提高地方政府本身的财政支持能力，而中央对地方转移支付的决定权不在地方政府，因此将地方政府公共财政收入不足以弥补公共财政支出的部分看作是地方政府赤字。

检验政府财政平衡性，即检验地方公共财政收支差额的大小是否满足政府跨期预算约束方程，即等价于检验以现值计算的未来债务是否为零（非蓬齐博弈条件）的问题。如果为零，则财政收支满足政府跨期预算约束；反之则不满足，财政不能实现长期平衡。

假定地方政府只能通过发行地方政府债券的方式来弥补公共财政收支差额，则政府的预算约束为：

$$B_t - B_{t-1} = G_t - T_t + i_t B_{t-1}$$

或：

$$B_t = (1 + i_t) B_{t-1} + G_t - T_t$$

其中，变量 B_t 表示 t 期末的政府名义债务存量，变量 G_t 表示政府购买或政府支出，变量 T_t 为政府税收，变量 i_t 为债务的名义利率。$B_t - B_{t-1}$ 表示政府债务的增量，即政府的公共收支差额（也称软赤字），定义初级赤字为 PD_t，则：

$$DP_t = G_t - T_t$$

令 $\beta_s = 1/(1 + i_s)$，将上式向前迭代得：

$$B_0 = - \sum \Pi \beta_s PD_t + \lim_{h \to \infty} \Pi \beta_s B_n$$

此时的非蓬齐博弈（no-ponzi-game）条件为：

$$\lim_{h \to \infty} \Pi \beta_s B_n = 0$$

检验政府跨期预算约束是否成立，等价于检验上式所表示的非蓬齐博弈条件是否满足，即相当于检验现值预算约束等式是否成立：

$$B_0 = - \sum \Pi \beta_s PD_t$$

如果非蓬齐博弈条件不满足，则政府跨期预算约束不成立。如果非蓬齐博弈条件满足，那么当 n→∞，B_0 正好等于未来政府盈余的现值（不包括利息支付），政府跨期预算约束成立，也等价于上式的现值预算约束成立。检验现值预算约束是否成立，相当于检验 B_{t-1} 和 PD_t 是否存在协整关系。由于 $PD_t = G_t - T_t$，检验 B_{t-1} 和 PD_t 是否存在协整关系等价于检验财政总支出 $G_t + i_t B_{t-1}$ 是否与 T_t 协整，协整向量是否为（1，−1）。

如果 $G_t + i_t B_{t-1}$ 与 T_t 协整，协整向量是（1，−1），则有：

$$1 \times (G_t + i_t B_{t-1}) - 1 \times T_t = i_t B_{t-1} + PD_t$$

上式的左端是平稳的，因此当且仅当 B_{t-1} 和 PD_t 存在协整关系时，$G_t + i_t B_{t-1}$ 才与 T_t 协整。令 $FE_t = G_t - i_t B_{t-1}$ 为包括债务利息支出的政府总支出，检验政府跨期预算约束是否成立等价于检验财政支出和财政收入是否协整且协整向量是否为（1，−1）。

7.3.2.2 数据准备

本书选择东北三省实际财政收入和实际财政支出数据来分析两者的协整关系，样本期间为 1989 ~ 2014 年，为消除通货膨胀的影响，数据均使用居民消费价格定基指数（1989 = 100）进行缩减的实际值。

表 7 − 1　　　　1989 ~ 2014 年东北地区财政收入和财政支出数据表　　　单位：亿元

年份	辽宁		吉林		黑龙江		东北	
	公共财政收入	公共财政支出	公共财政收入	公共财政支出	公共财政收入	公共财政支出	实际财政收入（FR）	实际财政支出（FE）
1989	133.9	114.3	49.4	67.1	72.3	85.4	255.6	266.8
1999	129.3	122.2	50.7	71.7	76.6	92.7	245.9	274.3

续表

年份	辽宁		吉林		黑龙江		东北	
	公共财政收入	公共财政支出	公共财政收入	公共财政支出	公共财政收入	公共财政支出	实际财政收入（FR）	实际财政支出（FE）
1991	161.5	151.5	62.5	79.1	94.7	110.1	287.3	306.5
1992	151.6	148.5	57.0	80.0	84.6	102.5	245.6	276.4
1993	213.7	181.1	79.8	103.1	108.1	124.9	293.9	298.5
1994	153.7	223.6	51.3	104.6	84.7	142.4	172.2	279.9
1995	184.4	273.8	63.3	120.9	101.3	174.6	179.0	292.1
1996	211.7	314.8	76.4	145.5	126.9	208.9	197.9	319.3
1997	228.2	340.6	82.9	167.8	150.6	233.6	212.2	341.7
1998	264.6	390.3	93.6	190.1	179.3	280.8	247.9	397.9
1999	279.6	457.9	101.3	234.6	170.1	339.0	259.9	486.9
2000	295.6	518.1	103.8	260.7	185.3	381.9	278.0	552.8
2001	370.4	635.4	121.1	326.4	213.6	478.3	333.8	682.2
2002	399.7	690.9	131.5	362.4	231.9	531.9	364.4	757.3
2003	447.0	784.4	154.0	409.2	248.9	564.9	400.5	829.4
2004	529.6	931.4	166.3	507.8	289.4	697.6	447.6	971.4
2005	675.3	1204.4	207.2	631.1	318.2	787.8	538.6	1177.5
2006	817.7	1422.8	245.2	718.4	386.8	968.5	641.2	1375.0
2007	1082.7	1764.3	320.7	883.8	440.5	1187.3	776.6	1613.5
2008	1356.1	2153.4	422.8	1180.1	578.3	1542.3	946.1	1953.2
2009	1591.2	2682.4	487.1	1479.2	641.7	1877.7	1091.6	2418.2
2010	2004.8	3195.8	602.4	1787.3	755.6	2253.3	1306.9	2801.0
2011	2643.2	3905.9	850.1	2201.7	997.6	2794.1	1657.5	3269.1
2012	3105.4	4558.6	1041.3	2471.9	1163.2	3171.5	1906.6	3643.6
2013	3343.8	5197.0	1157.0	2744.8	1277.4	3369.2	2024.7	3945.7
2014	3190.7	5075.2	1203.4	2913.3	1301.3	3434.2	1964.6	3922.4

资料来源：《辽宁统计年鉴（2014）》《吉林统计年鉴（2014）》《黑龙江统计年鉴（2014）》。

由经过处理后的财政收入和财政支出的时间序列变化图可知（见图7-6），东北三省的实际财政收支具有随时间增长的趋势，且两者变动高度一致，表明两者之间可能存在协整关系。

（亿元）

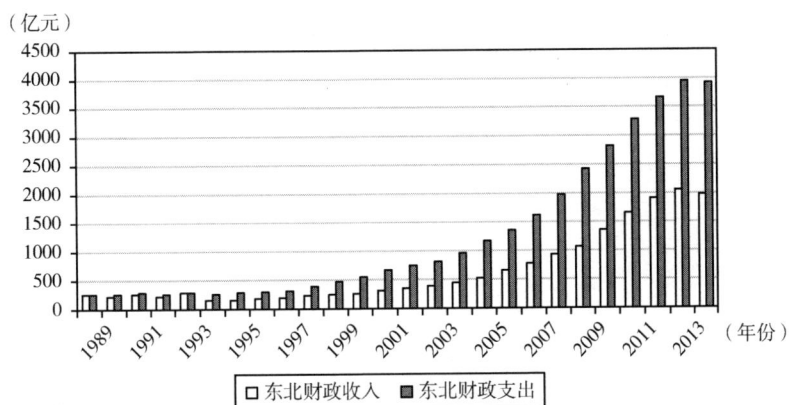

图 7 - 6　东北地区 1989 ~ 2014 年实际财政收支时间序列

运用 Eviews 软件对财政收支序列的平稳性进行单位根检验，只有两者具有同阶单整，才可能存在协整关系。本书采用增长迪基—富勒（Augmented Dick-Fuller，ADF）的方法对 FR_t、FE_t 及其一阶和二阶差分进行单位根检验。

如表 7 - 2 所示，运用 ADF 进行单位根检验的结果表明，财政收入序列的二阶差分序列在 1% 的水平下显著，财政支出序列也在 1% 的水平下显著，因此财政收入为 I（2）序列，财政支出为 I（2）序列。这时二序列存在协整关系并且协整向量为（- 1，1），单整阶数相同，两者之间存在协整关系，满足政府跨时预算约束的必要条件。

表 7 - 2　　　　　　　　　　　ADF 单位根检验结果

时间序列	检验类型 （c，t，k）	ADF 检验	1% 显著水平	5% 显著水平	10% 显著水平	结论
FR_t	（0，0，5）	- 0.1821	- 2.6649	- 1.9557	- 1.6088	非平稳
FE_t	（0，0，5）	- 2.7552	- 2.6649	- 1.9557	- 1.6088	平稳
ΔFR_t	（0，0，5）	- 1.4266	- 2.6694	- 1.9564	- 1.6085	非平稳
ΔFE_t	（0，0，5）	- 3.9023	- 2.6857	- 1.9591	- 1.6075	平稳
$\Delta\Delta FR_t$	（0，0，5）	- 4.8239	- 2.6694	- 1.9564	- 1.6085	平稳
$\Delta\Delta FE_t$	（0，0，5）	- 2.0251	- 2.6998	- 1.9614	- 1.6066	平稳

注：①检验形式中的 c 和 t 表示有常数项和趋势项，k 表示滞后阶数；②滞后期 k 的选择标准是以 AIC 值和 SC 值最小为准则；③ΔFR_t 表示 FR_t 的一阶差分，$\Delta\Delta FR_t$ 表示 FR_t 的一阶差分。

7.3.2.3 协整检验

根据平稳性检验，由于财政收入、财政支出均为 Ⅰ（2）过程，则这两个时间序列之间可能存在长期稳定的均衡关系。本书运用 Engle-Granger 两步法和 Johansen 系统分析法对变量之间进行协整检验。

首先采用 E - G 两步法：运用 Eviews 软件对 FR 和 FE 进行最小二乘回归，据此，我们建立模型：

$$FR_t = 43.9184 + 0.4823 FE_t + \mu_t$$
$$(2.3682) \quad (46.3170)$$
$$R^2 = 0.9889 \quad \text{Adjusted-}R^2 = 0.9885 \quad \text{F-Statistic} = 2145.262 \quad DW = 0.4744$$

从模型的估计结果来看，可决系数为 98.9%，拟合优度高，且不存在序列相关与异方差。若变量序列 FE 和 FR 存在协整关系，则模型估计式的残差序列 Resid 应该是平稳的，因此对 Resid 做单位根检验，ADF 检验结果如表 7 - 3 所示。

表 7 - 3　　　　　　　　　　　　ADF 单位根检验结果

序列	检验类型（c, t, k）	ADF 检验	1% 显著水平	5%	10%	判断结论
Resid	(0, 0, 5)	-2.2859	-2.6649	-1.9557	-1.6088	平稳

由此，残差序列 Resid 检验统计量为 -2.2859，小于 1% 显著水平的临界值，因此可以认为残差序列 Resid 是平稳的，这说明东北三省财政收支之间存在协整关系（即长期稳定关系）。

表 7 - 4 为 Johansen 系统分析法的结果。

表 7 - 4　　　　　　　　　　　Johansen 协整检验结果

变量	最大特征值	迹统计量（P 值）	最大特征值统计量（P 值）	假设协整方程
FR_t，FE_t	0.4962	15.4947（0.0201）	16.4551（0.0631）*	None*
	0.0649	1.6106（0.0032）	1.6106（0.0032）	At most 1

注：*表示在 5% 的显著水平下拒绝原假设。

由表 7 - 4 所示，在 5% 的显著性水平下，对于二者之间没有协整关系的原假设，无论是迹统计量还是最大特征值统计量都拒绝这一假设，而且两者之间至少存在一个协整关系，这说明模型的设定没有偏误。具体估计得到的协整方程为：

$$FR_t - 0.4299FE_t = \mu_t$$

$$(0.03356)$$

其中，μ_t 为平稳时间序列。

因此，东北三省 1989 ~ 2014 年公共财政收入和财政支出之间存在长期均衡的协整关系，长期内，两者之间存在显著正相关关系，财政支出每增加一个单位，财政收入增加为 0.4 个单位，两者同方向变动。但是财政收入的增加幅度较小，说明从长期来看，东北地区地方政府需要提高地方财力，促进经济发展，保障财政收入水平一定程度上的提高，为地方公共产品和服务提供财力支持。

7.3.2.4　Granger 因果关系检验

根据协整关系检验结果，由于东北地区的公共财政收入、财政支出均为 I（2）过程并具有协整关系，故可对其进行 Granger 因果检验，检验结果如表 7 - 5 所示。

表 7 - 5　　　　　　　　　　　Granger 因果检验结果

零假设	F 统计量	滞后阶数	P 值
FE_t 不是 FR_t 的 Granger 原因	9.0572	2	0.0017
FR_t 不是 FE_t 的 Granger 原因	2.4417	2	0.1138

Granger 因果关系检验表明，财政支出是财政收入的 Granger 原因，财政支出增长会显著影响财政收入增长。财政收入不是财政支出的 Granger 原因，东北地区财政支出的增长没有完全以财政收入的增长为前提，有超出本级财政收入大量支出现象存在，这也部分反映了分税制改革以来确立的财政分权模式对地方政府财政差额规模日益扩大的影响。改革开放以来，随着东北地区经济的发展，财政收入显著增加，为财政支出的扩张提供了一定保障。但同时，由于政府不仅承担着基本公共品的供给还承担着发展经济的重任，使得财政支出增长更快，给地方政府的财政运行带来巨大压力。

7.3.2.5　误差修正模型

协整检验表明东北三省公共财政收入和财政支出之间存在长期稳定的均衡关系。在协整分析的基础上，建立东北地区财政收入和财政支出之间的误差修正模型，进一步验证变量的长期均衡与短期波动关系。

误差修正项为：

$$ECM_{t-1} = FR_t - 43.9184 - 0.4823FE_t$$

误差修正模型为：

$$\Delta FR_t = -22.1222 + 0.6262\Delta FE_t + 0.3263ECM_{t-1} + \nu_t$$
$$(-2.0647) \quad (12.0821) \quad (2.5093)$$

$$R^2 = 0.8699 \quad \text{Adjusted-}R^2 = 0.8580 \quad \text{F-Statistic} = 73.5355 \quad \text{DW} = 1.9453$$

根据误差修正模型，此模型拟合效果较好，通过显著性检验。该模型反映了东北地区公共财政收入和财政支出之间的短期波动规律：财政支出以 0.6262 的比率影响当期的财政收入，即短期财政支出变动 1%，将引起财政收入同方向变动 0.6%，同时前期财政支出的非均衡误差以 0.3263 的比率正向修正当期财政收入增长的偏离，因此财政收入在不断调整中实现增长。

由上述对东北财政收支的平衡性检验，可见 20 世纪 90 年代以来，尽管东北三省的财政收入和财政支出都在迅速增长，从长期来看具有长期均衡的协整关系。但其财政状况并不严格满足跨期预算约束，长期存在潜在的政府财政收支失衡危机。只有财政收入增长了，财政支出才能实现持续增长。但从实际情况来看，地方政府当前不仅要提供大量公共产品，进行基础设施建设，同时还肩负着促进经济增长的任务，这导致财政支出的增长超过财政收入的增长，财政赤字水平越来越高。因此，政府需要重视潜在的财政失衡风险，进行财政整顿，提高财政资金利用效率，增强地区经济实力，以保障税收收入平稳健康，中央政府要加强对地方政府的转移支付能力，降低地方政府财政风险。

7.4　东北三省人口结构变化与人口红利情况

7.4.1　东北三省的人口转变分析

7.4.1.1　东北三省的人口发展历程

从新中国成立初期以来，东北地区的人口转变大致经历了以下几个阶段：1949 年新中国成立后到 1957 年这一恢复期、1958～1961 年三年严重困难时期、1962～1973 年快速增长时期、1974～1980 年减速增长期、1881～1990 年稳定增长时期、1991 年以来的第二次减速发展时期（尤其是 2003 年以来人口自然增长率低于 2‰ 的低位时期）（见表 7-6、图 7-7）。

表 7 - 6　　　　　　　东东北地区 **1954 ~ 2013 年人口自然变动情况**　　　　单位:‰

年份	出生率	死亡率	自然增长率	年份	出生率	死亡率	自然增长率
1954	45.17	9.74	35.43	1984	12.36	4.97	7.39
1955	39.10	10.06	29.05	1985	13.03	5.11	7.91
1956	33.28	7.80	25.48	1986	15.07	5.33	9.74
1957	38.83	9.61	29.22	1987	17.43	5.23	12.20
1958	35.75	8.98	26.77	1988	15.70	4.92	10.78
1959	28.71	12.47	16.24	1989	16.70	5.26	11.44
1960	32.21	10.87	21.34	1990	17.01	5.92	11.09
1961	22.66	14.14	8.53	1991	12.53	5.28	7.25
1962	36.14	8.89	27.25	1992	12.69	5.56	7.13
1963	47.32	8.49	38.83	1993	12.82	5.42	7.40
1964	41.64	10.81	30.84	1994	12.62	5.51	7.10
1965	38.59	8.02	30.56	1995	11.84	5.58	6.25
1966	32.26	7.17	25.09	1996	11.29	5.48	5.81
1967	31.35	6.65	24.70	1997	10.85	5.44	5.41
1968	33.20	6.66	26.54	1998	10.22	5.62	4.61
1969	29.12	5.83	23.29	1999	10.52	6.10	4.42
1970	30.98	5.65	25.33	2000	9.95	5.94	4.01
1971	29.20	5.77	23.43	2001	8.26	5.70	2.56
1972	28.77	6.51	22.26	2002	7.82	5.59	2.23
1973	25.79	5.59	20.20	2003	7.19	5.65	1.55
1974	21.38	5.94	15.44	2004	7.00	5.55	1.45
1975	18.97	6.01	12.96	2005	7.54	5.56	1.98
1976	16.93	5.46	11.47	2006	7.13	5.18	1.95
1977	16.70	5.61	11.09	2007	7.40	5.29	2.11
1978	18.07	5.27	12.79	2008	6.96	5.34	1.63
1979	17.02	4.89	12.13	2009	6.72	5.12	1.60
1980	14.30	5.30	9.00	2010	7.22	5.73	1.49
1981	15.60	5.14	10.46	2011	6.36	5.87	0.49
1982	17.16	5.32	11.84	2012	6.45	6.07	0.38
1983	14.63	5.26	9.37	2013	6.20	5.76	0.43

资料来源：根据中经网数据库辽宁省、吉林省、黑龙江省的人口数据计算得到。

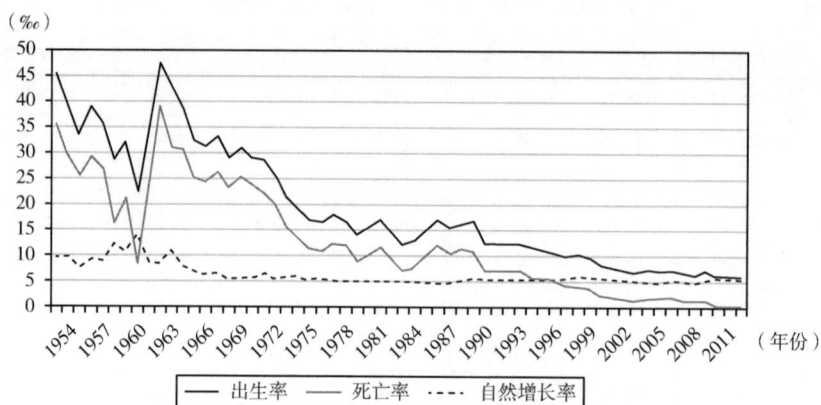

图 7 - 7　东北地区 1954 ~ 2013 年人口出生率、死亡率、自然增长率变化

资料来源：根据中经网数据库辽宁省、吉林省、黑龙江省的人口数据计算得到。

1949 年新中国成立后到 1958 年这一时期，国民经济逐渐恢复。1953 ~ 1957 年"一五"时期，156 项国家重点建设项目中有 57 项布局在东北，大规工业投资吸引了大量移民人口。此时，东北进入第一个人口出生高峰期。1958 ~ 1961 年由于三年严重困难和错误的冒进的影响，人口仍然处于增长状态，只是受到政策和自然环境的影响，增长速度陡然下降。

1962 ~ 1973 年这一时期是东北地区人口快速增长时期。人口出生率在这一时期始终保持在 25‰以上，死亡率在这一时期经历了一个下降过程，从 1962 年的 8.89‰下降到 1968 年的 6.66‰，直到现在，东北地区的人口死亡率依然在 5‰到 6‰左右。这一时期人口出现的高出生、高增长态势造就了建国之后的第二次人口出生高峰期。1974 ~ 1980 年这一时期，由于计划生育政策的实施，东北地区的人口增长速度逐渐放缓，出生率和人口自然增长率也不断下降，人口出生率从 1974 年的 21.38‰下降到 1980 年的 14.3‰，人口自然增长率从 1974 年的 15.44‰下降到 1980 年的 9‰，这是东北地区的人口自然增长率首次低于 10‰。

1981 ~ 1990 年是东北地区人口稳定增长时期。这一阶段东北地区的人口出生率在 15‰左右波动，而人口自然增长率在 10‰左右波动。1991 年以来，东北地区的人口出现了第二次减速。出生率从 1991 年的 12.53‰下降到 2009 年的 6.72‰，目前出生率一直维持在 6‰左右的水平。而人口自然增长率从 1991 年的 7.25‰下降到 2001 年的 2.56‰，2011 年人口自然增长率首次低于 1‰，为 0.49‰，此后三年都在这一极低水平。这与改革开放的逐步深入和经济体制改革后东北地区与东部沿海的京津冀、长三角、珠三角的经济差距越来越大有密切关系，吸引了东北地区尤其是黑龙江和吉林省人口迁移，且东北地区区内向辽宁省迁移的人口也逐年增多。

通过改革开放以来东北地区人口结构转变情况与全国人口转变情况的比较（见图 7-8），可以看出，改革开放以后东北地区的人口出生率始终远低于全国人口出生率，大多数年份差距在 5 个千分点左右，最大差值出现在 1985 年，当年东北地区人口出生率低于全国出生率 8‰。相对于全国平均人口出生率来说，东北地区的低人口出生率与东北地区良好地执行了计划生育政策有密切关系，也与东北地区经济起步较早、人们的生育观念转变息息相关。

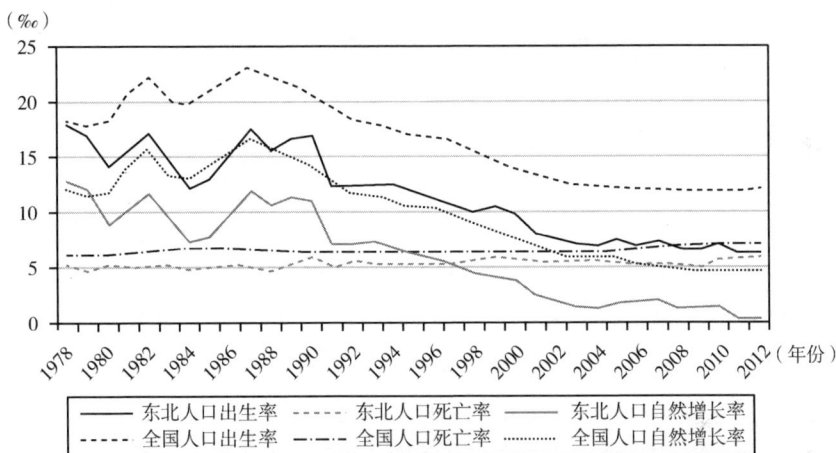

图 7-8　1978～2012 年东北地区和全国平均人口结构变动比较

资料来源：全国人口出生率、死亡率和自然增长率数据来自《中国统计年鉴（2014）》。

在东北地区较低的人口出生率的作用下，东北地区的人口自然增长率基本上低于全国平均人口自然增长率 3‰～4‰，可见，东北地区的人口自然增长速度慢于全国平均水平。尤其是近年来，第一次人口出生高峰期出生的人口已步入老龄，而第二次人口出生高峰期出生的人口也即将步入老龄，再加上近二十多年的低人口出生率使得新增劳动力减少，对未来东北地区经济发展的劳动力供给提出了严峻挑战。

7.4.1.2　东北三省的人口年龄结构

根据 1956 年联合国出版的《人口老龄化及其经济社会影响》划分人口年龄

类型的标准，判定一个国家或地区的人口年龄结构有四个指标：65 岁以上人口比重、0 ~ 14 岁人口比重、老少比和年龄中位数（见表 7 – 7）。

表 7 – 7　　　　　　　　　人口年龄结构类型划分标准

项目	65 岁以上人口占比（%）	0 ~ 14 岁人口占比（%）	老少比（%）	年龄中位数（岁）
老年型	>7	<30	>30	>30
成年型	4 ~ 7	30 ~ 40	15 ~ 30	20 ~ 30
年轻型	<4	>40	<15	<20

资料来源：刘铮. 人口理论教程 ［M］. 北京：中国人民大学出版社，1985.

在一个经济体中，少儿人口和老年人口的比重越大，则社会抚养负担越重，生产能力也越弱。但是少儿人口和老年人口所消耗的社会资源不尽相同。抚养少儿人口的消费主要来自家庭的可支配收入，而且对于少儿人口的抚育，有很大一部分属于教育支出，教育投资可以看作是人力资本积累，因为少儿人口属于潜在劳动力。而老年人口的赡养一部分来自他们年轻时候的储蓄，一部分来自劳动年龄人口的可支配收入，还有一部分来自社会保障支出。老年人口对医疗卫生服务的需求高于少儿人口和劳动年龄人口，而医疗卫生服务又是社会保障支出中比例较大的部分。因此，社会的老年人口比重大小会影响到财政支出水平。劳动年龄人口比重越大，社会生产能力越强，只要能有足够的就业机会吸纳全部的劳动年龄人口，就会增加生产，保障财政收入。

人口"金字塔"是表示人口的年龄和性别构成的图形。如图 7 – 9 所示，根据东北三省第五次和第六次人口普查数据制作人口"金字塔"图，每 5 岁为一个年龄组，从这两个人口"金字塔"图可发现，21 世纪以来东北三省的人口出生率始终保持较低水平，持续的低出生率使得"金字塔"最宽的年龄组持续向上推进，人口比重最大的年龄组在 2000 年时为 30 ~ 34 岁组，2010 年向上推进到 40 ~ 44 岁组，且 60 岁以上人口不断增加，不论是男性还是女性都超过了 7% 的比重，说明东北三省人口老龄化加剧及老年人口赡养负担加重。2010 年第六次人口普查中东北地区的人口"金字塔"已经明显呈现缩减型，"金字塔"两端小中间大，人口比例最高的组是 40 ~ 44 岁组，说明 1963 年第二次生育高峰时出生的人口在东北改革开放后 30 多年人口年龄结构转变过程中起到巨大影响，人口结构的改变一方面来自新生人口出生率下降和老年人口死亡率的下降；另一方面来自于第二次婴儿潮人口的年龄增长。

20 世纪 90 年代以来，东北三省和全国的三大年龄组人口比重情况如表 7 – 8

所示，东北三省少儿人口比重基本处于一个不断平稳下降的状态，降幅超过 10
个百分点，没有明显的突变情况，说明长期的计划生育政策执行有效。劳动年
龄人口的比重持续增加，为东北地区提供了充足的劳动力资源，是经济增长的
重要保障。与此同时，老年人口的比重从 4% ~5% 上升到 2013 年的 9% ~10%，
原因是建国初期东北第一次人口生育高峰出生的这部分人口在 2008 年左右陆续
进入老龄阶段。但从 2010 年以后这几年的老龄人口比例来看，老年人口有所波
动，略有下降，但是随着东北地区第二次生育高峰 1963 年之后出生的人口陆续
进入老龄阶段且预期寿命的提高，可以肯定，东北地区的老年人口比例会再次
上升，老龄化形势会更严峻。

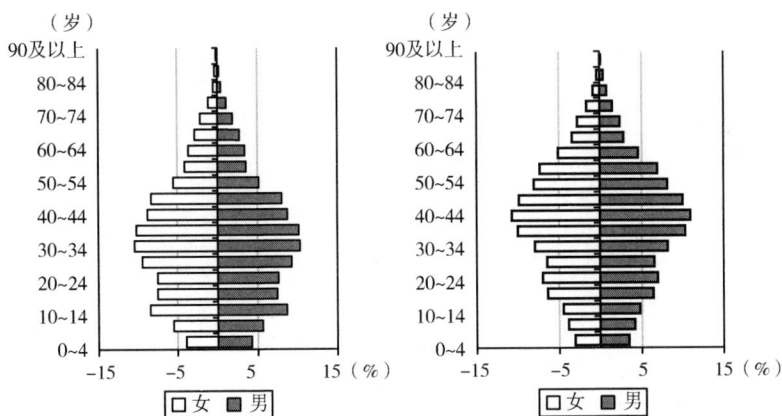

图7-9　2000 年第五次人口普查与 2010 年第六次人口普查东北人口"金字塔"

资料来源：根据第五次和第六次人口普查数据绘制。

表7-8				历年东北三省和全国分年龄组人口比重对照表							单位:%
年份	0~14 岁				15~64 岁				65 岁以上			
	辽宁	吉林	黑龙江	全国	辽宁	吉林	黑龙江	全国	辽宁	吉林	黑龙江	全国
1990	23.6	25.6	26.7	27.7	70.5	69.4	69.5	66.7	5.9	5.0	3.8	5.6
1991	23.3	25.3	27.6	27.7	70.5	69.6	68.4	66.3	6.2	5.1	4.1	6.0
1992	22.8	25.0	27.3	27.6	70.6	69.7	68.6	66.2	6.6	5.3	4.1	6.2
1993	22.0	24.0	24.2	27.2	71.2	70.6	71.8	66.7	6.8	5.4	4.0	6.2
1994	22.3	22.6	23.7	27.0	71.2	71.8	72.2	66.6	6.5	5.6	4.2	6.4
1995	21.4	23.0	23.5	26.6	71.4	71.4	72.0	67.2	7.3	5.6	4.6	6.2
1996	20.6	21.1	21.5	26.4	72.5	73.0	73.3	67.2	6.9	5.8	5.2	6.4
1997	19.0	20.9	21.9	26.0	73.2	72.9	73.5	67.5	7.8	6.2	4.6	6.5

续表

年份	0~14岁				15~64岁				65岁以上			
	辽宁	吉林	黑龙江	全国	辽宁	吉林	黑龙江	全国	辽宁	吉林	黑龙江	全国
1998	18.5	19.4	20.6	25.7	73.9	73.9	74.3	67.6	7.6	6.7	5.2	6.7
1999	16.2	16.0	18.2	25.4	74.3	76.1	75.8	67.7	9.6	8.0	6.0	6.9
2000	17.7	19.0	18.9	22.9	74.5	75.2	75.7	70.1	7.8	5.9	5.4	7.0
2001	17.1	17.6	18.4	22.5	74.3	76.1	75.6	70.4	8.6	6.3	6.0	7.1
2002	15.7	16.3	17.0	22.4	76.2	77.0	76.6	70.3	8.1	6.7	6.4	7.3
2003	14.7	15.2	15.8	22.1	75.6	77.7	77.5	70.4	9.7	7.1	6.7	7.5
2004	13.9	13.9	14.5	21.5	76.6	78.7	78.7	70.9	9.5	7.5	6.8	7.6
2005	14.2	14.5	14.8	20.3	76.0	77.8	77.6	72.0	9.8	7.7	7.6	7.7
2006	12.5	13.1	14.0	19.8	76.9	78.6	77.9	72.3	10.6	8.3	8.1	7.9
2007	12.7	13.1	13.2	19.4	76.7	78.1	77.9	72.5	10.6	8.8	8.9	8.1
2008	12.1	12.2	12.7	19.0	76.5	78.6	78.2	72.7	11.3	9.1	9.1	8.3
2009	11.0	12.2	12.3	18.5	77.5	78.9	79.0	73.0	11.5	8.9	8.7	8.5
2010	11.4	12.0	12.0	16.6	78.3	79.6	79.7	74.5	10.3	8.4	8.3	8.9
2011	11.4	12.7	11.7	16.5	77.9	78.6	80.3	74.4	10.8	8.7	8.0	9.2
2012	8.6	10.2	9.7	16.5	82.2	81.9	79.8	74.1	9.2	7.9	10.5	9.4
2013	10.4	11.8	12.0	16.4	79.4	78.6	79.1	73.9	10.2	9.7	8.9	9.7

资料来源：全国数据来自人口年龄结构和抚养比表，《中国统计年鉴（2014）》。东北三省的数据来自历年《中国人口统计年鉴》。

7.4.1.3　东北三省人口抚养比变动分析

人口抚养系数指非劳动年龄人口数占劳动年龄人口数的比重，反映劳动年龄人口的负担情况。随着东北地区人口转变的进行，反映其人口年龄结构状况的人口抚养比也发生了深刻变化。

从东北三省整体来看，如图7－10所示，1989～2013年东北地区总抚养比系数随着少儿抚养比的持续下降而不断下降，从1989年的43.08%下降到2012年的26.47%，下降趋势明显。总抚养比持续下降，反映社会抚养负担不断减轻。但是值得注意的是东北地区的老年抚养系数保持缓慢上升的趋势，从1989年的7%上升到2013年的12.18%，尤其是2000年以来这种增长态势明显，未来老年抚养负担的加重可能完全抵消少儿抚养负担降低带来的社会负担减轻作用。

通过对比全国人口抚养负担情况，如表7－9所示，东北三省的总人口抚养负担和少儿抚养负担均显著低于全国水平。总人口的抚养系数与全国相比平均相差 9.87% 左右，差距最大的年份出现在 1999 年，为 14.6% 。少儿人口抚养系数与全国相比平均相差 9.3% ，差距最大的年份也出现在 1999 年，为 15.3% 。老年人口抚养系数与全国相比基本持平，只有辽宁省的老年人口负担系数始终略高于全国平均水平，且 2000 年后基本高于全国平均水平 2 个百分点。

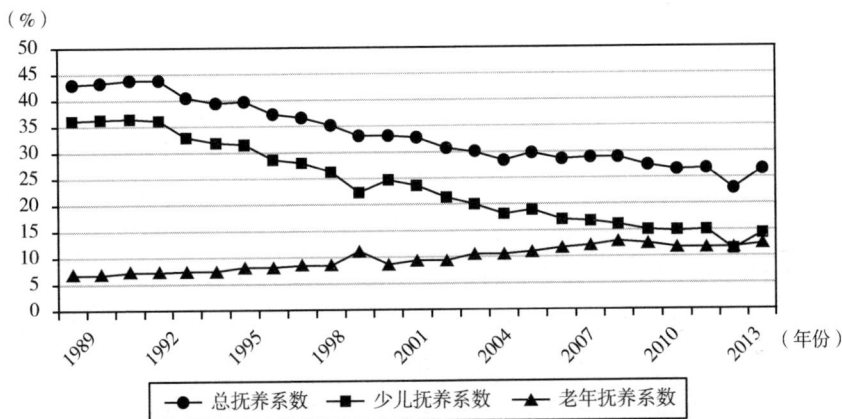

图 7 – 10 东北地区 1989 ~ 2013 年人口抚养系数变化趋势

资料来源：东北三省数据根据历年《中国劳动与人口年鉴》整理绘制。

表 7 – 9 东北地区和全国人口抚养系数对照表 单位：%

年份	总抚养系数				少儿抚养系数				老年抚养系数			
	辽宁	吉林	黑龙江	全国	辽宁	吉林	黑龙江	全国	辽宁	吉林	黑龙江	全国
1990	41.9	44.1	44.0	49.8	33.5	37.0	38.5	41.5	8.4	7.2	5.5	8.4
1991	41.9	43.6	46.3	50.8	33.1	36.3	40.3	41.8	8.8	7.3	5.9	9.0
1992	41.6	43.5	45.8	51.0	32.3	35.8	39.8	41.7	9.4	7.7	6.0	9.3
1993	40.4	41.6	39.3	49.9	30.9	34.0	33.7	40.7	9.5	7.6	5.6	9.2
1994	40.5	39.2	38.6	50.1	31.3	31.5	32.8	40.5	9.2	7.7	5.8	9.5
1995	40.2	40.0	39.0	48.8	30.0	32.2	32.6	39.6	10.2	7.9	6.4	9.2
1996	38.0	36.9	36.4	48.8	28.4	28.9	29.4	39.3	9.5	8.0	7.1	9.5
1997	36.6	37.1	36.1	48.2	26.0	28.6	29.8	38.5	10.7	8.5	6.3	9.7
1998	35.2	35.3	34.6	47.9	25.0	26.2	27.7	38.0	10.2	9.1	6.9	9.9
1999	34.7	31.5	32.0	47.7	21.8	21.0	24.1	37.5	12.9	10.5	7.9	10.2
2000	34.2	33.0	32.1	42.6	23.7	25.2	25.0	32.6	10.5	7.8	7.2	9.9
2001	34.6	31.4	32.3	42.1	23.1	23.2	24.3	32.0	11.6	8.3	8.0	10.1

续表

年份	总抚养系数				少儿抚养系数				老年抚养系数			
	辽宁	吉林	黑龙江	全国	辽宁	吉林	黑龙江	全国	辽宁	吉林	黑龙江	全国
2002	31.2	29.8	30.5	42.3	20.6	21.1	22.2	31.9	10.6	8.7	8.3	10.4
2003	32.3	28.7	29.0	42.1	19.5	19.6	20.4	31.4	12.8	9.1	8.6	10.7
2004	30.5	27.1	27.1	41.0	18.1	17.7	18.5	30.3	12.3	9.5	8.6	10.7
2005	31.6	28.5	28.9	38.8	18.7	18.6	19.1	28.1	12.9	9.9	9.8	10.7
2006	30.1	27.2	28.3	38.3	16.3	16.7	18.0	27.3	13.8	10.5	10.4	11.0
2007	30.4	28.1	28.4	37.9	16.5	16.8	16.9	26.8	13.9	11.3	11.5	11.1
2008	30.7	27.2	27.9	37.4	15.9	15.6	16.3	26.0	14.8	11.6	11.7	11.3
2009	29.1	26.7	26.6	36.9	14.3	15.4	15.6	25.3	11.3	11.0	11.6	11.6
2010	27.8	25.6	25.4	34.2	14.6	15.0	15.0	22.3	13.2	10.5	10.5	11.9
2011	28.4	27.3	24.6	34.4	14.6	16.2	14.6	22.1	13.8	11.1	10.0	12.3
2012	21.7	22.0	25.3	34.9	10.5	12.4	12.2	22.2	11.2	9.6	13.1	12.7
2013	26.0	27.3	26.5	35.3	13.1	15.0	15.2	22.2	12.9	12.3	11.3	13.1

注：总人口抚养系数 = 少儿抚养系数 + 老年抚养系数；少儿抚养系数 = 少儿人口数/劳动年龄人口数 = 0~14 岁人口数/15~64 岁人口数；老年抚养系数 = 老年人口数/劳动年龄人口数 = 65 岁以上人口数/15~64 岁人口数。

资料来源：全国数据根据历年《中国统计年鉴》整理，东北三省数据根据历年《中国劳动与人口年鉴》整理。

7.4.2 东北三省人口预测和人口红利情况的判定

7.4.2.1 东北地区人口年龄结构与抚养比变动预测（2015~2050 年）

本书拟采用 LESILIE 模型定量预测东北地区人口总数、人口年龄结构、抚养比及老龄化的变动。LESLIE 模型是由澳大利亚统计学家莱斯利于 1945 年提出的一个考虑了人口年龄结构因素的离散模型，适合用来预测时间跨度及范围较大的未来人口发展趋势。

假设在时间段 t 时，第 i 年龄组的人口总数为 $X_i(t)$，定义向量 $X(t) = [x_1(t), x_2(t), \cdots, x_n(t)]^T$；假设第 i 年龄组的生育率为 b_i，存活率为 s_i。根据以上设定，则 LESLIE 模型为：

$$\begin{cases} x_1(t+1) = \sum_{i=0}^{n} b_i x_i(t) \\ x_{i+1}(t+1) = s_i x_i(t) \quad i = 1,2,\cdots,n-1 \end{cases}$$

记矩阵为：

$$L = \begin{bmatrix} b_1 & b_2 & \cdots & b_{m-1} & b_m \\ s_1 & 0 & \cdots & \cdots & 0 \\ 0 & s_2 & \ddots & & \vdots \\ \vdots & 0 & \ddots & 0 & \vdots \\ 0 & \cdots & 0 & s_{m-1} & 0 \end{bmatrix}$$

则上式可记为：

$$X(T+1) = LX(t)$$

当 L 、X(0) 已知时，对任意的 $t = 1, 2, 3, \cdots, n$，有：

$$X(t) = L^n X(0)$$

若 $X(T+1) = LX(t)$ 中的元素满足：

① $s_i > 0$，$i = 1, 2, \cdots, n-1$；

② $b_i \geqslant 0$，$i = 1, 2, \cdots, n$，且至少一个 $b_i > 0$。

则称矩阵 L 为 Leslie 矩阵。要求出 t 时的人口分布向量 X(t)，只要求出 Leslie 矩阵 L 并根据人口分布的初始向量 X(0) 即可。

LESLIE 模型研究的是人口分布随时间 t 的变化规律，在建立模型前，需要做以下假设：

a) 没有重大自然灾害的发生；

b) 政府的人口基本政策在近一段时期内不会发生重大变化；

c) 人口的增长只与人口的出生、死亡、迁移及人口基数相关；

d) 省际的人口迁移基本保持平衡，没有大规模的迁入及迁出。

由于单位时间 dt 内死亡人口数与人口总数 $X_K(t)$ 成正比，在第 K 年龄组的人口年平均死亡率 V_k 已知的情况下，可得常微分方程：

$$\frac{dX_K(t)}{dt} + V_k X_K(t) = 0$$

解此常微分方程可得分年龄组的人口存活率 $S_k = e^{-5v_k}$。当第 K 组育龄妇女的年平均生育率为 π_K 时，5 年的平均生育率为 $b_K = 5\pi_K$，则可计算得到以 5 年为一个时间单位的人口存活率向量和平均生育率向量：

S ＝ ［0.99693，0.99915，0.99898，0.99832，0.99795，0.99749，0.99673，

0.99471，0.99143，0.98676，0.97882，0.96935，0.95026，0.91561，0.85875，0.78408，0.67599，0.55494，0.41782，0.37352，0.05630］

B = ［0，0，0，0.02483，0.22932，0.24316，0.13995，0.05888，0.02697，0.01750，0，0，0，0，0，0，0，0，0，0，0］

本书使用的基础数据来自 2010 年第六次人口普查资料，所使用的具体数据如表 7 - 10 所示。

表 7 - 10　　　　　东北三省 2010 年分年龄人口生育率与死亡率统计

编号	年龄组（岁）	分年龄组人口数 $X_K(0)$	分年龄组女性人口数 W_K（人）	分年龄组女性人口比重 P_K（%）	育龄妇女分年龄组年平均生育率 B_K（‰）	分年龄组人口死亡率 V_K（‰）
1	0 ~ 4	3997720	1895136	0.47	0	0.61
2	5 ~ 9	4226433	2006474	0.47	0	0.17
3	10 ~ 14	4638780	2206998	0.48	0	0.20
4	15 ~ 19	6454823	3148702	0.49	5.09	0.34
5	20 ~ 24	9491909	4705932	0.50	46.25	0.41
6	25 ~ 29	7814567	3886590	0.50	48.89	0.50
7	30 ~ 34	8508614	4170846	0.49	28.55	0.65
8	35 ~ 39	10216494	4996191	0.49	12.04	1.06
9	40 ~ 44	11044203	5388054	0.49	5.53	1.72
10	45 ~ 49	10537043	5182701	0.49	3.56	2.66
11	50 ~ 54	9014003	4461661	0.49	0	4.27
12	55 ~ 59	8198625	4112440	0.50	0	6.21
13	60 ~ 64	5385322	2728786	0.51	0	10.15
14	65 ~ 69	3534748	1816049	0.51	0	17.48
15	70 ~ 74	2916616	1496643	0.51	0	30.00
16	75 ~ 79	1928675	991107	0.51	0	47.48
17	80 ~ 84	1058946	543885	0.51	0	75.33
18	85 ~ 89	410485	217494	0.53	0	111.11
19	90 ~ 94	106690	59772	0.56	0	160.16
20	95 ~ 99	26184	15218	0.58	0	178.77
21	100 及以上	2249	1381	0.61	0	437.53

资料来源：根据 2010 年第六次人口普查数据整理得到。

将向量 S、B 的值全部带入方程组，按当前的总和生育率水平运行人口预测程序，可预测得到未来东北三省的人口总数及人口结构数据。

如表 7 – 11 所示，按照 2010 年第六次人口普查得到的人口、生育率、死亡率数据，据 LESLIE 模型预测，东北地区的人口数从 2020 ~ 2050 年整个预测期间都呈现出下降趋势，0 ~ 14 岁少儿人口和 15 ~ 64 岁劳动年龄人口都呈现下降趋势，且下降速度在 2020 年以后会加快。与此同时，老年人口数量会急剧上升，然后增速减缓，在 2040 年后数量有所下降。从抚养比数据来看，如表 7 – 12 所示，少儿抚养比呈现下降，但下降幅度并不大，但老年抚养比上升迅速，总抚养比因老年抚养比的急剧上升而呈现不断上升的趋势，与此同时，反映人口老龄化程度的老龄化率呈现不断上升的趋势。由此可见，东北地区当前的低生育率情形如果不改变，未来的人口形势将会非常严峻。

表 7 – 11　　　　　　　东北地区人口总数及人口年龄结构预测结果　　　　　　单位：人

年份	总人口	0 ~ 14 岁	15 ~ 64 岁	65 岁以上
2015	109997826	11479579	89330887	13410202
2020	109375305	10232629	84524922	18599913
2025	107301127	8704394	78376369	23478823
2030	103749055	7440907	70676133	28609620
2035	98837287	6173079	62149751	32970658
2040	92647441	5203028	54066349	35375272
2045	85364887	4486807	47347984	35241381
2050	77352697	3878979	41110011	33850975

表 7 – 12　　　　　　　东北地区人口抚养比及人口老龄化预测结果　　　　　　单位：%

年份	总抚养比	少儿抚养比	老年抚养比	老龄化率
2015	27.86	12.85	15.01	12.19
2020	34.11	12.11	22.01	17.01
2025	41.06	11.11	29.96	21.88
2030	51.01	10.53	40.48	27.58
2035	62.98	9.93	53.05	33.36
2040	75.05	9.62	65.43	38.18
2045	83.91	9.48	74.43	41.28
2050	91.78	9.44	82.34	43.76

资料来源：根据表 7 – 11 的预测结果计算得到。

7.4.2.2 东北地区人口红利的判定

人口红利是指在人口转变过程中由于人口年龄结构的变动而形成的劳动年龄人口较多、社会抚养负担较轻，从而带来劳动力增加、储蓄及消费增长等对国民经济增长起到积极效应的人口因素。在人口转变过程中所形成的一段对经济发展有利的人口年龄结构时期就是人口红利期。

人口红利期的衡量标准是研究一个国家或一个地区人口红利期的变化趋势与人口红利程度首先必须要解决的问题。本书采用以下两个标准对东北地区当前人口红利状况进行判定。

标准一：基于瑞典 1957 年生命表人口基础上的人口红利衡量标准。陈友华（2005）基于瑞典生命统计质量高、在瑞典不存在明显的性别偏好、1957 年瑞典的人口预期寿命为 72.5 岁（其中男 70.8 岁，女 74.3 岁），与目前我国所达到的预期寿命水平非常接近这三条标准，给出了以瑞典 1957 年生命表人口为标准人口的人口红利与人口负债的界定标准，即少儿抚养比在 25.5% ~ 30.0%，老年抚养比在 18.5% ~ 23.0%，总抚养比在 44% ~ 53%，为人口红利期的范围（见表 7 - 13）。

表 7 - 13　　　　基于瑞典 1957 年生命表人口基础上的人口类型划分标准　　　　单位:%

人口类型	65 岁起为老年起始年龄			备注
	总抚养比	少儿抚养比	老年抚养比	
人口红利	< 53	< 30.0	< 23.0	
	< 44	< 25.5	< 18.5	人口暴利
	44 ~ 47	25.5 ~ 27.0	18.5 ~ 20.0	人口高利
	47 ~ 50	27.0 ~ 28.5	20.0 ~ 21.5	人口红利
	50 ~ 53	28.5 ~ 30.0	21.5 ~ 23.0	人口微利
盈亏平衡	53 ~ 59	30.0 ~ 33.0	23.0 ~ 26.0	
人口负债	> 59	> 33.0	> 26.0	
	59 ~ 62	33.0 ~ 43.5	26.0 ~ 27.5	人口微债
	62 ~ 65	34.5 ~ 36.0	27.5 ~ 29.0	人口负债
	65 ~ 68	36.0 ~ 37.5	29.0 ~ 30.5	人口高债
	> 68	> 37.5	> 30.5	人口暴债

资料来源：陈友华. 人口红利与人口负债：数量界定、经验观察与理论思考［J］. 人口研究，2005 (6).

根据以上划分标准来判定东北地区人口红利状况。按照 65 岁为老年人口起始年龄,1989~2013 年的人口红利情况如表 7-14 所示。由于东北地区各年份的各项判定标准数值在有些年份不能统一落到一种人口类型的判定区间中,给判定人口红利情况带来一定难度。由于 1989 年以来按照总抚养系数衡量,始终处于人口暴利时期,从少儿抚养系数来看,1992 年以前处于人口负债阶段,1994~1995 年处于盈亏平衡阶段,无法按照 1957 年瑞典生命表人口进行准确判定。1999 年以后,由于少儿抚养系数的下降,东北地区各年份的各项被判定指标数值落在同一个人口类型区间中,可以按照 1957 年瑞典生命表判定处于人口暴利阶段。

表 7-14 以 65 岁为老年起始年龄对历年东北地区人口红利情况的判定　　　单位:%

年份	总抚养系数	少儿抚养系数	老年抚养系数	判定	老龄化率
1989	43.08	36.07	7.00	难以判断	4.89
1990	43.21	36.18	7.04	难以判断	4.91
1991	43.84	36.41	7.43	难以判断	5.17
1992	43.67	36.02	7.66	难以判断	5.33
1993	40.44	32.88	7.57	难以判断	5.39
1994	39.41	31.85	7.55	难以判断	5.42
1995	39.69	31.45	8.24	难以判断	5.90
1996	37.17	28.89	8.27	人口微利	6.03
1997	36.54	27.99	8.55	人口红利	6.27
1998	35.04	26.28	8.76	人口高利	6.48
1999	33.12	22.19	10.93	人口暴利	8.21
2000	33.19	24.54	8.65	人口暴利	6.49
2001	32.97	23.52	9.45	人口暴利	7.11
2002	30.60	21.29	9.30	人口暴利	7.12
2003	30.19	19.84	10.35	人口暴利	7.95
2004	28.42	18.14	10.28	人口暴利	8.01
2005	29.83	18.83	11.00	人口暴利	8.47
2006	28.71	16.99	11.72	人口暴利	9.11
2007	29.08	16.72	12.36	人口暴利	9.58
2008	28.79	15.92	12.88	人口暴利	10.00
2009	27.59	15.03	12.56	人口暴利	9.84

年份	总抚养系数	少儿抚养系数	老年抚养系数	判定	老龄化率
2010	26.39	14.85	11.54	人口暴利	9.13
2011	26.77	15.00	11.77	人口暴利	9.28
2012	22.84	11.36	11.48	人口暴利	9.35
2013	26.47	14.29	12.18	人口暴利	9.63

资料来源：根据历年《中国人口统计年鉴》辽宁、吉林、黑龙江数据计算得到。

20 世纪 80~90 年代，东北地区人口类型逐渐从人口负债向人口红利转变，虽然此时总抚养系数降低较快，但是少儿抚养系数仍然很高，使得人口红利情况不是很明显。2000 年后，由于长期的计划生育政策的实施，以及人们生育观念的转变导致的出生率下降，从而少儿抚养系数下降到 25.5% 以下，各项抚养系数值均落在人口红利取值范围内，人口红利情况已经非常显著，并达到人口暴利。

标准二：基于总抚养比与老龄化率两个指标共同衡量的人口红利期衡量标准。车士义（2009）以总抚养比和老龄化率两个指标作为衡量人口红利的标准，将人口红利期划分为两个阶段，第一阶段为总抚养比低于 50%，且老龄化率低于 10% 的"真正人口红利期"，第二个阶段为总抚养比低于 50%，但老龄化率超过 10% 的"虚假人口红利期"。

根据此标准对东北地区的人口红利期进行衡量，1989 年至今，东北地区的总抚养系数均小于 50%，符合基础条件，以老龄化率 10% 为分界线，东北地区目前已经处于"真正的人口红利"的枯竭期，即将进入"虚假的人口红利期"，而按照本书运用 LESLIE 模型计算的结果，东北地区当前已经进入"虚假的人口红利期"，这中间的差异与统计口径有关，除了人口普查年份以外，人口数据来自抽样调查，与真实情况有一定的偏差，此外，人口的迁移以及国家放开二孩政策也对人口数量造成一定影响，但是不容否定的是东北地区已经处于"真实人口红利"的边缘。

由于人口红利衡量标准选取的不同，对于东北地区的人口红利状况判定上有一定的差异。考虑到人口红利期的形成是人口转变过程中的产物，因此有必要结合东北地区人口转变的实际情况进行具体分析。由于从 1949 年新中国成立后到 60 年代末这一时期出生的人口将在 2015 年左右相继步入老年阶段，从而使得人口红利期的持续受到人口老龄化的严峻挑战。另外以上数据的统计口径是按照户籍人口计算，考虑到东北地区的人口迁移状况，如表 7-15 所示，东北地区目前为人口净迁出区，虽然在东北地区内部，辽宁省为净迁入地区，但吉林和黑龙江的迁出人口数量远远大于辽宁省的迁入人口数，所以东北地区的总体人口净迁移率仍为负。且迁出人口多为劳动年龄人口，这会进一步加重东北地区的老年人口抚养负担。

表7－15　　　　　　　　东北三省人口省净迁出数量比较　　　　　　　单位：万人

地区	普查数据		普查长表数据	
	2000 年	2010 年	1995～2000 年	2005～2010 年
辽宁	－68.3	－77.3	－37.6	－49.5
吉林	30.0	91.6	27.5	50.9
黑龙江	78.7	204.7	63.8	114.0
东北地区	40.4	219.1	53.8	115.4

资料来源：根据2000年中国第五次人口普查数据汇编资料和2010年中国第六次人口普查数据资料整理计算。

综合人口红利理论以及东北地区人口发展的实际情况来看，标准二对东北地区人口红利状况的判定结果与东北地区人口转变与人口发展的实际情况更为吻合，更能说明东北地区人口转变现实符合人口转变理论所揭示的规律。

7.5 东北地区人口红利式微与财政收支的实证分析

地方财政收支平衡问题一直是公共经济学中一个重要研究主题，财政平衡是预算年度财政收支总量上大致相等的对比关系。纵观财政发展史，财政运行始终处于一种受制于财政收入的支出安排进程，在政府为提供公共产品和服务而取得收入和使用收入的过程中，由于收支长期存在的不均衡，出现财政收支矛盾是正常且普遍的。

引发地方财政失衡风险的一个重要原因是财政收入增长的有限性，如果财政收入汲取足额稳定且有效，能够无限满足政府公共支出的需要，则地方政府就不会出现收支失衡。另一个原因是财政支出扩张的无限性，如果政府能够有效配置财政资源，所汲取的财政资源能够满足支出责任，则地方政府也不会出现收支失衡。因此，本章根据这两个方面就人口转变对财政支出的影响进行阐述。

7.5.1 人口转变对财政收入的影响

人口转变对财政收入的影响主要是通过人口对经济的影响实现的，财政收入中最主要的部分是税收收入，而国民经济发展水平会直接影响税收收入水平，进而影响财政收入。

关于人口对经济活动的影响，人是经济活动的主体，假定其他因素不变，人口转变一方面通过变动劳动投入影响经济增长；另一方面通过改变个人、家庭和政府的预期调节其收入、消费和储蓄行为，通过变动资本积累影响经济增长。在目前低人口出生率和人口老龄化变动趋势下，本书运用柯布—道格拉斯生产函数模型，引入抚养比就东北地区人口结构转变对经济增长的影响进行实证分析。

柯布—道格拉斯生产函数形式为：

$$Y = AL^{\alpha}K^{\beta}$$

其中，Y 代表经济总产值，L 代表劳动力，K 为物质资本，A 为全要素生产率，表示技术进步，α、β 分别表示劳动和资本的产出弹性系数，且 α > 0，β > 0，α + β = 1。引入总抚养比 f，得到模型为：

$$Y = AL^{\alpha}K^{\beta}e^{fr}$$

其中，e 为自然对数，r 为总抚养比的边际产出影响系数。对上式取对数得到：

$$\ln Y = \ln A + \alpha \ln L + \beta \ln K + rf$$

为将抚养负担的影响内生与劳动力中，假定 α = r，其共同作用于经济产出，考虑到劳动供给与抚养比对产出的作用相反，在 f 前加负号，得到：

$$Y = A(Le^{-f})^{\alpha}K^{\beta}$$

通过对上式两边取对数，可得：

$$\ln Y = \ln A + \alpha \ln(Le^{-f}) + \beta \ln K$$

由于总抚养比等于少儿抚养比 f_c 和老年抚养比 f_o 之和，因此将总抚养比 f 替换为 f_c 和 f_o，得到：

$$\ln Y = \ln A + \alpha \ln(Le^{-f_c}) + \beta \ln K$$

$$\ln Y = \ln A + \alpha \ln(Le^{-f_o}) + \beta \ln K$$

以考察两者与劳动力共同作用于经济产出的效应。

其中，物质资本存量 K 使用永续盘存法进行计算，资本折旧率假定为 5%，全社会固定资本投资时间序列表示为：

$$I(t) = I(0)e^{\lambda}t$$

其中，λ 为投资的增长率，I(t) 为第 t 年的全社会固定资本投资额，按照 1992 ~ 2013 年的固定投资数据进行回归计算得到 I（0） = 498.3656，λ = 0.1602。根据永续盘存法，第一期的资本存量为：

$$K(1) = \int_{-\infty}^{1} I(t)dt = \frac{I(0)e^{\lambda}}{\lambda}$$

用 δ = 5% 表示折旧率，则各年的资本存量为：

$$K(t) = K(t-1)(1-\delta) + I(t) \quad t = 2,3,\cdots$$

假设第一期资本存量是以往投资的综合，进行迭代后得到：当 t→∞，K(1) $= \frac{I(0)e^{\lambda}}{1-(1-\delta)e^{-\lambda}} = 3038.9656$，其他年份的物质资本存量根据上式递推得到，具体数据如表 7 – 16 所示。

表 7 – 16　　　　　　　　东北三省 1990 ~ 2014 年相关经济数据

年份	地区生产总值 Y（亿元）*	物质资本存量 K（亿元）**	从业人员人数 L（万人）	总抚养比 f（%）	少儿抚养比 f_c（%）	老年抚养比 f_o（%）
1992	2990.8	3039.0	4576.2	43.67	36.02	7.66
1993	3503.5	3719.1	4744.0	40.44	32.88	7.57
1994	4064.0	4513.4	4774.7	39.41	31.85	7.55
1995	4446.4	5351.6	4841.7	39.69	31.45	8.24
1996	4702.4	6164.6	4846.7	37.17	28.89	8.27
1997	4825.8	6989.9	4852.4	36.54	27.99	8.55
1998	4735.4	7832.0	4789.7	35.04	26.28	8.76
1999	4647.0	8801.5	4768.6	33.12	22.19	10.93
2000	4771.6	9772.4	4816.8	33.19	24.54	8.65

续表

年份	地区生产总值 Y（亿元）*	物质资本存量 K（亿元）**	从业人员人数 L（万人）	总抚养比 f（%）	少儿抚养比 f_c（%）	老年抚养比 f_o（%）
2001	4724.0	10869.5	4829.3	32.97	23.52	9.45
2002	4655.1	12128.8	4815.0	30.60	21.29	9.30
2003	4670.3	13543.5	4835.4	30.19	19.84	10.35
2004	4756.8	15250.5	5000.4	28.42	18.14	10.28
2005	5006.0	17495.6	5108.1	29.83	18.83	11.00
2006	5070.1	20651.1	5162.7	28.71	16.99	11.72
2007	5284.3	25022.2	5274.4	29.08	16.72	12.36
2008	5613.7	30629.6	5332.0	28.79	15.92	12.88
2009	5433.9	3040.0	5451.4	27.59	15.03	12.56
2010	5770.0	13916.4	5561.1	26.39	14.85	11.54
2011	6204.0	27015.7	5680.5	26.77	15.00	11.77
2012	6253.7	39403.2	5807.5	22.84	11.36	11.48
2013	6245.2	54586.7	5983.1	26.47	14.29	12.18

注：* 以1992年为基期，运用地区生产总值转换为以1990年为不变价的值。** 根据1992～2013年的固定资产投资额转换为以1992年不变价的值，按照永续盘存法计算得到。

资料来源：根据中经网统计数据库数据计算得到。

根据上述数据，由于普通最小二乘法回归结果显示存在严重序列自相关问题，采用广义最小二乘法 GLS 进行回归，回归结果如表 7-17 所示，各模型的拟合优度较高、方程总体显著，除了方程 3 中资本存量不显著外，从业人口变量和人口抚养系数变量的显著性较高，满足 5% 显著水平下显著。并且对模型回归结果的残差序列进行 ADF 单位根检验，各残差序列在 5% 水平下均是显著平稳的，说明方程变量之间存在稳定的均衡关系。

表 7-17　　　　　　　　　　　　模型估计结果

方程 1	$\ln Y = \ln A + \alpha \ln L + \beta \ln K + u_t$			
变量	系数	标准差	t 检验	显著水平
lnL	1.5231	0.1421	10.7172	0.0000
lnk	0.0605	0.0120	5.0197	0.0001
	Adjusted-R^2	回归标准误差	F 检验值	显著水平
	0.9626	0.0510	271.4208	0.0000

方程2	$\ln Y = \ln A + \alpha \ln L + \beta \ln K + rf + u_t$			
变量	系数	标准差	t 检验	显著水平
lnL	0.9347	0.1319	7.0838	0.0000
lnK	0.0157	0.0045	3.5163	0.0025
f	− 0.0142	0.0020	− 7.1045	0.0000
	Adjusted-R^2	回归标准误差	F 检验值	显著水平
	0.9798	0.2672	339.7233	0.0000
方程3	$\ln Y = \ln A + \alpha \ln (Le^{-f}) + \beta \ln K + u_t$			
变量	系数	标准差	t 检验	显著水平
$\ln (Le^{-f})$	0.0251	0.0027	9.3661	0.0000
lnK	0.0245	0.0178	1.3794	0.1838
	Adjusted-R^2	标准估计误差	F 检验值	显著水平
	0.9433	0.1057	175.7821	0.0000
方程4	$\ln Y = \ln A + \alpha \ln (Le^{-f_c}) + \beta \ln K + u_t$			
变量	系数	标准差	t 检验	显著水平
$\ln (Le^{-f_c})$	0.0200	0.0015	13.2812	0.0000
lnK	0.0234	0.0132	1.7806	0.0910
	Adjusted-R^2	标准估计误差	F 检验值	显著水平
	0.9898	0.0529	1022.381	0.0000
方程5	$\ln Y = \ln A + \alpha \ln (Le^{-f_o}) + \beta \ln K + u_t$			
变量	系数	标准差	t 检验	显著水平
$\ln (Le^{-f_o})$	− 0.0422	0.0144	− 2.9217	0.0088
lnK	0.1053	0.0249	4.2262	0.0005
	Adjusted-R^2	标准估计误差	F 检验值	显著水平
	0.9516	0.1711	207.2288	0.0000

注：U_t 为随机变动项。

　　根据方程1的估计结果，1992～2013 年，在其他因素不变的情况下，从业人员增加1%，会带来产出增加1.52%，说明劳动力投入显著影响东北地区经济增长。将抚养比作为影响变量加入柯布—道格拉斯生产函数，在其他要素不变情况下，总抚养比系数提高1个百分点，东北三省的地区生产总值降低0.014%，王金营（2010）同样使用柯布—道格拉斯函数测算出全国的总抚养比对生产总值对数的系数为0.107，即我国总抚养比下降1个百分点，全国生产总值提高 0.107% 。相比较而言，东北地区的人口红利利用效率低于全国平均水平。

由于东北地区 1992～2013 年抚养负担的变动主要表现在少儿抚养负担比的降低，老年抚养比上升较小，因此总抚养比整体变动上呈现出下降的趋势。将抚养比内化到劳动力 L 变量，即方程 3，此时的系数为 0.0251，即内化后的劳动力投入的产出弹性为 0.0251，表明总抚养比降低，有效劳动投入增加，促进经济发展。分别考察少儿抚养负担和老年抚养负担对经济增长的影响，由方程 4 的估计结果可见只引入少儿抚养比的劳动力投入的产出弹性为 0.02，少儿抚养比的降低，有效劳动投入增加，对经济发展具有促进作用，由方程 5 的估计结果可见只引入老年抚养比的劳动投入产出弹性为 - 0.042，随着老年抚养比的提高，有效劳动投入减少，对经济发展起阻碍作用。但是从系数绝对值来看，少儿抚养比和总抚养比影响的劳动投入产出系数值小于老年抚养比影响的劳动投入产出系数，说明对于东北地区而言，人口老龄化对于经济增长的制约影响比较大。

由以上关于人口抚养负担与劳动供给对经济增长的实证分析可以看出，劳动就业人口与人口抚养状况会对东北地区的经济发展产生重要影响，劳动适龄人口是创造 GDP 增长的源泉，当劳动力资源丰富以及抚养负担较轻时，能够促进经济发展。

下一步本书对东北地区经济增长与财政收入之间的关系进行分析，本书选用东北地区 1989～2014 年的人均财政收入（PePR）和人均 GDP（peGDP）建立二元线性回归模型，得到两者的相关关系为：

$$PePR = -272.2221 + 0.1036peGDP$$
$$(-4.1096) \quad (35.9479)$$

由此可见人均 GDP 每增长 100 元可以带来 10.36 元财政收入的增长。人口增速放缓对财政收入带来的下降压力在一定程度上能够被人均 GDP 增长所弥补，但是如果经济增长速度过慢，人口增速放缓甚至人口总量下降就会使得对财政收入的不利影响凸显，加剧财政收支失衡风险。

根据前述的 Leslie 模型预测结果来看，在目前人口数量和人口结构变动趋势下，东北地区未来将面临青壮年劳动力减少，老龄化率高，社会抚养负担重的问题。这对东北地区未来的经济发展而言更是严峻的挑战，从而加大财政收支失衡压力。因此，在人口红利减弱甚至消失的这一过程中，要应对其对财政收支平衡的压力，根本上要促进经济增长，提高国民收入水平，可以从吸引人口回流，增加劳动供给角度进行努力。本书模型所采用的变量为社会总就业人数，如果社会就业率上升，那么能够在一定程度上弥补劳动适龄人口数量下降给财政收入带来的不利影响。因此，扩大就业，提高劳动就业率是促进财政收入平衡的重要途径。在当前人口老龄化的背景下，随着人均预期寿命的不断提高，推迟退休年龄是提高就业参与率的途径之一，可以考虑鼓励和引导有能力的老年人口从事兼职劳动，发挥余温余热。

7.5.2　人口老龄化对财政支出的影响

人口结构转变以至人口红利消失，同时会带来老年人口数量和比重的增加，人口老龄化会使得社会中劳动年龄人口减少和老化，引起人口资本供给的数量和质量下降，导致社会产出减少，降低政府税收收入，更重要的是不断加深的老龄化会增加政府在养老保障、医疗保险和老年人社会公共服务方面的支出。公共财政的一项重要职能便是提供养老保障，世界各国的养老保障实践表明（见表7-18），养老保障的财政支付制度为养老金缺口提供财政支持是国际惯例。

表7-18　　　　　　　　　　财政对养老保险投入的国际概况

OECD 国家		转轨国家	
国家	财政投入状况	国家	财政投入状况
美国	通过家庭调查的补贴	巴西	管理费用和赤字
英国	通过家庭调查的补贴以及对 19 年前满 72 岁的人的特殊补助	保加利亚	任何赤字
瑞士	基本养老金费用的 25%	捷克	任何赤字
挪威	养老保障费用的 20%	匈牙利	任何赤字
爱尔兰	任何赤字	波兰	任何赤字
日本	任何赤字、管理费用和全国养老金支出的 1/3	俄罗斯	社会保障支出和补助费用
德国	年度补助约整个养老金费用的 20%	智利	最低养老保障金
丹麦	基本养老金	秘鲁	最低养老保障金
澳大利亚	通过税收支付全部保障费用		

资料来源：科恩·吉列恩等编，杨燕绥等译．全球养老保障——改革与发展［M］．北京：中国劳动和社会保障出版社，2002：585-590．

财政在弥补社会保障的缺口方面作用重大。根据巴罗（1990）的以政府支出为中心的内生增长模型，可知财政支出规模是经济增长率的凹函数，即存在政府对经济的干预最优解。本书将财政支出引入柯布－道格拉斯生产函数，对东北地区财政补贴社会保障支出造成的财政失衡压力进行分析。

引入财政支出的柯布－道格拉斯生产函数为：

$$Y = AK^{\alpha}L^{\beta}F^{\gamma}$$

其中，K 为资本投入，L 为劳动投入，F 为财政支出，对上式两边取对数可得：

$$\ln GDP = \ln A + \alpha \ln K + \beta \ln L + \gamma \ln F$$

财政支出的边际产出弹性为：$\gamma = MPG \dfrac{F}{GDP}$，设财政支出相对规模 $G = \dfrac{F}{GDP}$，则 $\gamma = MPG \times G$。其中财政支出的边际成本为 1，边际收益为 MPG。在不存在税收扭曲的假设下，最优支出规模需满足 MPG = 1，因此，最优财政支出规模 $G = \gamma$。

将财政支出进一步分为用于弥补社会保障基金的支出和其他类支出，则可将 $\ln GDP = \ln A + \alpha \ln K + \beta \ln L + \gamma \ln F$ 化为：

$$\ln GDP = \ln A = \alpha \ln K + \beta \ln L + \gamma_1 \ln F_1 + \gamma_2 \ln F_2$$

其中，K 为资本投入，L 为劳动力投入，F_1 为财政支出中用于补贴社会保障的部分，F_2 为财政支出中的其他部分。财政支出的自然效率需要满足 MPG = 1，则 γ_1 代表财政补贴养老金支出 F_1 占 GDP 的最优比重，γ_2 代表其他种类财政支出 F_2 占 GDP 的最优比重。联立以上两式，并在等式两边同除以 γ，可得：

$$\ln F = \frac{\gamma_1}{\gamma} \ln F_1 + \frac{\gamma_2}{\gamma} \ln F_2$$

根据前面分析可知，γ 为财政支出在满足边际成本为 1 时，财政支出占 GDP 的最优规模，即 $\gamma = \dfrac{F}{GDP}$。同理，γ_1 为财政支出在 MPG = 1 时用于补贴养老金缺口的支出占 GDP 的最优规模，即 $\gamma_1 = \dfrac{F_1}{GDP}$，$\dfrac{\gamma_1}{\gamma} = \dfrac{F_1}{F}$。$\dfrac{\gamma_1}{\gamma}$ 代表用于社会保障基金的支出占总财政支出的最优比重，$\dfrac{\gamma_2}{\gamma}$ 代表其他类型的财政支出占总财政支出的最优比重。

由上述条件，可利用回归方程求出财政支出用于弥补社会保障基金的最优比重：

$$\ln F = \frac{\gamma_1}{\gamma}\ln F_1 + \frac{\gamma_2}{\gamma}\ln F_2 + u_t$$

其中，u_t 为随机扰动项。又因为用于社会保障的财政支出与其他财政支出之和等于总财政支出，即 $F = F_1 + F_2$，因此可将上式等号两边同除以 F_2，得：

$$\ln\frac{F}{F_2} = \frac{\gamma_1}{\gamma}\ln\frac{F_1}{F_2} + \frac{\gamma_2}{\gamma} + u_t$$

运用东北三省的数据（见表 7 - 19），利用上式进行回归，从而求出财政补贴社会保障的最优规模。

表 7 - 19　　　　　　　1999 ~ 2013 年东北三省财政支出原始数据　　　　单位：亿元

年份	财政支出 F	F_1	F_2	F/F_2	$\ln(F/F_2)$	$\ln(F_1/F_2)$
1999	1031.55	200.75	830.80	1.24	0.2164	-1.4203
2000	1160.62	251.97	908.65	1.28	0.2447	-1.2826
2001	1440.13	321.14	1118.99	1.29	0.2523	-1.2483
2002	1585.41	388.07	1197.34	1.32	0.2807	-1.1267
2003	1758.52	453.36	1305.16	1.35	0.2981	-1.0574
2004	2136.73	539.48	1597.25	1.34	0.2910	-1.0854
2005	2623.27	667.02	1956.25	1.34	0.2934	-1.0760
2006	3109.64	777.42	2332.22	1.33	0.2877	-1.0986
2007	3835.31	940.86	2894.45	1.33	0.2815	-1.1238
2008	4875.85	1113.58	3762.27	1.30	0.2593	-1.2174
2009	6039.34	1514.31	4525.03	1.33	0.2887	-1.0947
2010	7236.34	1536.71	5699.63	1.27	0.2387	-1.3108
2011	8901.67	1845.12	7056.55	1.26	0.2323	-1.3414
2012	10201.31	2023.79	8177.52	1.25	0.2211	-1.3964
2013	11311.41	2328.06	8983.35	1.26	0.2304	-1.3503

注：财政支出数为东北三省的公共财政支出额之和。该处使用的社会保障支出 2007 年之后为财政决算中社会保障和就业支出与医疗卫生支出之和，2007 年之前由于财政收支项目中无社会保障和就业支出这一项，采用抚恤和社会福利救济支出、行政事业单位离退休支出、社会保障补助支出这三项之和来代替社会保障与就业支出。

资料来源：根据历年《中国财政年鉴》中辽宁、吉林和黑龙江省的财政决算数整理得到。

所计量的序列为时间序列，通过初步观察可以发现，$\ln = \dfrac{F}{F_2}$ 与 $\ln \dfrac{F_1}{F_2}$ 可能存在趋势项。为避免伪回归，需要进行平稳性检验。本书中我们利用 ADF 单位根进行平稳性检验，检验结果如表 7-20 所示。

表 7-20   单位根检验结果

变量	ADF 值	临界值（5%）	检验形式（C, T, N）	单整阶数
$\ln \dfrac{F}{F_2}$	-1.7360	-3.0989	（0, T, 2）	0
$\ln \dfrac{F_1}{F_2}$	-1.7750	-2.0989	（0, t, 0）	0
$\ln \dfrac{F}{F_2}$	-2.1543	-3.2127	（0, T, 1）	1
$\ln \dfrac{F_1}{F_2}$	-2.2776	-3.21270	（0, T, 1）	1
$\ln \dfrac{F}{F_2}$	-4.0543	-3.2127	（0, T, 0）	2
$\ln \dfrac{F_1}{F_2}$	-3.9444	-3.21270	（0, T, 0）	2

由表 7-20 可知，两个变量都是非平稳的，但是二阶差分是平稳的，因此两个变量都是二阶单整的，由于两变量同阶单整，为避免伪回归，可对 $\ln \dfrac{F}{F_2}$、$\ln \dfrac{F_1}{F_2}$ 采用 Engle-Granger 法进行协整检验，对两变量做协整回归方程，结果如下：

$$\ln \frac{F}{F_2} = 0.2266 \ln \frac{F_1}{F_2} + 0.5365 + u_t$$

$$(110.9240)\ (214.9763)$$

$$R^2 = 0.9989 \quad DW = 1.6840$$

利用 Eviews 对 u_t 进行单位根检验，ADF 值为 -3.9453，小于显著水平为 5% 时的临界值，因此接受 u_t 平稳的原假设，两变量是协整的，存在长期均衡关系。根据上述分析及回归结果，$\ln \dfrac{F_1}{F_2}$ 的回归系数即为东北三省财政对社会保障支出的最优补贴。根据回归结果可知，最优规模约为 22.66%。

表 7 – 21　　　1999 ～ 2013 年东北三省社会保障相关支出占财政支出比例　　　单位:%

年份	辽宁	吉林	黑龙江	东北地区
1999	20.20	20.18	17.96	19.46
2000	24.70	19.69	19.03	21.71
2001	26.62	21.29	17.24	22.30
2002	28.58	24.60	19.07	24.48
2003	28.30	27.00	21.39	25.78
2004	24.95	28.87	23.01	25.25
2005	24.72	29.30	23.40	25.43
2006	25.28	25.11	24.50	25.00
2007	26.62	22.25	23.13	24.53
2008	25.72	21.98	19.47	22.84
2009	25.40	24.19	25.30	25.07
2010	22.88	20.38	19.58	21.24
2011	21.49	20.11	20.14	20.73
2012	20.35	18.79	19.91	19.84
2013	20.27	19.74	21.75	20.58

资料来源:根据历年《中国财政年鉴》中辽宁、吉林和黑龙江省的财政决算数整理计算。

如表 7 – 21 所示,相比于 22.66% 的最优规模来看,东北三省近几年的社会保障及医疗卫生支出占财政支出的比例低于这一比例,但是这并不代表东北地区未来财政平衡就已经高枕无忧。

随着老龄化率的不断提高,如图 7 – 11 所示,老龄化率与社保医疗支出的变动趋势一致,未来东北地区人口老龄化的加剧会使得政府的社会保障与医疗保障形势非常严峻,首先,需要应对老年人口大量增加造成的养老金负担,随着退休人数短期内的大幅增加,养老金占社会保障资金的份额将迅速提高,对养老基金的可持续运行提出巨大挑战。其次,老年人口数量增加也将导致医疗卫生支出的增长,老年人对医疗卫生设施和服务的需求量大,假如 75 岁以上的老年人占人口 5%,那么其医疗卫生支出可能要占差不多 30%[①]。随着东北地区老年人口的迅速增加,医疗和护理费用将大幅增长,我国本身医疗卫生保障体系尚不健全,这更是雪上加霜。因此,如何应对人口红利式微下对财政收支造

[①]　车士义. 人口红利问题研究 [J]. 西北人口, 2009:2.

成的压力是值得思考的。

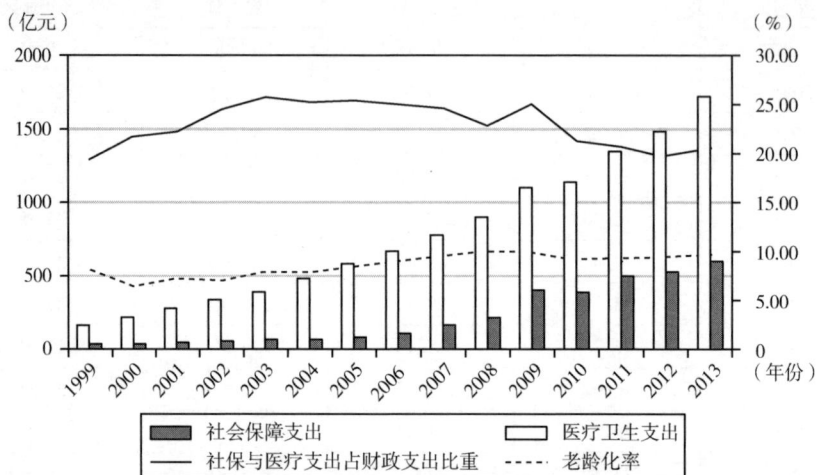

图7-11　1999～2013年东北地区社会保障和就业支出与医疗卫生支出及比重
资料来源：根据历年《中国财政年鉴》及东北三省统计年鉴数据计算。

7.6　基于人口角度促进东北地区财政平衡的对策建议

　　人口红利期是人口转变给予经济发展的一个机遇，这一增长潜力是否能够转化为现实取决于社会经济和政策环境。同时，随着人口转变的推进，人口老龄化必将会到来，由此带来的养老金和医疗卫生支出的迅速增加也将对财政收支平衡施加巨大压力。鉴于前述对东北地区财政状况及人口关系的分析，本书对促进东北地区经济长期发展实现财政平衡提出以下政策建议。

7.6.1　促进经济发展、力挺就业创业

　　由于人口增速放缓对财政收入带来的下降效应在一定程度上能够被经济发展效应抵消，提高经济发展水平可以从根本上削弱人口红利式微对财政收支平衡的压力。因此，东北地区要积极适应经济新常态带来的发展新变化，加快培育东北地区经济发展的新兴增长点，东北地区国有企业占比高，深化国资国企改革，让这些"老字号"重新焕发新生活力，形成传统产业和新兴产业并驾齐

驱、传统服务业和现代服务业共同进步的协调局面。

就业问题始终是民生之本，而且与经济发展息息相关。近年来，东北地区人口净迁出规模不断扩大，人口流动呈现"孔雀东南飞"的形势，一个重要原因就是人们"用脚投票"前往京津冀以及东南沿海地区寻找就业发展机会。从东北三省的城镇登记失业率来看（见图7-12），黑龙江省近两年的失业率要高于全国平均水平，黑龙江省更需要重视就业问题。此外，考虑到城镇登记失业率的信息反映的只是去就业服务机构登记的失业人员情况，可能无法反映真实的失业情况，从2005年起我国开始正式统计调查失业率。从调查失业率角度看，2015年上半年东北地区省会城市平均失业率在7%左右，失业率要高于全国平均水平2个百分点左右，这与人们的就业观念不无关系，但更重要的是东北地区的经济结构比较单一。从三次产业结构来看（见图7-13），从1994年开始，东北地区第三产业产值的比重不断在上升，但是直到2014年还低于全国平均水平，这与东北地区偏重于资源型、装备制造业相关的第二产业有关。但是必须认识到，第三产业即服务业在解决就业问题上具有重大优势。因此，调整产业结构，转变发展方式也是东北未来发展中不能规避的问题，在优化工业的基础上更加鼓励服务业蓬勃发展。

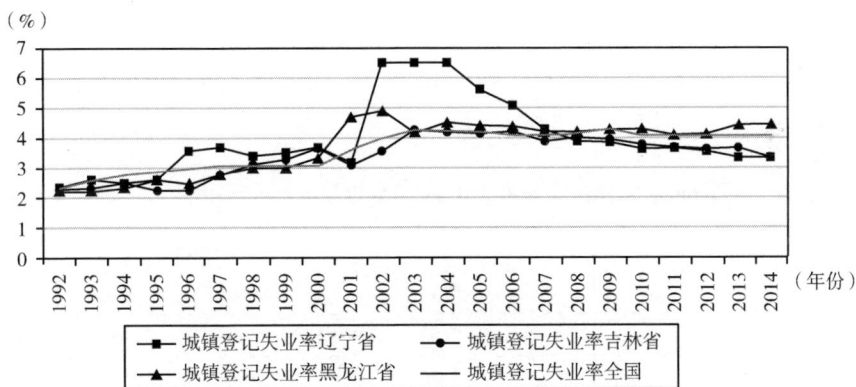

图7-12　东北三省及全国1992~2014年城镇登记失业率变化

资料来源：根据中经网统计数据绘制。

此外，要吸引人才回流，东北政府还可以从以下两方面努力。一方面，可以适时调整地方最低工资标准，增强工资吸引力。必须意识到，工资标准的调整必须要以地区经济发展为前提，否则只能增加企业负担，压抑经济活力，政策也无法长期有效实行。另一方面，政府要健全公共就业和人才服务体系，贯彻大众创业万众创新政策，以创业带动就业，对于大学生自主创业给予相关政策优惠和支持，精简政府权力，在全社会打造一个宽松的就业、创业环境。

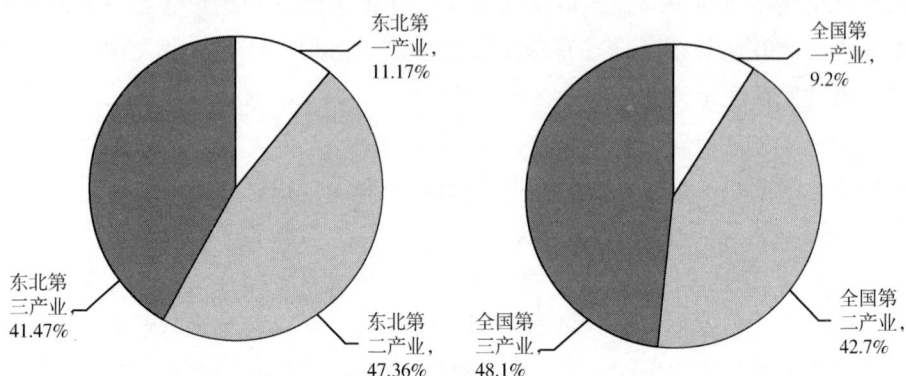

图7-13　2014年东北地区以及全国三次产业比重

资料来源：根据中经网统计数据计算得到。

7.6.2　加快社保制度改革、实行积极老龄化战略

东北地区的老龄化速度快于全国平均水平，如表7-22所示，2010年，东北地区65岁及以上老年人口比重达到9.12%，东北老龄化发展速度较快，且城镇老龄化速度更快，形势日趋严峻。

表7-22　　　　　　**2000年及2010年东北三省65岁及以上老年人口比重**　　　　单位:%

地区	2000年				2010年			
	城市	镇	乡村		城市	镇	乡村	
全国	7.10	6.67	5.99	7.50	8.92	7.68	7.98	10.06
辽宁	7.88	8.22	6.86	7.80	10.31	10.50	9.43	10.33
吉林	6.04	6.31	5.88	5.01	8.38	9.05	8.64	7.77
黑龙江	5.56	6.30	5.51	5.04	8.28	9.40	8.65	7.19
东北地区	6.61	7.18	6.63	6.32	9.12	9.85	8.89	8.47

资料来源：根据2000年和2010年中国口普查数据资料整理计算。

在人口老龄化压力下，如何解决人口老龄化问题，缓解老龄化给财政收支平衡带来的压力是首当其冲的问题。从社保基金收支数据来看，2014年全国社会保险基金支出 33669. 12 亿元，收入 39186. 46 亿元中，剔除财政补贴收入 8446. 35 亿元后收不抵支①。对此，楼继伟部长在 2015 年 3 月 22 日 "中国发展高层论坛 2015" 上提出不能把社保缺口完全留给公共财政，要调动当代人的积极性，强化个人责任，建立一个自身能够精算平衡的制度，否则不仅不公平，还可能带来公共财政不可持续和国家治理的危机。因此，在养老保险方面，完善个人账户、坚持精算平衡，进一步健全多缴多得、长缴多得的激励约束机制，建立更加公平可持续的社会保障制度，大力推进体制机制创新，合理界定政府与市场的责任。

老年人具备明显的经验技能积累优势，在知识型社会中作用明显，而且我国人口平均寿命也在逐渐提高（见表 7 - 23），老年人发挥余热的时间越来越长。因此，实行积极老龄化战略，适当推迟退休年龄，努力开发老年人力资源，发展夕阳产业，从而将老年人口压力转变为经济发展驱动力之一。

表 7 - 23　　　　　　　我国人均预期寿命变化　　　　　　　单位：岁

年份	男性	女性	总和
1980 ~ 1985	66. 2	69. 2	67. 7
1985 ~ 1990	67. 4	70. 5	68. 9
1990 ~ 1995	68. 4	71. 6	69. 9
1995 ~ 2000	69. 3	72. 5	70. 8
2000 ~ 2005	70. 0	73. 4	71. 6
2005 ~ 2010	71. 1	74. 5	72. 7

资料来源：联合国人口网。

7.6.3　加强财政治理建设、实现公共服务均等化

党的十八届三中全会提出 "财政是国家治理的基础和重要支柱"，将财政的功能上升到关系国家长治久安的高度。在财政收入增长乏力的背景下，财政支出的压力却非常巨大，财政收支矛盾有激化的倾向，尤其是提振经济的需要，这必然给国家运行和财政管理带来前所未有的压力和挑战，要求加强财政在治理中的作用，实现 "善治"（good governmence）目标。

---

① 《关于 2014 年中央和地方预算执行情况与 2015 年中央和地方预算草案的报告》。

财政是一种运用公共权力对资源进行分配的行为，政府对公共资源的配置要尽力公平公正，在经济发展的基础上积极推动公共服务均等化。从第六次人口普查数据来看，东北三省 36 个地市（州、区）中，有 15 个常住人口与户籍人口之比小于 1，常住户籍人口比重低，说明这些地区面临严重的人口外流现象，这可能导致人口空心化风险，并影响地方财政收入。2000 年以来，中国很多地区都面临土地城镇化快于人口城镇化的问题，东北地区的这一背离问题更为严重。例如，吉林省 2008 ~ 2013 年全省城镇建设用地增加了 25.5%，但城镇人口只增加了 1.8%。可见，东北地区城镇化和工业化的动力弱于全国。要遏制当前这种人口外流趋势，吸引人口回流，东北地区需继续城镇化进程，公共财政在保障农村农业改革的同时，也要加大对城镇化的支持，完善公共设施和服务，缩小地区发展差距。

无论是对于当前东北地区，还是未来中国社会，适龄劳动人口及比重不断降低是一个必然面临的趋势，随着城镇化进程的推进，农村可供转移的劳动力也不可能无限地增长，未来可能出现减少态势。在流动人口速度加快的背景下，需要进一步规范转移支付制度，在设计转移支付系数时要考虑到流动人口占比，增加一般性转移支付的比重，提高资金使用效率，以提高政府提供公共服务的财力保障。

7.6.4 推动财政供给侧改革、促进发展动力转换

伴随我国经济进入新常态，财政收入在今后一个时期的潜在增长率会下降，这一态势当前已经显现，财政收入从高速增长转变为低速增长，加上 2016 年"营改增"改革全部完成等结构化减税措施，在此越发严峻的财政收入形势下，财政支出的刚性增长趋势并未改变。

改革开放以来，工业化和城镇化作为两条互为因果的主线推动了中国发展，中国重工业和土地城镇化对重化工产品的需求在此前一段时期内是东北地区经济发展的强大动力。而当前中国经济进入新常态，经济发展动力转换，东北地区原有产业结构与此不相适应。在此背景下，必须着力加强供给侧结构性改革，政府投资必须更加审慎地选择政府主导的投资项目，补齐确有需要的公共服务短板，但不能为了刺激经济增长盲目投资，要把财政资金用在"刀刃"上，调整优化财政支出结构。在劳动力供给不断减少的情况下，应充分利用市场机制，有效使用在化解过剩产能过程中所释放的劳动力，促成这些劳动力的再就业。

长期以来，东北地区计划经济体制土壤深厚，政府存在一定程度上的调节手段固化问题，未来可以通过进一步简政放权，激发市场活力。东北地区是我国重要的老工业基地，工业基础雄厚，国有企业改革还需深化，坚持创新驱动，将制度创新、管理创新和技术创新相结合，把握科技和制度这两大要素，提高全要素生产率，在改革中解除供给抑制，进一步放松供给约束，加强制造业转型升级，打造东北的经济发展升级版。

第8章 实施全面二孩政策对北京市 基本养老金收支水平 情况的影响

1993 年中共中央在《关于建立社会主义市场经济体制若干问题的决定》中确定"城镇职工养老保险和医疗保险金由单位和个人共同负担，实行社会统筹和个人账户相结合"的改革方向，自此我国养老保险体制改革拉开了序幕。然而如今，随着改革的不断深入，中国现行的基本养老保险制度由于其自身的缴费和支付模式的特殊性，即在养老保险系统通过缴费获得收入方面采用社会统筹和个人账户相结合的部分积累制，而在支出方面，根据 1997 年国务院颁布的《关于建立统一的企业职工基本养老保险制度的决定》，以制度转轨的时间 1997 年为界，将参保人群划分为"老人""中人"和"新人"，"老人"和"中人"退休以后养老金的供应不再由"新人"承担，而是由国家财政兑现。一方面，本书采用"终止法"计算养老金的隐性债务，即当前已经退休的养老金领取者和在职职工未来所享有的养老金权利的现值；另一方面，本书同样计算在职职工在工作期间所积累承担的养老金缴纳义务的现值。通过计算每年权利与义务的差值的变化，讨论未来养老金运营可持续发展以及养老金支付危机的可能性。

在养老保险体制改革进程中，我国于 20 世纪 90 年代开始由现收现付制改为部分积累制，在一定程度上是出于应对我国未来人口数量以及结构的变动。随着我国居民生活水平的提高，医疗以及其他社会保障体制的日臻成熟，我国人口的平均寿命将会稳步提高。另外，随着我国居民生活习惯在经济和生活水平逐渐提高的同时，生育观念和意识也会发生变化。在计划生育政策实施了大约 30 年的时间段内，我国的生育率持续下降，随之而来的则是人口的老龄化。以上两点都会使我国的老年人口增加，进而增加养老保险系统的支付压力。

8.1　计 划 生 育 历 史 回 顾

新中国成立初期，出于"发展生产"的动机，以及受苏联相关政策的影响，这一时期在人口生育方面的主要思路是鼓励生育。无论城乡，在生产、生活物资的分配上都倾向于子女较多的家庭。在政策的激励与保护下，1950～1953 年，中国大陆生育率达到 37‰，出现了一个生育高峰。以 1953 年 6 月 30 日为标准时间的第一次全国人口普查数据发布，内地总人口为 5.8 亿。人口的高速增长，使得政府对人口形势有了新的认识，相关政策思路也开始发生改变。周恩来在《第一个五年建设计划的基本任务》中说，中国老百姓"对生儿育女的事情是很高兴的，喜欢多生几个孩子。但是，这样一个增长率的供应问题，却是我们一个大负担"。

1957 年 10 月 25 日，根据中央指示和毛泽东讲话精神制定的《1956～1967 年全国农业发展纲要（草案）》正式公布，其中第 29 条规定，"除少数民族的地区以外，在一切人口稠密的地方，宣传和推行节制生育，提倡有计划地生育子女，使家庭避免过重的生活负担，使子女受到较好的教育，并且得到充分就业的机会。"这是中国政府第一次以官方文件确定计划生育政策的大方向。这一时期所谓计划生育政策，重点在避孕、节育措施的宣传上，且主要是基于自愿。1953 年，政务院指示卫生部对群众的节育实行帮助和指导，并批准了卫生部修订的《避孕及人工流产办法》，指出国家提倡避孕，但不许做大的流产手术，做节育手术要经有关部门批准。到 1957 年，卫生部又取消了对人工流产手术的限制。在政策宣传和器械、药物保障的基础上，20 世纪 50 年代中后期，全国人口出生率和自然增长率都出现回落。

1962 年开始，此前受大饥荒影响的出生率大幅度回弹，1963 年甚至达到 43.6‰。中共领导人开始考虑重新开展计划生育工作。1962 年 12 月 18 日，中共中央、国务院发出《关于认真提倡计划生育的指示》，其中明确指出："在城市和人口稠密的农村提倡节制生育，适当控制人口自然增长率，使生育问题由毫无计划的状态逐渐走向有计划的状态，这是我国社会主义建设中既定的政策。"

1963 年 10 月，国务院召开全国第二次城市工作会议，专门研究了计划生育问题，提出了降低城市人口自然增长率的目标，要求"中央和地方都成立计划生育委员会，具体领导这方面的工作"。

从 1963 年起，各省市的计划生育委员会（或名为"计划生育领导小组"等）陆续成立。1964 年 1 月 15 日，国务院召集有关部委、群众团体、解放军总政治部开会，会后成立计划生育委员会。周恩来提名国务院秘书长周荣鑫任该委员会主任。与此同时，中国的计划生育工作以城市为重点逐步开展起来。上海市 1957～1969 年上半年，有 17.5 万多名育龄夫妇做了绝育手术，在全市 191 万育龄夫妇中占 9.1%。1964 年，上海市人口出生率为 20.6‰，自然增长率为 14.5‰，比 1963 年少生 9.95 多万人。在计划生育工作的影响下，城市人口出生率、自然增长率有了明显下降，从 1964 年开始低于农村，而且城乡差距不断扩大。

之后时期的"计划生育"工作与后来的计划生育仍有较大的不同。主要体现在两个方面：一是主要在城市展开。1964 年上半年以前，重点在城市，农村只有一些点。从 1964 年下半年开始，才在部分省市农村有较大面积的开展。而当时中国农村占了全国约 4/5 的人口，因此计划生育政策对全国总体出生率和自然增长率的减少作用仍不太明显，1966 年全国出生率为 35.21‰，仍高于 1957 年的水平。二是整体强度不大，强制性很弱。这一时期的主要工作内容仍是避孕与节育宣传，倡导"自愿节育"。中国社科院人口所研究员张翼认为：20 世纪 60 年代前期的"计划生育"，在本质上是"服务性的避孕宣传和节育指导"，类似于西方各国的家庭计划。在 1962 年中共中央和国务院下发的《关于认真提倡计划生育的指示》中，还曾一再强调，要"严防乱提口号、定指标、搞竞赛"等错误做法。虽然周恩来的讲话中，也隐约指出一个长远控制目标——"在 20 世纪内，使人口净增率降到 1% 以下"，但这一时期的所谓计划生育工作，无论覆盖面还是强度都不能与后来的计划生育工作同日而语。

1971 年，国务院下发《关于做好计划生育工作的报告》（以下简称《报告》），这一报告是中国整个计划生育工作的真正起点。《报告》提出，要使人口自然增长率逐年降低，力争到 1975 年在城市降低到 10‰左右，在农村降低到 15‰以下，并将此目标纳入"四五"规划。从此，计划生育真正成为国家计划的一部分，成了名副其实的"计划"生育。政府开始通过逐级下达的层层指标，严格控制人口出生。

到 1978 年，一套完整的计划生育机构和运作模式已经建立。相比 20 世纪 80 年代，这一时期的生育控制仍有一点宽松。当时主要有两条口号：一是"晚、稀、少"，"晚"是指男 25 周岁以后、女 23 周岁以后结婚，女 24 周岁以后生育；"稀"是指生育间隔为 3 年以上；"少"是指一对夫妇生育不超过两个孩子。二是"一个不少，两个正好，三个多了，一个家庭有两个孩子最理想"。

8.2　二孩政策对养老金影响的研究背景与研究意义

8.2.1　研究背景

8.2.1.1　计划生育政策的负面效应日趋明显，我国人口问题形势严峻

中国的计划生育政策从 20 世纪 70 年代初开始实行，距离今天已经实行了 40 余年。政策实施的本意是解决当时我国人口过多的问题。从解决我国人口绝对数量过多、人口增长过快的角度看，计划生育政策的贯彻情况是理想的，其效果也无疑是显著的。中国的普通学者和百姓普遍认同并支持在 40 多年之前的背景下实施计划生育政策。尽管如此，随着计划生育工作的进行和不断深化，其政策本身对我国的影响已经超过控制人口数量本身，而对普通百姓的生育观念，意识形态以及其他受此影响的社会经济、政治和文化产生了深远影响。

8.2.1.2　"单独二孩"生育政策在全国范围内"遇冷"

党的十八届三中全会做出了调整完善生育政策的战略部署。2013 年 12 月 21 日，中共中央国务院发布《关于调整完善生育政策的意见》，启动"实施一方是独生子女的夫妇可生育两个孩子"的生育政策（以下简称"单独二孩"政策）。截至 2014 年 5 月底，除西藏、新疆外的 29 个省（区、市）都已依法实施了"单独二孩"政策。

在北京市方面，《北京市人口与计划生育条例修正案》于 2014 年 2 月 21 日经北京市人大常委会第九次会议审议通过。自公布之日起，一方或双方具有北京市户籍、符合"单独二孩"政策的夫妻，可以依法申请再生育一个子女。新条例规定夫妻一方为独生子女且只有一个子女的，可以生育第二个子女。本修正案自公布之日起施行。

修正案主要内容是将现《条例》第十七条第二款规定的可以生育第二个子女的情形的第（二）项"夫妻双方均为独生子女，并且只有一个子女的"，修改为"夫妻一方为独生子女，并且只有一个子女的"。

政策实施前，按照一些专家和政府官员的预测，在经历长期的以"一对夫妇生育一个孩子"为主的生育政策之后，育龄夫妇一旦获得拥有"生育二孩"

的机会，长期积压的生育势能必然爆发，从而会出现申请高潮，继而引发一场人口出生的高潮。

但是"单独二孩"政策在全国范围内的效果却与专家的预期相距甚远。截止到 2014 年 12 月 31 日，符合生育条件并且提出申请生育二孩的"单独"夫妇数量仅有 100 万对，比例仅占符合生育条件的"单独"夫妇的 9%。这与 2013 年 8 月在全国大陆除西藏和新疆的 29 个省、市和自治区进行的生育意愿调查的结果——"预计 5 年内应该每年有 200 万左右的单独二孩出生"① 大相径庭。

8.2.1.3　人口老龄化加剧使我国城镇职工基本养老保险承受巨大的偿付压力

全国第五次人口普查数据显示，我国 60 岁及以上老年人口有 1.3 亿，占总人口的 10.3%，而最新的第六次人口普查结果表明，我国 60 岁及以上老年人口增至 1.776 亿，比例达到 13.26%，社会人口老龄化的趋势愈发明显；与此同时，我国养老保险体制也由于老年人口的日益增加而不堪重负，人口老龄化使以往的养老金现收现付模式难以为继。另外，我国在逐步转变为部分积累制的模式的过程中产生的"转轨成本"也不容忽视，养老金个人账户"空账运行"已经是众所周知的事实。近些年，我国养老保险金缺口愈发明显。根据人力资源与社会保障部所公布的数据，截至 2013 年，养老保险金个人账户的空账规模已经达到 3.1 万亿元。

8.2.2　研究意义

8.2.2.1　理论意义

全面二孩政策于 2016 年 1 月 1 日在全国范围内开始实施，对于实施全面二孩政策对养老金收支规模的影响，学界的研究尚处于真空状态。全面二孩政策不仅是一项人口政策，其对我国未来人口数量与结构的影响决定了其政策效果也将辐射到养老保险领域。

8.2.2.2　现实意义

我国的养老保险体系从 20 世纪 50 年代开始建立以来，一直采用现收现付制

---

① 马小红，顾宝昌. 单独二孩申请遇冷分析 [J]. 华中师范大学学报（人文社会科学版），2015，54（2）.

的养老保险基金运营方式，然而随着我国居民生活水平的提高、社会福利制度的不断完善以及我国人口老龄化问题日益凸显，在养老金支付方面，国家每年的支出都在快速增长。现收现付制的养老保险体系难以为继。从 20 世纪 90 年代以来，我国进行了一系列养老保险体制改革，并且逐渐由现收现付制向部分积累制转变。但是这样的转变也带来了养老保险金隐性债务的问题。在改革开始的过渡阶段，养老保险金由于收不抵支，其收支差额的积累所产生的隐性债务给国家财政带来了沉重的负担。与此同时，虽然部分积累制可以在一定程度上克服现收现付制受人口年龄结构变动影响较大的现实，但是根据近些年的相关人口数据，我国人口老龄化的趋势已经超出有关预期，即使是部分积累制的养老保险体制也将在不久的将来由于老年人口绝对数量与相对数额的快速增长而收不抵支，隐性负债也将因此增长。由于养老金收支每年在国家财政收支中都占有显著地位，结合以上两点，养老金隐性债务规模的膨胀以及其引发的财政风险如果没有得到有效处理，将对国家财政的稳健运行构成巨大威胁。

8.3　影响分析的模型建立

8.3.1　隐性负债的确定

隐性债务准确来说是现收现付养老金制度向基金积累制转变的过程中所固有的问题。如果我国继续实行 20 世纪现收现付制度的养老金运营模式的话，只要我国可以保证当年每一代所缴纳的养老保险费用都能通过代际转移的方式支付给参保人员，作为履行养老金待遇的承诺，那么即使隐性债务存在，现收现付的养老金制度依然可以正常运行。但是由于人口老龄化的冲击，老年人口无论是绝对数量还是相对数量都在上升，其对应的养老金待遇承诺也会随之增长，并且超过当年支付养老金费用的人所缴纳的资金水平，现收现付制度将会走向崩溃。在 20 世纪 90 年代，我国为了应对人口老龄化对当时养老保险体制的冲击，将现收现付制度变为部分积累制，而并没有变为完全的基金积累制。这种渐进式改革正是考虑到制度转轨所带来的"转轨成本"，如果直接采取完全积累制的模式，对于原来制度下已经向养老保险系统缴费多年并且按照现有完全积累制的规定享有相关养老保险待遇的参保人员，他们所积累的未来养老金权益将无法在新制度下找到与之对应的资金。为此政府就不得不为保持资金链不断裂而使用正常养老保险体制之外的资金，这无疑提高了各级政府的财政风险，我国个人账户空账运行的问题就是这种转轨所带来的影响。部分积累制虽然在转轨成本方面小于完全积累制，但是现如今人口老龄化趋势越发严重，隐性债务问题越发凸显，当政府从制度外筹集资金时，养老金的隐性债务就显性化为政府债务。所以在未来，政府要面对的是两个任务，第一是偿还积累下的显性负债，第二是控制隐性债务额的整体规模，防止其进一步影响经济整体的运行。由此来看，养老金的隐性债务分析更表现为一种前瞻性的分析方式，是对预计债务的估计。本书中规定北京市的基本养老保险隐性负债规模为当年所有已经退休职工在退休以后到死亡之前可以领取到的基本养老保险金待遇的现值，加上现有工作人员在正常退休开始以后到死亡之前可以领取到的基本养老保险金待遇的现值。

8.3.2　养老金精算模型

北京市由于自新中国成立以来一直是我国政治、经济和文化的中心，其养老保险体制以及相应的改革进程一直在全国范围内处于领先地位。考虑到数据的可获取性与研究的针对性，本书针对北京市企业职工基本养老保险进行相关模型的建立与计算。

本书根据最新的北京市 2006 政府 183 号令为基准，计算北京市企业职工基本养老保险收入。北京市同样遵循全国养老保险体制改革的原则，即"统账结合"的部分积累制。北京市 183 号令规定，统筹账户中，企业以全部城镇职工缴费工资基数之和的 20% 缴纳基本养老保险费，并且不划入个人账户；个人账户全部由个人缴费形成，占个人缴费工资的 8%。在养老保险待遇方面，将参保人群分为"老人""中人"和"新人"根据不同的标准发放养老金。

8.3.3　个人账户筹资模型

自北京市于 1997 年进行"统账结合"改革以来，北京市企业参保人员的个人账户资金筹集遵循"完全积累制"的模式，即以 2015 年为起点，计算北京市每年个人账户的筹资规模：

将筹资额折算到退休时点，在第 t 年，年龄为 n 的参保人员的数量为 $P'_{t,n}$，则在退休时所积累的缴费额的未来值为：

$$\theta \sum_{k=0}^{M-n} w_{t+k,n+k} P'_{t+k,n+k} (1+i)^{M-n-k}$$

其中，$w_{t,n}$ 为第 t 年年龄为 n 参保人群平均工资水平；M 表示法定退休年龄，m 表示正常开始参加工作，缴纳养老保险的年龄；θ 表示个人账户养老金缴费率，并且假设在未来其不随时间变化。故在第 t 年，年龄为 n 的参保人员个人账户筹资（积累）额的未来值为：

$$\theta \sum_{k=0}^{M-n} w_{t,n+k} P'_{t+k,n+k} (1+i)^{M-n-k} (1+\beta)^k$$

同理，如果将个人账户筹资额折算到第 t 年也就是现在，其现值为：

$$\theta \sum_{k=0}^{M-n} w_{t,n+k} P'_{t+k,n+k} \left(\frac{1+\beta}{1+i}\right)^k$$

至此，可以计算第 t 年缴纳社会保险费的全部人群现在以及未来所缴纳的社会保险费的现值为：

$$\theta \sum_{n=m}^{M} \sum_{k=0}^{M-n} w_{t+k,n} P'_{t+k,n+k} \left(\frac{1+\beta}{1+i}\right)^k$$

接下来计算统筹账户筹资规模，统筹账户筹资方式与个人账户大体相同，但其缴费率为 q^*，故统筹账户在第 t 年的筹资规模为：

$$\theta^* \sum_{n=m}^{M} \sum_{k=0}^{M-n} w_{t+k,n} P'_{t+k,n+k} \left(\frac{1+\beta}{1+i}\right)^k$$

第 t 年总体筹资规模，在本书中定义为基本养老金负债，为：

$$(\theta + \theta^*) \sum_{n=m}^{M} \sum_{k=0}^{M-n} w_{t+k,n} P'_{t+k,n+k} \left(\frac{1+\beta}{1+i}\right)^k$$

即表示在第 t 年，所有参加养老保险并且正在缴费的人群在预先的假设下其未来累计可以缴纳的养老保险费的现值。

另外，计算所有享受基本养老保险待遇的所有人群所获得的总体收益，也就是养老保险体系的总体支出。根据北京市历年退休人数 R_t 和养老金支出情况 B_t，可以推算出分年龄段的养老金待遇情况。本书假设每年所有在第 t 年退休参保职工的平均缴费年限不随时间变化，则每年平均每人发放的基础养老金部分与前一年的社会平均工资成正比，即：

$$b_{t,M+1}^{\text{基}} \propto \overline{W}_{t-1}$$

同理，假设个人账户储蓄额与当年的社会平均工资水平同样成正比，这样基本养老金的两个部分都与领取养老金的人口对应年份的社会平均工资成正比。记为：

$$b_{t,M+k} = b_{t,M+k}^{\text{基}} + b_{t,M+k}^{\uparrow} = a\overline{W}_{t-k-1}$$

在第 t 年，所有在退休年龄范围内的人口当年所获得的养老金待遇，也即养老金支出为：

$$\alpha\overline{W}_t P'_{t,M} + \alpha\overline{W}_{t-1} P'_{t,M+1} + \cdots + \alpha\overline{W}_{t-\omega+M} P'_{t,\omega} = \alpha\sum_{k=0}^{\omega-M}\overline{W}_{t-k} P'_{t,M+k}$$

另外，在第 t 年年龄为 n（刚刚参加基本养老保险体系）的参保职工，其在预期寿命的时间内（从 m 岁到 W 岁）总计可以获得的养老金待遇的现值为：

$$\sum_{l=0}^{\omega-M} b_{t+M-n+k,M+k} P'_{t+M-n+k,M+k}\left(\frac{1+\delta}{1+i}\right)^{M-n+k}$$

则在第 t 年所有在工作年龄的人口在退休以后到平均死亡年龄之前所获得的养老金待遇的现值为：

$$\sum_{l=0}^{M-1}\sum_{k=0}^{\omega-M} b_{t+M-l+k,M+k} P'_{t+M-l+k,M+k}\left(\frac{1+\delta}{1+i}\right)^{M-l+k}$$

所以在第 t 年北京市所有参加基本养老保险的在职员工和退休人员所能领到的养老金待遇的现值，在本书中定义为基本养老金负债，为：

$$\sum_{l=0}^{M-1}\sum_{k=0}^{\omega-M} b_{t+M-l+k,M+k} P'_{t+M-l+k,M+k} + \sum_{l=0}^{\omega-M}\sum_{k=0}^{\omega-M-1} b_{t+k,M+k+1} P'_{t+k,M+k+1}$$

当年的基本养老保险收支平衡的条件为：

$$\alpha\sum_{k=0}^{\omega-M}\overline{W}_{t-k-1} P'_{t,M+k} = (\theta+\theta^*)\sum_{k=0}^{M-m} w_{t,m+k} P'_{t,m+k}$$

在本书的计算中，养老金资产的预测旨在估算未来特定时间点上，北京市现在以及未来可以获取养老保险金收入的能力，而且这种能力和养老金当期收支规模不尽相同。基本养老金收支规模可能会受当年政策和社会经济等宏观环境的影响，所以某一年的收支水平的对比并不能准确地反映北京市所真正面临的基本养老保险收不抵支，隐性负债显性化的难题。基本养老金资产的提出与基本养老金负债的思想相同，都是以现在或者未来获得的基本养老保险费的积累值为基础，所以更能客观反映北京市基本养老保险体系的规模、持续性和抵御风险的能力。

8.3.4　人口发展模型（Leslie 人口模型）

Leslie 模型将人口按年龄大小等间隔地划分为 ω 个年龄组（本书选择每组间隔为 1 岁），模型主要讨论在不同时间人口的年龄分布，对时间也加以离散化，其单位与年龄组的间隔相同，时间离散化为：$t = 0, 1, 2, \cdots$。

设在第 t 年，年龄为 i 的人口的数量为 $p_{t,i}, i = 1, 2, \cdots, \omega$，从第 t 年到第 $t+1$ 年，根据生存率公式：

$$p_{t+1, i+1} = \lambda_i p_{t,i}$$

其中，第 i 年龄组总人口的生存率为 λ_i，即 λ_i 是单位时间第 i 年龄组总人数除去总死亡人数与该年龄组总人数之比。

同理从第 t 年，年龄为 i 的女性人口的数量为 $w_{t,i}, i = 1, 2, \cdots, \omega$，设第 i 年龄组女性的生存率为 λ_i^w，λ_i^w 是单位时间第 i 年龄组女性总人数除去女性死亡人数与该年龄组女性人数之比。从第 t 年到第 $t+1$ 年有递推公式为：

$$w_{t+1, i+1} = \lambda_i^w w_{t,i}$$

再构建生育函数。设女性可以生育的年龄范围为 $[i_1, i_2]$，设第 i 年龄组女性的生育率为 b_i，新生儿中女性占比为 μ，在第 t 年的总和生育率为 γ。进一步将 b_i 分解为：

$$b_i = \gamma h_i, \sum_{i=i_1}^{i_2} h_i = 1$$

其中，h_i 为生育模式，而 γ 满足 $\gamma = \sum_{i=i_1}^{i_2} b_i$。本书中使用 2010 年第六次全国人口普查分年龄段人口数据作为数据来源。

8.3.5　二孩政策模型

二孩政策主要作用于总人口的总和生育率 γ，而探讨全面二孩政策的影响效果，首先要确定受全面二孩政策影响的人群，也就是所有处于育龄区间的妇女。

首先将人口增长 Leslie 模型的人口数与养老保险金精算模型的人口数建立联系。假设在所研究的未来给定时间内，北京市参加基本养老保险的人数和总人数之间的比例不会改变，即：

$$\frac{\overline{P_{2010}}'}{\overline{P_{2010}}} = \eta = \frac{P_t'}{P_t}$$

其中：$t \in [2010, 2050]$ 且 $t \in Z$。

二孩政策将会导致生育二胎的概率为[①]：

$$\varphi = \frac{单独二孩实际生育数}{符合政策条件的单独家庭数} = \frac{单独二孩实际生育数}{符合政策条件的育龄妇女数} = \frac{33000}{450000} = \frac{11}{150}$$

在这里假设非单独二孩家庭（包括双独二孩家庭和无独家庭）的生育行为与单独二孩家庭相同，也就是实施全面二孩政策以后，非单独二孩家庭生育二胎的概率也为 $\frac{11}{150}$。假设北京市居民育龄妇女的生育胎次在全面二孩政策实施以前为 0 或者 1，并且在实施以后变为 0、1 和 2，根据总和生育率的定义：

$$\gamma_{政策作用前} = \frac{一胎妇女数 \times 1 + 未生育妇女数 \times 0}{一胎妇女数 + 未生育妇女数}$$

$$= \frac{一胎妇女数}{一胎妇女数 + 未生育妇女数}$$

在政策颁布施行以后，假设未生育育龄妇女还是会选择不生育，选择生育一胎的育龄妇女在政策实施以后一部分选择生育二胎，另一部分继续生育一胎，也就是：

$$生育一胎育龄妇女数' + 生育二胎育龄妇女数' = 生育一胎育龄妇女数$$

原有生育一胎的育龄妇女，有 φ 的概率选择生育二胎，即：

$$\frac{二胎妇女数'}{一胎妇女数' + 二胎妇女数'} = \varphi = \frac{11}{150}$$

将二孩政策变为数学表示：

---

① 本书中采用马小红，顾宝昌（2015）中生育意愿的数据。

$$\gamma_{\text{政策作用后}} = \frac{\text{二胎妇女数}' \times 2 + \text{一胎妇女数}' \times 1 + \text{未生育妇女数} \times 0}{\text{二胎妇女数}' + \text{一胎妇女数}' + \text{未生育妇女数}}$$

$$= \frac{\text{二胎妇女数}' \times 2 + \text{一胎妇女数}'}{\text{二胎妇女数}' + \text{一胎妇女数}' + \text{未生育妇女数}}$$

$$= \frac{\text{一胎妇女数} \times \varphi \times 2 + \text{一胎妇女数} \times (1 - \varphi)}{\text{一胎妇女数} \times \varphi + \text{一胎妇女数} \times (1 - \varphi) + \text{未生育妇女数}}$$

将上面的等式代入整理，得到：

$$\gamma_{\text{政策作用后}} = \frac{\text{一胎妇女数} \times \varphi \times 2 + \text{一胎妇女数} \times (1 - \varphi)}{\text{一胎妇女数} \times \varphi + \text{一胎妇女数} \times (1 - \varphi) + \dfrac{1 - \gamma}{\gamma} \times \text{一胎妇女数}}$$

$$= (\varphi + 1)\gamma_{\text{政策作用前}}$$

8.4　影 响 分 析 的 模 型 求 解

利用 matlab 进行数据模拟，将上述公式以及数据转换为计算机语言进行模拟，得到以下结果。

8.4.1　我国 2015 ~ 2055 年人口状况

生育政策作用的直接对象是北京市的总人口。在 2015 年北京市实施全面二孩政策的背景下，北京市未来人口总量，年龄结构以及性别比例均会发生不同程度的变化。

总人口状况：在 2015 ~ 2055 年这 40 年的时间段内，北京市人口的大致走势呈现出倒 "U" 型。根据本书的数据预测，如果不实施全面二孩政策，北京市将在 2027 年迎来人口的峰值，届时北京市的人口将为 2277 万人；如果北京市在 2015 年实施全面二孩政策，北京市将在 2028 年迎来人口的峰值，届时北京市的人口将会为 2310 万人。另外，无论是否实施政策，北京市总人口将会在未来 12 ~ 13 年内持续上升并且达到人口峰值，随后北京市人口将会在未来可预测的时间段内持续下降；到 2055 年，实行政策和不实行政策的总人口数分别为 1938 万人和 1853 万人。总体来讲，北京市实施全面二孩政策将在一定程度上提升北京市的人口数量，但是北京市总人口的发展趋势：先上升然后持续下降将不会改变（见图 8 - 1）。

（万人）

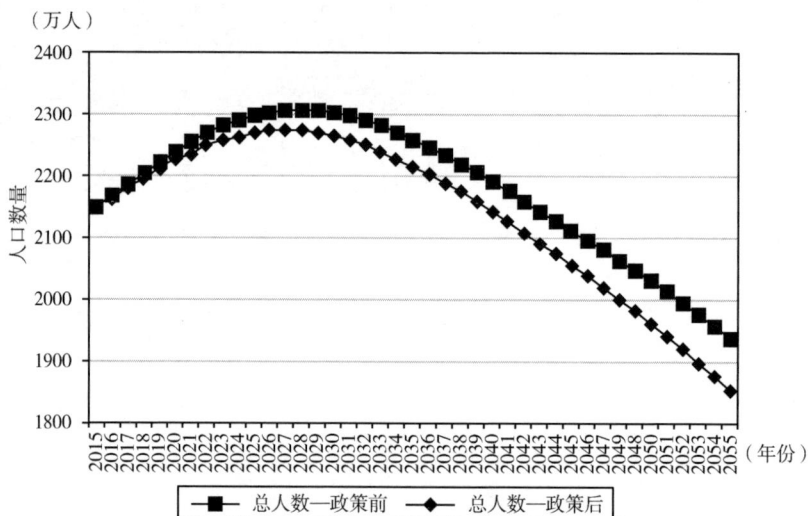

图 8 - 1　2015～2055 年北京市总人口数量

　　劳动人口数量：全面二孩政策对北京市劳动人口数量的影响十分有限。总体上看，实行政策与否将不会改变北京市劳动人口直线下降的事实。事实上，不仅仅是北京，从全国范围内来看，我国各地都会不同程度上受劳动力数量降低、人口红利逐渐消失的现实的影响，并且北京市受到的影响更为明显：劳动人口绝对数量每年大致降低 16 万人，到 2035 年，北京市的劳动人口的数量将降低至 985 万人。另外，从 2036 年，"单独二孩"政策的结果开始显露出来，受政策影响，北京市劳动人口数量的下降趋势将会得到一定程度上的遏制，并且全面二孩政策所带来的新的劳动力逐年上升。但是和总人口的分析相同，二孩政策并不会使劳动力水平的降低趋势出现转折，到 2055 年，北京市的劳动人口将降低至 636 万人（见图 8 - 2）。

　　另外，北京市的老年抚养比在未来的 40 年也会显著上升，从 2015 年的 15% 增加到 2055 年的 124%，二孩政策的效果也是从 2036 年开始显现。到 2055 年，二孩政策将会延缓人口老龄化的趋势，使人口抚养比变为 99%（见图 8 - 3）。但总体来看，北京市的"人口红利"已经消失，以往规模庞大的劳动人口由于年龄的增长变为老年人口，使得未来劳动人口背负上了沉重的负担。这对于北京市未来的经济社会发展将会构成威胁。

　　平均年龄和老年人口系数：在平均年龄方面，如果不实施全面二孩政策，如图 8 - 4 所示，北京市人口的平均年龄将在 40 年内由 39 岁增长至 52 岁，平

（万人）

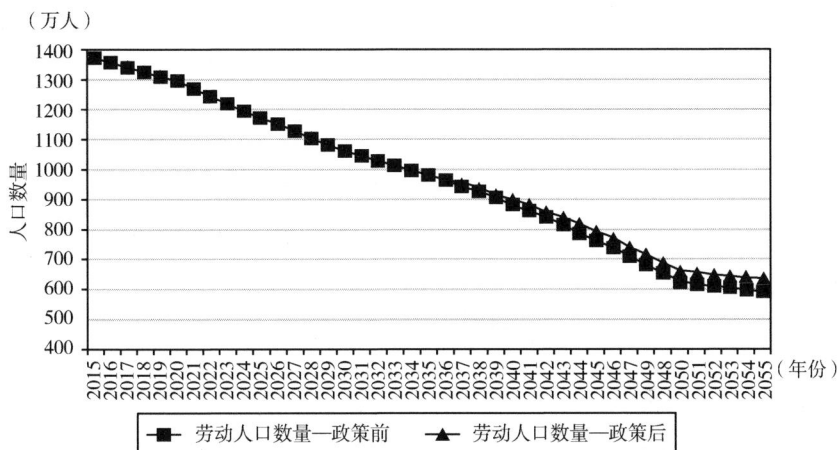

图 8 – 2　2015 ~ 2055 年北京市劳动人口数量

（%）

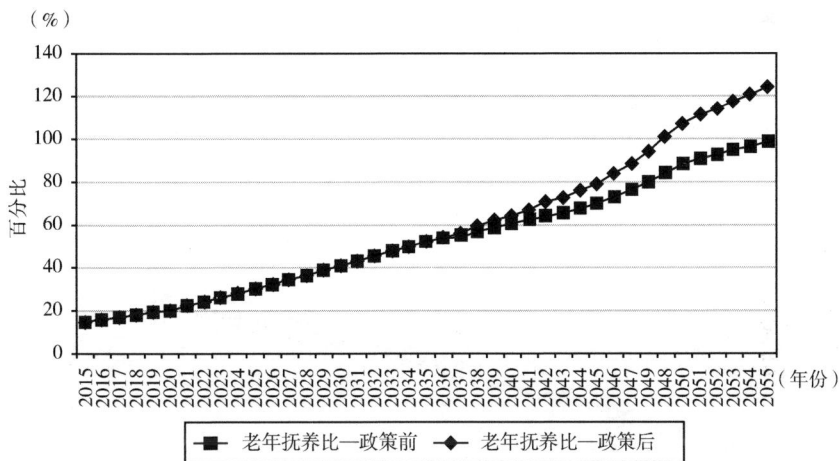

图 8 – 3　2015 ~ 2055 年北京市老年抚养比

均年龄的剧烈上升标志着北京市老年人口的比重十分庞大，北京市老龄化的程度在逐年上升，并且超过了警戒水平。如果未来没有其他的变动，北京市的人口增长将难以为继，人口增长将会消失，整个人口系统将会走向衰竭。但是在政策实施以后，北京市将会在 2045 年起开始一段人口平均年龄稳定在 50 岁的时期直到 2055 年。从平均年龄的角度，政策的实施将会抑制人口的老龄化。这是因为在老年人口规模上升的同时，其他年龄段的人数由于政策实施产生了多出生的新生人口，遏制了老年人口比例的进一步上升。所以北京市在实施政策以后，平均年龄随时间变化的曲线大致呈"S"形。如果不实施全面二孩政策，北京市老年人口系数将在 40 年内由 10% 上升到 40%，政策的实施将会使最终的老年人口系数结果略微下降到 34%（见图8－5）。

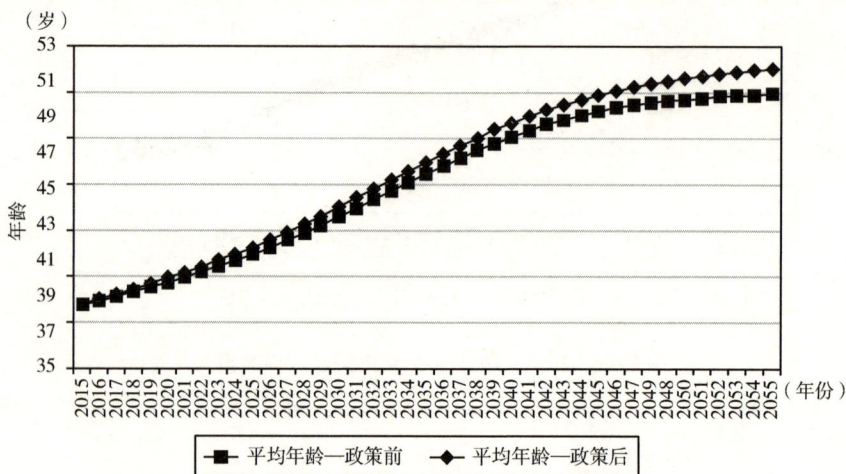

图 8－4　2015～2055 年北京市平均年龄

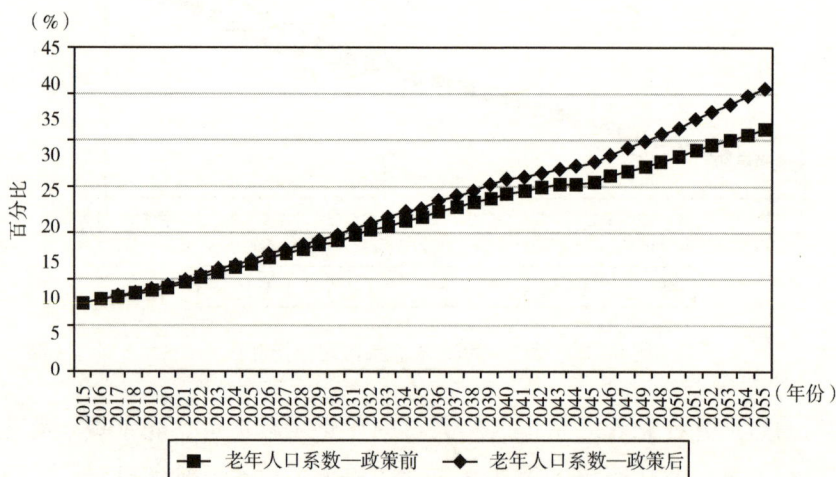

图 8－5　2015～2055 年北京市老年人口系数

8.4.2 我国 2015~2055 年养老金收支情况

北京市基本养老保险金收入规模：根据模型的计算，北京市 2015~2055 年养老金收支的规模呈现上升的趋势，但是不同的是，从 2036 年开始，北京市生育政策的调整使得北京市每年多获得养老金收入，这种"收入扩张"效应随着时间的推移而越发明显。截至 2055 年，全面二孩政策将使北京市养老金收入累计多收 149944 亿元（见图 8-6）。

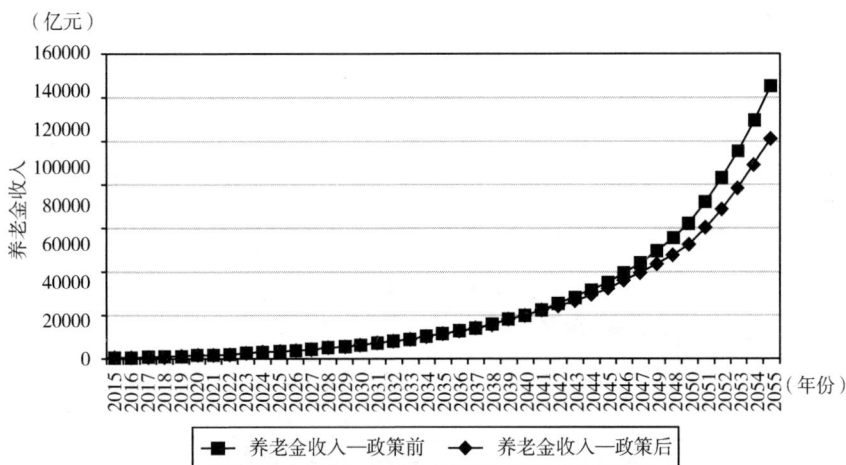

图 8-6 2015~2055 年北京市养老金收入规模政策前后对比

北京市基本养老保险金收支规模对比：北京市养老金支出规模在研究的时间段内并没有受到政策的影响，每年支出在每一种情况下均相同。如图 8-7 所示，2015~2035 年，北京市养老金收支状况在 2024 年出现了变化，在 2024 年以前，北京市基本养老金收入大于支出，但是随着时间的推移，收支的盈余越来越小；从 2024 年以后，各年的收入开始小于支出，并且基本养老金收支赤字越来越大，如果维持现有的养老金待遇和缴费的增长速度，截至 2035 年，养老金收支差额达到 10908 万亿元，赤字状况不容忽视。从 2035 年以后，养老金支出呈现爆炸式的增长，如果不加以调控，养老系统将难以运转，未来将会面临很大的崩溃风险。

北京市基本养老保险金资产和负债规模：对于我国的基本养老保险体系，学界关注的一个核心问题是养老保险金隐性负债的规模。根据本书的测算，全面二孩政策将不会对未来 10 年养老金资产负债规模产生影响。另外养老金资产和负债在 10 年内均稳定增长，养老金负债由 58303 亿元增长到 128447 亿元，养老金资产由 59826 亿元增长到 122212 亿元，资产和负债均在 10 年内翻倍（见图 8-8）。另外，从资产和负债的差额角度考察，这一指标经历了 2015 年和 2016 年的短暂为正值以后，从 2017 年开始一直为负值。从 2017~2021 年，基本养老金负债开始大于资产，并且在 2021 年达到差额的峰值，从此以后这一差额又逐渐变小（见图 8-9）。

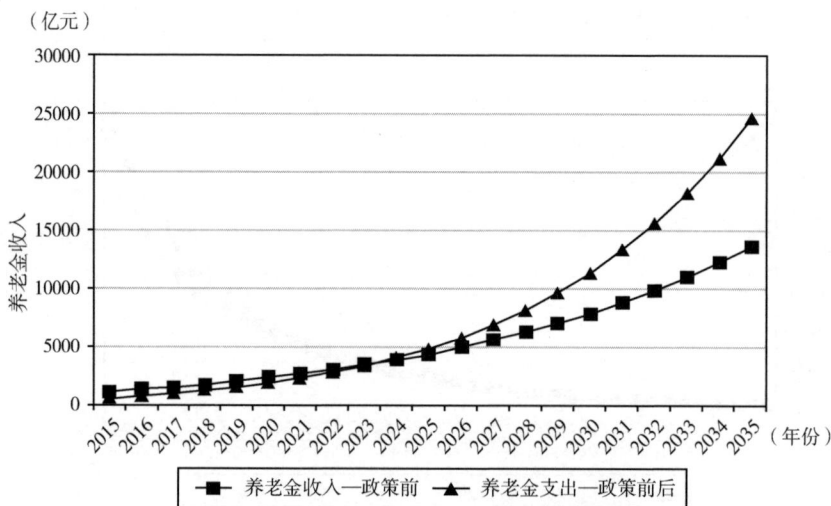

图 8-7　2015~2035 年北京市养老金收支规模

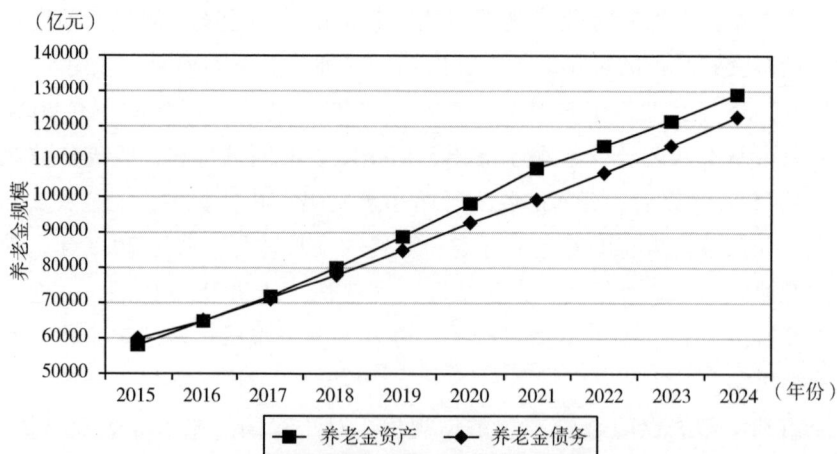

图 8-8　2015~2025 年北京市养老金资产债务规模

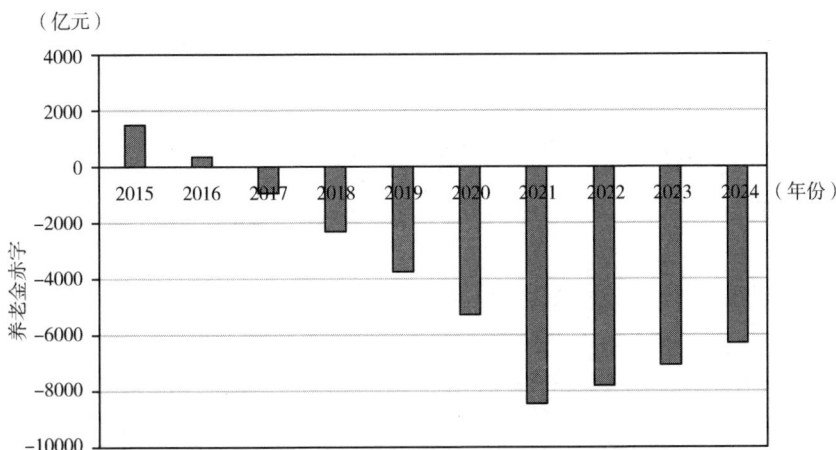

（亿元）

图 8 - 9　2015～2025 年北京市养老金资产负债差额

8.5　模型的敏感性分析

8.5.1　生育率敏感性分析

根据前述的讨论，由于北京市全面二孩政策对总和生育率的影响微乎其微，所以本文拟在理论层面扩大政策的影响力，分别将政策提高的总和生育率的百分比由 11/150 变为 22/150 以及 33/150，分别计算其对总人口数量和变化趋势的影响。

由于北京市本身的总和生育率在全国范围内就处于很低的水平，如果按照这样的总和生育率，且没有人口的迁入和迁出，北京市人口数量将会迅速下降，老龄化程度也会迅速提高。全面二孩政策作用于北京市原本就很低的总和生育率，所以无论政策的效果如何理想，终究改变不了总人口数量快速下滑的趋势，在政策效果为预计效果的三倍时，在 2055 年，北京市人口将会比政策发挥预计效果的情况多 200 万人左右（见图 8 - 10）。

（万人）

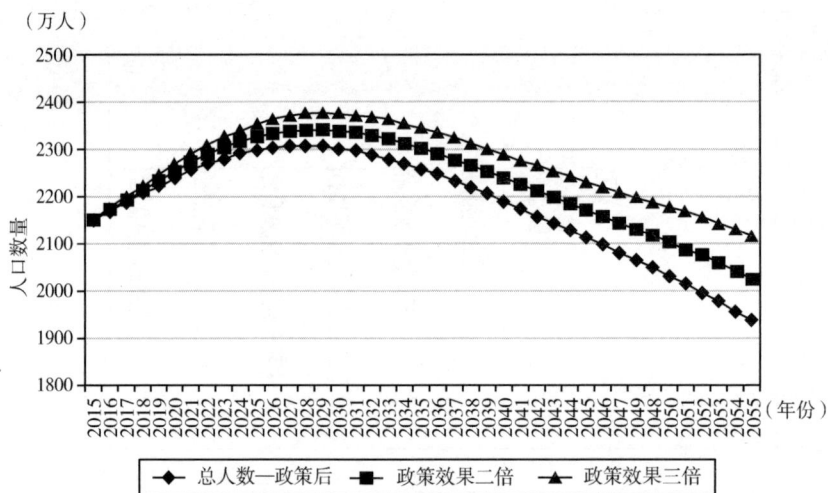

图 8-10　2015～2055 年北京市总人口数量

8.5.2　工资收入增长率敏感性分析

图 8-11 为将工资的增长率由 8.98% 增加 50% 到 13.5% 时，得到的基本养老金收支情况。

（亿元）

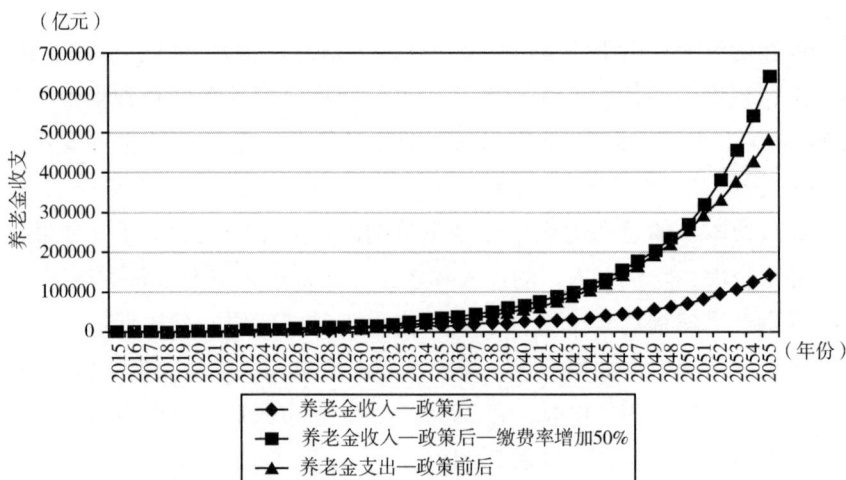

图 8-11　2015～2055 年北京市工资增长率变化对基本养老保险金收入的影响

如果工资增长率提高的幅度为 50%，那么基本养老保险金缴费的来源——

工资收入的增长也会随之增加，这样基本养老保险金收入也会提高。如果工资增长率可以达到平均每年 13.5%，则直到 2050 年以前，养老金收支差额一直在相对较小的范围内。

8.6 实证分析的结论

中国人口问题和养老金收支规模问题十分复杂，众多关键的变量都会改变其发展趋势，并且这些变量的假设和分析并没有准确而统一的回答。

全面二孩政策在人口规模和基本养老金收入规模上都具有"收入扩张"效应。生育率的提高会提高人口数量，改善人口现状，也会减缓老龄化对养老保险体系的冲击。

全面二孩政策具有政策的时滞性。前述内容在人口预测方面，对与劳动人口相关的劳动人口数量和老年抚养比，都是在政策执行了 20 年以后预测到政策的影响，这是因为政策实施了 20 年以后，第一批由于生育政策的变动而多出生的新生人口加入了劳动人口（大于 20 岁）的行列；前文中在养老金收支方面，养老金收入由于其征缴对象正是当期的劳动人口，所以全面二孩政策将会一定程度上增加养老金的收入，并且这种"收入扩张"效应也是出现在政策实施了 20 年以后。

全面二孩政策作用有限。根据前述的分析，除了在平均人口方面，政策的实施与否可以显著抑制北京市平均年龄逐年增加的老龄化趋势，在其他方面，这项政策并不会对未来 40 年北京市的人口数量和结构产生根本性的转变，也就不会改变以人口数量和结构为决定性因素的养老金收支情况和养老金资产负债情况。在未来，单独的生育政策的改变不足以对北京市的人口和养老保险体系提供足够的支持。

8.7 政策评价和政策建议

8.7.1 政策评价

8.7.1.1 顺应趋势：政策阻力较小

我国自 20 世纪 70 年代初期实行计划生育至今，已经有 40 余年。而"单独二孩"政策是对这一政策如今暴露出的种种问题提出的解决措施。由于计划生育政策的实施对人们的生育自由做出了严格的限制，所以一直在不同程度上受到人们的反对甚至抵制，如今"单独二孩"政策在一定程度上将生育自由的权力归还给人民，结合如今人们迫切希望解决由于低生育率所带来的种种问题，其受到的政策阻力很小。

8.7.1.2 "单独二孩"：一个伪政策与收养率下降的问题

其实除去政策的前期制定与宣传，"单独二孩"政策的实施阶段基本不需要政策执行者的参与，因为这项政策本身就是一种取消限制，赋予权利的政策。政策的出台在本质上给予目标群体一种选择权，所以可以说从利益关系上考量没有利益受损方。政策的推行理应受到支持，执行的过程也会水到渠成。

中国计划生育政策放松后将导致孩子的收养率下降，而且这个趋势将持续下去。计划生育政策在过去限制一对夫妇只能拥有一个孩子，但是现在允许夫妇可以拥有第二个孩子。近年来，经济增速的下滑、社会福利的提高和家庭计划生育政策的调整使得收养孩子的数量下降。同时，人们对待拥有孩子的态度已经有所改变，更少的家长放弃他们的孩子，这也就导致了更少的合格收养人的存在。据调查，中国家庭收养孩子的数量在过去5年已经下降，在2010年收养数量为29618人，在2015年只有17201人。理论上说，家庭计划生育政策的放松必将继续导致收养数量的下降。因为，两种类型的家庭成为主要的收养群体——不能拥有自己孩子的夫妇，和有一个孩子但因为之前的计划生育政策想拥有第二个孩子却不能的家庭。中国收养法规定：合格的申请人不得有自己的孩子。如果他们有一个孩子，他们可以收养第二个的条件是那个孩子是一个孤儿，被遗弃或是一个因特殊需要在一个福利机构的孩子。一对夫妇出于特殊需要收养孩子是充满压力的，特别是在中国。由于家庭计划生育政策的放松，人们有机会拥有自己的孩子，谁还会想着去领养呢？为了让夫妇领养孩子更加容易，也为了防止收养率继续降低，若家庭计划生育政策放松，收养法也应随之进行修订。

8.7.1.3 公共政策系统问题：目标群体差异

为了进一步了解在2014年适龄单独家庭情况，大致推算出其大部分应该是出生在20世纪90年代左右的独生子女，观察1990年各省市出生人口，可以发现在经济比较发达的城市，其独生子女比例也更高，而在以北上广为代表的经济较为发达的城市，其生活成本，消费指数等也比其他城市要高。而正是这些因政策出台可以生育二胎的家庭往往会因为生活成本太高，无法生养二胎，这也是如今单独政策人们普遍反应冷淡的原因之一。

8.7.1.4　公共政策执行问题

造成如今现状的原因不是一个方面，但最主要的是公共政策的执行环节出现了问题。以往的计划生育政策可以通过户口登记、教育和社会保障等多个方面对超生群体进行处罚。但是"单独二孩"政策的原则之一是自愿性，既没有行政规章制度的约束，也没有法律法规的严格规定，相比于禁止性的措施，政府并没有很有效的激励措施让目标群体按照政策预期行事。在 T. 史密斯的模型中，紧张—处理—建制这一路径由于缺乏有效的"张力"而变得不再有效，放开单独二孩并不等于鼓励单独二孩，在法律手段和行政手段均不适用的前提下，政府既没有对符合政策家庭的生育行为提供任何的补贴，也没有以其他的形式对政策对象加以引导。

8.7.1.5　公共政策环境问题

公共政策环境：尽管经济总量的计算口径受到质疑，但最近有新闻称中国已经成为世界第一大经济体还是引起了人们的广泛关注。可以确定的是，中国在经济发展方面已经取得了巨大的成就，经济基础决定上层建筑，经济上取得的长足进步使得人们的观念在潜移默化中发生变化，反映在生育观念上就是如今很多家庭对生育持越来越保守的态度。而追根溯源，生育态度的变化又可以归结为经济水平、生育成本、文化观念和社会保障等因素的变化。

文化观念：其实很多政治，经济问题归根结底都能从一个国家的文化，或者说国民性的角度来找到原因。欧洲的主权债务危机和美国的"财政悬崖"都是其福利文化培养的惰性和消费文化培养的超前消费观念带来的。在中国，传统观念中父母与子女的密切联系绝不是和西方社会一样仅仅维持到子女成年，"传宗接代""养儿防老"等传统观念已经深深地扎根在中国的国民性之中，这导致中国父母养育子女的时间相对较长，甚至可以贯穿父母的一生。这导致中国父母的养育成本高于其他国家，在如今生活成本增加的背景下，人口生育的减少也是必然。在大城市计划生育政策实行了 30 余年，子孙满堂、人丁兴旺的大家庭时代已经渐渐远去，转而出现的是以独生子女家庭为代表的"倒金字塔"型家庭结构，甚至是已经在我国的北上广等大城市初具规模的"丁克家庭"。如今独生子女逐渐进入了育龄阶段，他们对独生子女模式的接受或者认同都可以从《二十年城乡居民生育意愿变迁研究》中看出端倪。独生子女对生育二胎持消极态度的原因是多方面的，除了对抚养成本高昂的顾忌以外，对自由等生活观念的认同与向往等共同使得单独家庭的生育意愿如今已经大大降低。

社会保障：中国自古就有养儿防老的传统观念，然而，这种传统观念正受到现有社会保障制度的冲击。随着我国社会养老保险，医疗保险等制度不断完善，老人对子女提供的家庭养老的依赖程度正不断减轻，转而依赖于社会养老制度。社会保障制度的建立不仅会影响人们对生育数量、质量的要求，还会改变"重男轻女"的传统性别观念，使男女平衡，优化人口结构。

8.7.2　为解决未来养老金收支失衡问题的建议

8.7.2.1　提高我国居民整体生育率

我们经历失败常常更多的是因为解决了错误的问题，而不是因为我们为正确的问题找到了错误的答案。我国如果维持如今的超低生育率，人口风险问题势必将会在不久的未来威胁整个国家的生存与发展，提高生育率已经不是一个"取消限制"的问题而是一个"鼓励倡导"的问题。正如发达国家会对人口生育进行经济上的各种支持与补贴一样，如果国家没有一种激励措施将这种伪政策变为真正的政策，我国的人口问题将无法解决。这种经济上的鼓励不仅仅局限于对生育阶段的补贴，对居民社会保障水平的提升，解决看病难、住房难、就医难的民生问题，同样也是一种对生育的鼓励，唯有如此，才会从根本上扭转"二胎负担论"的观念以及解决"生得起但是养不起"的抚养成本问题，从经济和文化上推动居民生育率的提升。

8.7.2.2　延迟退休年龄

一方面，延迟退休年龄可以增加劳动者的劳动年限，使得劳动人口的数量和比例增加；另一方面，劳动人口的增加也意味着退休人口比例的减少，这对于增加基本养老保险金缴费来源，同时降低享受基本养老保险金待遇的人数具有重要作用。不同于全面二孩政策从提高生育率和新生人口的角度解决问题，延迟退休年龄是从降低享受待遇人群数量和提高缴费人群数量的两个角度解决北京市人口老龄化和养老金负债增长的问题的。

8.7.2.3　提高基本养老金缴费比例

从前面的分析中可以看到，在养老保险待遇具有支出刚性的前提下，压缩养老金待遇每年增长的比率难度相对较大。与此相对，提高养老保险费的缴费率政策阻力相对较小。并且根据敏感性分析，缴费率的小幅提升也会对未来基本养老保险收入产生巨大的增长，这对于基本养老保险收支平衡，降低养老金隐性债务，降低财政风险具有重要作用。

第9章 促进老龄化社会经济发展的财政政策建议

从老龄化背景下实施财政政策变革的目标来看，最重要的应该是以下两个：第一，有利于国民经济发展；第二，有利于建设和谐社会。本书第6章对"老龄化背景下的财政政策要有利于经济发展"这一目标进行了分析，本章将围绕"老龄化背景下的财政政策要有利于建设和谐社会"这一目标进行阐述。

"人口问题关系到中国的国运，人口与制度是决定中国未来走向的两大关键要素。"① 人口老龄化是人类社会发展的必然结果、必经阶段，是任何国家或地区都不可抗拒、不可逆转的趋势。理论与实践皆已证明，应对人口老龄化，所涉及的是整个社会群体的福利分配问题，而不仅仅局限在老年人口如何养老这一个方面；应对人口老龄化，所关系到的不仅仅是政府应当如何担当的问题，而是政府、企业与个人三者如何实现合谋合力、多元共治的合理模式。此外，应对人口老龄化还应是一个长期投入、动态调整的可持续发展过程。

政府，作为公共治理的主导者，作为公共产品和公共服务的主要供给者，在应对人口老龄化问题时也扮演重要角色。财政是国家治理的基础和重要支柱。财政政策作为政府实施宏观调控、供给公共产品、弥补市场失灵的重要工具，可以为政府职能履行、社会经济发展与和谐社会建设提供强有力的制度保障和财力保证。

在人口老龄化的现实背景下，财政政策的变革，应基于我国当前养老模式的现实基础，致力于有效应对人口老龄化，促进和谐社会建设。

---

① 叶檀. 反智的人口理论可以休矣（二）[EB/OL]. http：//www.ftchinese.com/story/001046111，2012－08－21.

9.1　基础依据与政策目标

养老模式①的选择，是促进我国老龄化社会经济发展的财政政策改革的基础依据。国内真正地全面研究养老问题应始于 20 世纪 80 年代，当时基于改革开放后家庭规模缩减和人口流动所带来的家庭养老功能弱化的现实，主流观点是大力发展以养老院、敬老院和老年公寓等公共养老设施机构为主的社会养老模式。20 世纪 90 年代以后，国内研究的视线逐渐转向社区养老、养老保险及社会化助老服务等方面。在 1991 年邓小平南行谈话中，"养老问题，可以让家庭消化"②的提出，表明了家庭养老仍是当时的主要养老模式。2013 年 9 月 13 日，国务院印发《关于加快发展养老服务业的若干意见》中指出我国养老服务体系发展目标是，"2020 年，全面建成以居家为基础、社区为依托、机构为支撑的，功能完善、规模适度、覆盖城乡的养老服务体系。"由此可见，家庭养老应当是我国近一段时期内的主导模式。

9.1.1　分类标准与本书的选择

总体来看，当前关于我国养老模式的划分标准主要有三种方式：其一，从空间维度上的划分，即养老地点的选择。据此，可以划分为家庭养老、社区养老及机构养老等。其二，从资金来源上的划分，即养老的经济来源。据此，大致可以划分为家庭养老及社会养老两种主要模式。其三，从养老服务供给来源上的划分，大致也可以划分为家庭养老与社会养老两种主要模式。

基于本书的研究目的，本书将采用"养老地点的选择"这一标准划分当前我国的养老模式，并将养老模式分为家庭养老、社区养老及机构养老三种方式，这也与当前国家相关方针政策相一致。

---

① 关于我国的养老方式存在诸多提法，包括养老形式、养老模式、养老体系及养老制度等，同一称呼下的研究观点也不尽相同。本书中统一使用"养老模式"这一说法。

② 孙业礼. 邓小平："家庭是个好东西"［J］. 党的文献，2010（6）：118 – 119.

9.1.2　近期：家庭养老模式是必然选择

就当前而言，家庭养老应当是我国当前以及近一段时期内的主要养老模式。这是当前我国的基本国情、文化传统与人口老龄化特点等诸多因素共同决定的。

首先，我国最基本的国情就是仍处在并将长期处于社会主义初级阶段。基本国情之下，我国的产业结构仍待优化，服务业发展仍处于较低水平。在人口老龄化的现实背景下，养老服务业的发展严重滞后于我国的人口老龄化发展趋势。虽然各级政府均出台了加快发展养老服务业的若干政策措施，但效果仍不尽人意。社区养老、机构养老中普遍存在着同质化竞争突出、差异化服务匮乏以及服务质量低下等问题，这决定了当前阶段家庭养老的主导地位仍难以动摇。

其次，传统文化的影响依然存在。就现阶段而言，老年人口的思想中传统文化的"子多福多""养儿防老""落叶归根"及"勤俭节约"等观念的影响依然存在。与此同时，个体知识水平、生活习惯及思想观念的差异，也使得老年人在家庭以外的生活与交往中产生诸多不适应感、焦虑感等问题，这也让现今的部分老年人口对社区养老及机构养老等产生抵制情绪。

最后，人口老龄化的"未富先老"及城乡差异特点。"未富先老"决定了现阶段的老年人口在老年期可以自由支配的收入不多，但随着年龄的增加身体状况会不断下滑，医疗卫生支出必然增加。如此一来，经济实力不足也让许多老人无法选择家庭以外的地点养老。与此同时，当前我国人口老龄化水平的城乡差异较大，尽管城乡居民基本养老保险制度缩小了城乡差距，但对于农村老年人的养老支出来说，仍然是杯水车薪。

9.1.3　长期：社会养老与机构养老模式是必然趋势

人口老龄化是我国今后很长一段时期内不可逆转的社会发展趋势。随着社会经济的发展、社会保障体系的完善以及人口迁移、人口流动等因素的影响，社会养老与机构养老模式应该会成为将来的理性选择。

9.1.3.1　社会经济的发展

随着社会经济的发展，社区或机构养老也会步入发展的成熟阶段。与此同时，人民生活水平的不断提高和生活条件的改善，也为老年人口在选择养老模式时拓宽了足够的选择空间。此时，与家庭养老相比，社区养老或者机构养老应该是最经济、最理性的选择。

9.1.3.2 社会保障体系的完善

长期来看，在人口老龄化趋势不断加快的现实压力与各级政府不断提速的改革进程下，我国多层次、多支柱的社会保障体系会逐步达到比较完善的水平。此时，社区养老或机构养老将会为老年人提供满足其需求的人性化、个性化的产品和服务，这也会吸引越来越多的老年人选择这种养老模式。

9.1.3.3 人口迁移、人口流动的影响

从全国来看，社会经济的发展在逐步加快人口迁移、人口流动的规模和频率。从城乡来看，新型城镇化进程的不断提速，也在加快人口从农村向城镇的迁移和流动。大规模、高频率的人口迁移和流动，必然会动摇当今以家庭为单位的养老模式。与此同时，现代生育观念的转变使得我国家庭规模小型化趋势明显，这也会引导老年人逐渐改变对养老模式的选择。

综上所述，按照养老地点的选择这一标准所划分的养老模式中，家庭养老仍将是我国当前的主导模式。从长期来看，社区养老或机构养老将是未来养老模式的理性选择。

9.1.4 政策目标

人口老龄化是我国社会发展未来半个世纪或更长时期所必然面对、不可逆转的基本趋势和社会常态。我们应当明确的是：第一，人口老龄化不是指老年人口绝对数量上的增加，而是指老年人口占总人口比重不断增加的进程。第二，应对人口老龄化不应仅仅局限在如何解决老年人养老这一方面，而是从社会整个群体出发的代际间义务、权利与责任的均衡问题。第三，应对人口老龄化不是人口政策调整就可处理的简单问题，而是需要老龄化现实背景下整个社会制度、体系与政策的整合变革。

财政是国家治理的基础和重要支柱。长期以来，中国政府应对老龄化问题的制度和政策明显表现出一定的滞后性[①]。财政政策作为政府实施宏观调控、供

---

① 胡志勇．论中国"老龄化"的经济影响及财税对策［J］．东南学术，2012（5）：34－35.

给公共产品、弥补市场失灵的重要工具，可以为政府职能履行、社会经济发展、和谐社会建设提供强有力的制度保障和财力保证。在中国人口老龄化的社会背景下，财政政策的实施与变革应实现两个目标：其一，有效促进社会经济发展，这是财政政策实施与变革的目标之一，也是财政政策得以实施与变革的物质基础、前提条件；其二，有效应对人口老龄化挑战，这是财政政策实施与变革的目标之二。

最后需要指出的是，财政政策变革不是政府应对人口老龄化的唯一举措，还需要金融、保险、人口等其他公共政策的鼎力支持和协同发展。但是，财政政策应是我国政府应对人口老龄化问题的主线索和突破口。

9.2　新常态下激发"银发经济"潜力

银发经济，又称"银发产业"、老年产业或老龄产业，是指以老年人为消费主体，以满足老年人的特殊消费需求和消费结构为服务目的，由此所产生的各种经济活动和经济关系的总称。银发经济所覆盖的范围囊括当今市场经济下的全部行业，只是消费主体是老年人而已。

纵观全球市场经济发展，"儿童经济"是 18 世纪"解构"（Deconstruction）市场的新引擎，"妇女经济"是 19 世纪的时代经典，"银发经济"则被誉为 21 世纪的朝阳产业。2014 年 9 月 23 日，全国老龄工作委员会办公室发布的《中国老龄产业发展报告（2014）》预测，"2014～2050 年，中国老年人口的消费潜力将从 4 万亿元左右增长到 106 万亿元左右，占 GDP 的比例将从 8% 左右增长到 33% 左右，将成为全球老龄产业市场潜力最大的国家。"

在我国社会经济进入"增长速度换挡期、结构调整阵痛期、前期刺激政策消化期"的"三期叠加"的新常态下，人口老龄化程度也由微而著。随着人口老龄化进程的不断加快，"银发经济"将成为中国经济新的增长点。然而，如何撬动"银发经济"的关键是支点——政策，特别是"牵一发而动全身"的财政政策。

9.2.1　现状与问题

不可否认的是，随着国家对发展银发经济相关扶持政策的陆续出台和社会各界的积极参与，我国的银发经济近年来有所发展，但与其他老龄化国家相比，仍存在很大差距。总体来看，当前我国的银发经济中仍然存在碎片化管理、同质化竞争及供需失衡的突出问题。

9.2.1.1　碎片化管理

从全国来看，为积极应对人口老龄化，国家陆续出台了发展银发经济的相关扶持政策，包括财政、金融、保险等诸多方面。但是，银发经济的发展需要一个整体性、长期性及持续性的中长期发展规划。只有在全局性的中长期发展规划下，才能保持相关政策的联动性与可持续性，能够为市场各行为主体积极参与银发经济提供一个良好的理性预期和制度保障。当前诸多国内外商家垂涎我国银发经济的市场潜力，但政策预期的不确定性与不连贯性，在一定程度上削减了商家的投资热情，市场观望态势明显。

9.2.1.2　同质化竞争

老年人心理与生理上的特殊性，消费能力、消费习惯与消费需求的差异性等因素，决定了银发经济中产业结构的广阔性。与此同时，受社会经济发展与生活条件改善等影响，老年人对银发经济的需求也呈现出动态发展的趋势，这就决定了银发经济中产业结构的多层次与调整的常态化。然而，国内银发经济的现状则是，商家在追逐短期利润动机的驱使下，竞相提供成本低、利润高、周期短的同质化产品，更有甚者是"以次充好""以假乱真"。在新产品的研发、市场调研、质量控制及产品营销等方面，企业几乎没有意向也没有热情投入相关资金。如此一来，银发经济中就难以避免的产生了"鱼龙混杂"、竞争不公、秩序混乱的市场局面。银发经济中的供给参差不齐与供需严重失衡也就成了必然结果。

9.2.1.3　缺乏产业引领者

一般而言，老年人对健康保障、医疗卫生及长期护理的公共服务需求在银发经济中应该占据主导地位。随着我国人口迁移与人口流动的规模增加与频率加快，老年人口的此类需求将逐步加大。然而，国内银发经济的现状则是忽略了这种潜在需求或缺失了投资兴趣，国内银发经济发展"遍地开花"，但缺乏"一枝独秀"。

9.2.2 激发"银发经济"潜力的政策匹配

银发经济，应当是一个政府主导下各市场行为主体各司其职、积极参与的市场经济机制。"夕阳群体"撬动"朝阳产业"，最需要的是这点——政策，涵盖银发经济方方面面的政策，尤其是"牵一发而动全身"的财政政策。

9.2.2.1 制度创新：制定银发经济发展的中长期规划

在市场经济条件下，银发产业与其他产业截然不同。银发产业在一定程度上具有社会福利性、非营利性等特点，这就决定了在银发产业的培育、形成与发展的全过程中，政府的引导与支持是最关键的。制定政府支持与发展银发经济的中长期发展规划，纳入《中华人民共和国国民经济和社会发展第十三个五年（2016～2020年）规划纲要》。银发经济中长期发展规划的制定，对政府而言，是国家应对人口老龄化问题的战略规划，是不断完善国家治理体系的重要组成部分；对企业而言，这是企业形成理性预期的最基本、最重要的指导思想；对个人而言，是增进民众自身存在感与幸福感的基础，有利于我国和谐社会建设。

9.2.2.2 政策合力：明确财政政策的"主线索"地位

发展银发经济，最需要的是政府财政、金融、保险、土地及人口等公共政策的支持与保障，但在公共政策之中，应当明确财政政策的"主线索"地位。这是因为，政府通过财政政策的调整，以自身的财政收支活动能够在履行政府职能的同时，对银发经济各市场行为主体产生较好的能动性与联动性。以政府财政政策为"主线索"，辅以其他的金融、保险、土地等政策，公共政策之间可以产生很好的互动与互补，促进政府公共政策的效用发挥到极致。

9.2.2.3 政策支持：促进财政支持政策的效率与公平

效率与公平是构建和谐社会的核心问题，也是激发"银发经济"潜力的核心问题。政府在通过财政补贴提高养老金替代率水平时应兼顾到地区间、城乡间及代际之间的福利公平的问题；政府在通过政府购买公共服务时应保证各行为主体之间的效率优先与公平竞争；政府在通过公私合作（Public-Private-Part-nerships，PPP）等方式发展银发产业时，应注重效率提高与公平政府与企业间利益分配等问题。此外，与国内所有制主体相比，境外投资者的引入可以在一定程度上促进国内银发产业的发展活力与动力，政府财政政策的支持力度应做到公平统一。与此同时，政府的税收优惠或减免等政策，同样应该注重银发产业的效率提升与地区间、城乡间、代际间以及国内外不同所有制主体之间的公平，避免"政策洼地"。

9.2.2.4　监管发力：完善优胜劣汰的竞争机制

市场经济条件下，各个市场行为主体都是理性的私利追逐者。因此，银发经济的健康、可持续发展需要政府强有力监管下完善的竞争机制，在实现优胜劣汰、良性竞争的同时，促进民众福利提高、产业的良性发展和政府公信力的提升。

9.3　财政政策的短期选择

党的十八届三中全会指出，科学的财税体制是优化资源配置、维护市场统一、促进社会公平、实现国家长治久安的制度保障。在现代财政制度框架内，要建立具有"自动稳定器"或"内在稳定器"的财税制度。如个人所得税的"档次爬升"效应。基于个人所得税的超额累进税制，当经济高涨时期，人们的收入水平攀升、纳税人适用的税率档次自动爬升，纳税人获得的税后可支配收入份额相对下降，从而对过热的经济起到降温的作用；而当经济低迷时期，纳税人收入水平降低，但其适用的税率档次降低，从而其税后可支配收入份额反而相对增加，可以刺激消费、稳定经济。还有最低社会保障制度。类似的道理，如果最低社会保障水平在一定时期相对稳定，经济高涨时期人们收入水平高，能够通过"收入测试"的人相对较少，国家的社会保障支出较低；而当经济低迷时期，人们的收入水平走低，能够领取最低社会保障的人数增加，从而会增加国家的社会保障支出、刺激和稳定经济。

总结前述理论部分的分析和实证检验得出：现阶段内人口老龄化因素在一定程度上促进了经济增长；扩大政府公共财政支出规模有利于实现经济增长；公共医疗卫生支出有利于社会健康人力资本积累，现阶段可以促进经济增长；人力资本积累是一个长期的过程，教育投资具有回报周期长的显著特点，这也决定了现阶段政府公共教育支出并未显示出明显促进经济增长的作用，但从长期来看，政府加大公共教育支出比重有利于社会人力资本的积累。

本书认为，在我国人口老龄化趋势不断加快的现实背景下，在面临社会经济发展与财政收入同步降速的形势下，政府财政政策的短期选择是：适度供给、结构优化与效率提升。

9.3.1 财政支出：适度供给、结构优化与效率提升

9.3.1.1 适度供给

随着政府职能由"经济建设型"向"公共服务型"转变，政府财政支出规模在不断做出调整和变革。从公共财政支出的口径看，公共财政支出中用于公共教育支出、医疗卫生支出等民生支出比重在逐年增加，用于投资建设性支出的比重已大幅降低；但如果从"全口径"预算管理的口径看，政府财政支出中投资建设型支出占比仍然过半，政府用于教育、医疗卫生等民生领域的投入比重仍处于"欠账"状态。

与此同时，受制于国际经济形势的冲击，政府财政支出仍在刺激经济增长中承担了太多。政府财政大规模刺激计划的同时，更严重的是远超财政支出规模好几倍的信贷投放，以及由此产生的不断高筑的地方政府债务。最终结果是，一方面各级政府的公共财政支出能力受到严重牵制，另一方面也严重压抑了私人部门的投资性需求。"增长速度换挡期""结构调整阵痛期"与"前期刺激政策消化期"的"三期叠加"，在一定程度上也在警示我国的财政政策应当做出适应性调整。在剔除了政府债务或者财政赤字后，政府财政支出规模的直接表现则是社会宏观税负水平的高低。鉴于"当前我国宏观税负已处于较高的水平"[①]，以及政府财政支出规模不断扩大将阻碍国民经济的结构调整与持续健康发展，政府财政支出规模的适度供给并保持稳定，是十分必要和紧迫的。

9.3.1.2 结构优化

毋庸置疑，随着人口老龄化的影响由微而著，与不断加大的老年人口比重相对应的养老服务与医疗卫生服务需求的数量与价格将给财政支出增添更多的

---

① 高培勇. 由适应市场经济体制到匹配国家治理——新一轮财税体制改革基本取向 [J]. 财贸经济，2014（3）：11–12.

不确定性。据测算①，按现有的宏观税负水平（财政支出占 GDP 比重为 32%）计算，不考虑延迟退休因素的影响，财政在教育、医疗与养老三个方面的支出占财政总支出的比重 2020 年为 25.78%，2030 年上升为 34.50%，2040 年上升为 37.81%，2050 年上升为 40.61%。

第一，稳步提升公共教育支出比重，促进社会人力资本积累。理论与实践皆已表明，政府通过提升公共教育支出比重，可以实现通过民众知识水平提升和技术层级进步的途径促进劳动生产效率的改善，进而促进国民经济发展。与此同时，政府公共教育支出的稳步提升与持续投入还能够为国民经济发展源源不断地释放人力资本积累的动力，实现社会经济的长期可持续发展。进一步讲，政府的公共教育支出结构中，还应区别对待不同地区、不同群体间的需求差异，老年人的教育需求及老年人口的人力资本积累同样值得重视和发展。

第二，积极发挥财政资金的引导作用。随着人口老龄化进程的加快，不断提升的老年人口比重势必对医疗卫生支出、养老金支出等提出更大的需求，这就需要财政支出结构加大对医疗卫生及社会保障等领域的投入力度。然而，仅仅依靠政府的财政支出肯定不能满足全社会的共同需要。这就需要政府能够充分利用有限的财政资金，辅以必要的优惠措施，积极引导社会资本参与。

因此，从这种意义上讲，我国政府财政支出规模应在适度供给并保持稳定的基础上做出结构优化，加大对教育、医疗与养老服务等民生领域的支持力度。这是我国政府经济发展理念的转变，也是不断加快的人口老龄化趋势的必然要求。

9.3.1.3 效率提升

财政支出规模的适度供给与结构优化是牵涉面比较广泛的一项改革，它不仅涉及中央与地方政府间财政关系的调整，更重要的是政府内部各部门之间利益格局的重新划分。这就需要政府尽早下定决心，以健全的事前、事中与事后全程的监督评价机制促进改革的效率提升，改进政府的执行力。如 PPP 模式下的政府采购，公私合营模式可以提供成本更低且质量更好的公共产品和服务，从而提高财政支出和改革的效率。

---

① 高培勇，杨志勇，汪德华，蒋震. 关于未来中国财政形势的分析与预测［J］. 全球化，2014 (5)：21 - 26.

9.3.2 财政收入：规范形式与调整结构

财政收入，是财政支出的前提，是政府履行各项职能的财力保障，也是政府处理政府与市场、市场各行为主体之间利益关系的重要方式。如本书前述部分研究表明，自 2000 年我国进入人口老龄化社会以来，税收收入占财政收入比重持续走低、非税收入占财政收入比重则不断攀升，政府财政收入形式分散化的"老问题"重现；就税制结构而言，间接税为主、"跛足"的"双主体税制"格局并未发生根本性改变。如果将研究的时间范围放宽至分税制改革之初的 1994 年，这种问题将显得更加突出[①]。

财政收入形式的分散化，弱化了税收筹集财政收入的主导地位，给政府财政收入增加了不确定性，也使得政府在应对人口老龄化方面的财政支出面临难以形成合理预期的难题；间接税为主的税制结构在加大政府"逆周期"宏观调控难度的同时，也加剧了老龄化背景下社会成员代际之间与代际之内的福利分配不公。

9.3.2.1 规范形式和提高透明度

财政部数据显示[②]，在政府收入中，非税收入所占比重较高；在政府非税收入中，土地出让金收入规模大、比重高、增速快。巨额的土地出让金收入促成了地方政府二元财政结构的形成[③]。

我们应当清醒认识的是，非税收入是除税收以外，由各级政府、国家机关、事业单位、代行政府职能的社会团体及其他组织依法利用政府权力、政府信誉、国家资源、国有资产或提供特定公共服务、准公共服务取得的财政性资金，是政府财政收入的重要组成部分，但由于非税收入政策界限不明确，体制改革与法制建设落后，存在管理不规范和运行效率偏低的问题。对于土地出让金，其一，土地资源的不可再生性决定土地财政收入难以长期持续；其二，巨额的土地财政收入推动了房价不断高企，这严重干扰了新型城镇化进程的推进与和谐

---

① 白彦锋，王凯. 中国分税制改革 20 周年：回顾与展望 [J]. 新疆财经，2014（1）：5 – 12.
② 财政部《2013 年财政收支情况》。2013 年全国政府性基金收入比上年增加 14704 亿元，增长 39.2%；地方政府性基金收入（本级）48007 亿元，增长 40.3%。其中，土地出让合同成交价款增加较多，国有土地使用权出让收入 41250 亿元，比上年增加 12732 亿元，增幅高达 44.6%。
③ 吕冰洋. 零售税的开征与分税制改革 [J]. 财贸经济，2013（10）.

社会的发展；其三，房地产泡沫的持续膨胀使我国国民经济的运行蕴藏着巨大的风险。在人口老龄化趋势由微而著的现实背景下，这就要求政府坚持贯彻依法治税和税收法定主义原则，规范财政收入形式。总体而言，一方面要坚持"清费立税"，明确政府非税收入的管理范围，分类规范管理，完善政府非税收入分成管理政策，强化税收筹集财政收入主渠道作用；另一方面要早下决心，彻底推动我国的税制改革进程。

9.3.2.2　调整结构

根据测算[①]，如果将经济合作与发展组织（Organization for Economic Co-operation and Development，OECD）34 个成员国视为一个整体的国家的话，那么该国2012 年的税收收入中，直接税与间接税比重约为 60：40。随着"营改增"的推进和增值税改革的进行，间接税的减税效应给提升直接税比重提供了较大的空间。因此，我国的税制建设，总体上应以推进我国税制的"直接化"为目标。就现阶段而言，在人口老龄化的现实背景下，个人所得税与房地产税的改革推进应是重点。

个人所得税。本书之所以选择个人所得税改革作为现阶段税收政策结构优化的一个税种，是出于两个方面的考量：一方面，当前国际间或地区间的税收竞争的主要税种是企业所得税，甚至产生"一站到底"（race to the bottom）[②] 的结果；另一方面，当前国内企业所得税比重已经处于 20% 左右的较高水平，而个人所得税 6% 左右的水平仍有较大的提升潜力。最重要的是，在人口老龄化不断加快的现实背景下，现阶段推进个人所得税税收政策的改革，将直接促进社会福利在代际之间和代际之内的公平分配。

建立"综合与分类相结合的个人所得税制"，是现阶段我国个人所得税制度改革的目标。我国个人所得税制的现状是，在征收制度上实行分类征收、在费用扣除上定额、定率扣除并用、在税率上累进税率、比例税率并用、在申报缴纳上采用自行申报和代扣代缴两种方法并用。在现行个人所得税制下的主要缺陷是：区分不同所得项目征税，收入来源多的自然人可以多次扣除费用，其税

---

① OECD, Revenue Statistics 1965～2013, 2014. 数据显示，直接税种的主体税种个人所得税、公司所得税、薪给税（Payroll Tax）及社会保障税所占比重分别为 24.5%、8.5%、1.1% 及 26.2%；间接税中的主体税种一般消费税、特种消费税、财产税及其他税种所占比重分别为 20.2%、10.7%、5.5% 及 3.6%。

② Razin A. and Yuen C.. Optimal International Taxation and Growth Rate Convergence：Tax Competition vs. Coordination. International Tax and Public Finance ［J］. 1999 (6)：61–78.

负轻于收入来源单一的自然人，具有逆向调节效应；理论上可处理各类所得税负，但税率设计技术要求高，一定时期内社会对勤劳所得、资本所得的鼓励倾向具有弹性并且难以科学判断，而税率调整有一定时滞和法定程序，技术难度高，实际上难以妥善处理各类所得税负；以自然人为纳税主体，未充分考虑家庭负担因素，只能有限度、低层次地公平税负；依托代扣代缴方式，自行申报纳税情形较少；由于未建立个人收支监控信息体系，透明收入一般能按规定课税，但隐蔽性、临时性收入漏税较多，征管难度较大，这也是当前社会对个人所得税征管状况不满意之处。本书认为，应推进个人所得税由分类向综合过度。第一，费用扣除标准的动态化、常态化调整机制应挂钩民众消费水平与 CPI。费用扣除标准的调整对国家筹集财政收入的影响较小[①]，对国家和民众而言都是比较科学合理的机制。第二，个人所得税制度改革中应融入"税式支出"的理念。纳税人的家庭构成及消费支出结构的差异，很难通过简单的调整费用扣除标准来消除。通过税式支出，针对纳税人在赡养老人、抚养子女、教育、医疗及养老等方面的支出，应给予专项扣除。考虑到纳税人性别及家庭分工的不同，个人所得税制度的改革也应避免造成"税收性别歧视"和"婚姻惩罚税"[②]。

房地产税。本书之所以选择房地产税改革作为现阶段税收政策结构优化的第二个税种，是出于两个方面的考量：其一，房地产税是对房屋公允价值即现值的课税。可以弥补地方财力不足的同时，平衡收入分配差距。其二，当前我国真正意义上的财产税缺失，推进房地产税的立法进程与全面实施可以为财政收入开辟税源，可以在一定程度上提升政府应对"涉老支出"的能力。

综上所述，在人口老龄化趋势不断加快的现实背景下，本书认为，规范财政收入形式可以让政府形成合理的预期与稳定的收入来源；推进个人所得税与房地产税的改革进程，在提升我国直接税比重的同时可以起到公平收入分配的作用，更重要的是，可以拓宽财政收入来源，以应对不断加大的"涉老支出"需求。

---

① 对比《2011 年 1~9 月份税收收入情况分析》《2011 年税收收入增长的结构性分析》及《2012 年税收收入增长的结构性分析》数据显示，个人所得税占当期税收总收入的比重分别为：7.0%、6.7%、5.8%。

② 漆亮亮，陈莹. 性别歧视与税收政策 [J]. 中国税务，2013（2）：34－35.

9.3.3　税式优惠：促进多支柱社会养老保险体系发展

实践证明，成熟的"三大支柱"养老保险体系在发达国家应对人口老龄化问题时发挥着决定性作用。直到 20 世纪 90 年代，我国才开始陆续建立政府主办的基本养老保险（第一支柱）、雇主主办的企业年金（第二支柱）及个人养老（个人退休账户、个人商业保险、个人储蓄与投资）的社会养老保险体系。至今的发展现状仍是基本养老保险的"一险独大"，三大支柱严重失衡。

9.3.3.1　提高企业年金中企业缴费部分的扣除比例

至今仍在沿用的《关于补充养老保险费 补充医疗保险费有关企业所得税政策问题的通知》的规定，我国企业为在本企业任职（或受雇）员工支付的补充养老保险费的企业所得税免征额度仅为职工工资总额的 5%。较低的免税额度以及缺乏调整的机制在一定程度上抑制了企业与个人参保的主动性和积极性，也影响了制度的实施效果。

与此同时，2014 年起执行的《关于企业年金职业年金个人所得税有关问题的通知》中规定，"个人参保企业年金或职业年金时，虽然使用 EET 的模式，但缴费环节的个人所得税免税额度仅为个人缴费工资计税基数的 4%"，这离个人意愿有一定的差距，也在一定程度上抑制了高收入群体的参保积极性。

本书认为，随着人口老龄化进程的不断加快，企业年金制度必须承担起一定的养老责任。而政府要做的，则是逐步提高税式支出比重，通过提高免税额度及动态调整机制，充分调动企业与个人的主动性和积极性。

9.3.3.2　积极推进个人所得税递延型养老保险实施

积极推进个人所得税递延型养老保险，通过提升养老保险制度中的市场化比重，可以促进保险业的发展，并在一定程度上缓解当前基本养老保险制度的压力。

自 2013 年上海开展国内首个个人所得税递延型养老保险试点以来，EET 模式方案基本成型，政府部门也表示将于 2015 年力推扩大试点并实施[①]。EET 模式的个人所得税递延型养老保险模式，短期内损失的个人所得税可以通过保险

---

① 项俊波. 个税递延型养老保险有望年内落地［EB/OL］. http：//finance. china. com. cn/money/insurance/bxyw/20150309/2991320. shtml，2015 – 03 – 09.

行业的税收加以弥补，更重要的是可以充分调动民众参保的主动性和积极性，为长期内应对人口老龄化奠定一定的物质基础。政府局部和短期的"舍"，从全局和长远来看则是更大的"得"。

为保证政策的实施效果，本书认为：第一，参保标准应统筹兼顾、区别对待低收入群体与高收入群体，避免盲目的"一刀切"现象，参保标准的制定应因地制宜、动态调整；第二，资金收益应在关注安全性的同时，实现较高的收益，因为低收益将严重打压个人参保的积极性。

9.3.4 税收管理：税收管理与"熔断机制"

所谓"熔断机制"（circuit breaker），也被称为"断路器政策"。顾名思义，就是当财政负荷过高时可以自动熔断、中止课税或者财政支出，从而防范对整个财政体制带来系统性的冲击和风险。自 1965 年起，美国 30 个州和哥伦比亚特区已经制订了旨在降低一些低收入家庭和老年人的财产税有效税率的方案。由 30 个州和哥伦比亚特区所使用的给予住宅类财产的"断路器"税收减免，试图将地方财产税和个人所得税结合起来解决财产税的税收负担问题，即设定家庭支付的财产税与家庭当前收入之间的一定比率，防止纳税人综合负担过重。老年人退休之后，其收入水平相对降低，但是老年人所拥有的房地产等价值并没有相应降低。如果单纯按照老人持有的房地产评估价值课税，由于相关房地产并未真正交易、老年纳税人很多时候拥有的只是"纸上财富"，很可能导致老年人税负过重，甚至使一些老人的生活因此陷入窘境。为此，一些发达国家通过个人所得税和财产税之间的协同，通过给予相关纳税人税负"熔断"优惠，将纳税人的综合税负控制在其收入水平的一定限度之内，从而防止纳税人税负过重。可见，这里的"熔断优惠"可以和"税延型的养老保险"政策搭配使用，后者通过在纳税人工作时期和投资期给予其养老保险免税的税收优惠政策，将纳税人的课税时机选择在纳税人退休之后收入水平降低时，从而防止了老年纳税人税负出现"档次爬升"。在我国老龄化程度不断加深、老龄人口规模日益扩大的背景之下，有必要引入"熔断机制"，从财税体制上为老年人安度晚年创造体制机制条件。

同时，近年来我国房地产税改革步伐加快，但纳税人普遍顾虑很深、担心自己未来会凭空"新增一道税"，如果我们能够在房地产税费改革当中引入"熔断机制"，确保纳税人在税制改革前后综合税负不加重，那么我国引入房地产税的改革阻力将会大为减轻。类似的，针对温室效应引起的环境变化，近年来欧洲一些西方国家开征了碳税。人们在讨论我国碳税改革时，也可引入"熔断机制"，将资源能源的资源税等现行相关税负综合考量，从而防止税制改革对相关行业产生过大负面冲击。

此外，世界上超过 20 个国家提供不同商品的"消费税假期"（sales tax holiday），每年超过 1 亿人可以享受到消费税假期"免征消费税"的税收优惠。"消费税假期"一方面，可以看作是"熔断机制"在税收中的变通使用，通过对一定时期的税收减免，刺激消费者的消费欲望以达到促进经济的效果。另一方面，消费税的课税对象与纳税人日常生活息息相关。国家在一年中的一定时期，或者一定条件下免征消费税，即当消费税收入达到年初设定的一定数值目标之后，可以"回馈"纳税人，特别是使中低收入纳税人群体受益，有助于提高纳税人对税收的遵从度，增加纳税人的"获得感"，使税收优惠"看得见摸得着"、实实在在。事实上，"熔断机制"与新加坡以及我国澳门地区等地在年底给居民的"红包"反馈有异曲同工之妙。

9.4　财政政策的长期抉择

面对人口老龄化进程不断加快的趋势，逐步扩大的老年人口比重将对政府公共治理提出更高的要求。从长期来看，以社会保障税、遗产赠与税为主体，构建老龄化税制框架应成为财政政策的长期抉择。

9.4.1　社会保险"费"改"税"

当前，社会保险基金的筹集是制约社会保险事业进一步发展的最关键因素。随着我国社会保障制度的不断发展和完善，社会保险基金筹集规模不断扩大、社会化程度逐步提高，但诸多深层次的问题也日益凸显。针对社会保险基金筹集方式的改革，也是自 20 世纪 90 年代以来学术界和政府部门争论的焦点（安体富和高培勇，1994；杜俭，1995；吴敬琏，1999；李绍光，2000；胡鞍钢，2001；王燕等，2001；等等）。其中，最为重要的原因之一便是这涉及政府各部门之间、地区之间利益分配格局的重大调整。随着人口老龄化进程的不断加快以及城镇职工基础养老金全国统筹的逐步推进，从政府公共治理的角度来看，社会保障的"费"改"税"将成为必然。

9.4.1.1 费改税的必要性与可行性

从国际上来看，社会保障税①是当今国际通行的税种之一，在诸多国家的税制体系中处于重要地位。据不完全统计，以不同形式征收社会保障税的国家有80多个，这不仅包括了几乎全部的发达国家，还有为数不少的发展中国家。理论与实践皆已证明，社会保障税是政府提供社会保障服务、应对人口老龄化的主要抓手之一。

从国内看，当前我国的社会保险基金筹集、运营及管理等方面的深层次问题日益凸显。其一，约束力差、资金筹集效率不高。以行政性收费的方式筹集社会保险基金，难以有效约束个人和单位的缴纳行为，拒缴、漏缴及拖欠等问题仍比较突出。其二，碎片化管理失衡。现在的社会保险基金筹集中区域间、行业间及政府部门间条块分割严重，碎片化管理导致了社会保障功能逐步弱化；部门间利益的竞争，也使社会保险基金的风险加大，保值、增值问题堪忧。

因此，实行社会保险"费"改"税"，一方面，基于税收强制性、固定性及无偿性的特点，随着税收征管能力和效率的提升，可以有效遏制社会保险缴费中的跑冒滴漏现象，有助于社会保险基金形成合理的政策预期与稳定的收入来源，缓解人口老龄化对社会保险基金的支出压力。另一方面，社会保障税可以实现社会保险基金的收支分离，统一社会保险基金碎片化管理的格局，提高政府公共治理的效率与质量。

9.4.1.2 税制设计的基本原则

当前，我国已经实施了党政机关、事业单位养老保险制度与企业党委养老保险制度的"并轨"，从制度和机制上化解了养老保险的"双轨制"矛盾。随着社会经济的发展以及国家治理体系的不断完善，社会保险的其他险种的"并轨"也将成为必然趋势。此外，基于我国当前"城乡二元经济结构"以及"城市内部的城乡二元经济结构"特征仍然显著的背景，社会保障税制设计、实施与推进中总体上应坚持"区别对待、统筹兼顾、先行试点、分步实施"的基本原则。

---

① 关于"社会保障税"的称呼，虽然各国名称不一，但实质相同。在美国称为"工薪税"（payroll-Tax），在英国称为"国民保险税或国民保险捐款"（national insurance contributions）以及"社会保障捐款"（soeial security contributions）、"社会保障付款"（pay related social seeurity）、"特别税"（special assessments）等。

具体来讲有以下几点：

区别对待，是指从户籍性质与就业与否两个维度的区别对待。以覆盖群体不同划分，当前我国的社会保障制度主要包括覆盖就业人群的城镇职工社会保障制度、覆盖农村居民和城市非就业居民的新型农村社会养老保险制度，以及覆盖农村居民的新型农合合作医疗制度。因此，在社会保障税税制设计时，应从户籍性质与就业与否两个维度区别对待。

统筹兼顾，是指应在照顾到城镇居民与农村居民、在岗职工与退休人员、党政事业单位人员与企业职工等各方利益，避免出现"一刀切"所造成的社会福利损失。

先行试点，是指社会保障"费"改"税"的改革应推行渐进式节奏，应该在人口老龄化程度相对较高的地区先行试点，不断积累改革经验。

分步实施，是指社会保障"费"改"税"改革应在现行的社会保障制度格局下，第一步可以选择"养老保险"这一险种进行改革，这是当前最为紧迫和十分重要的；第二步选择在社会保障制度的各个险种之间陆续实施。

9.4.1.3 税制设计

纳税人与课征对象。纳税人：第一步，纳税人范围全面覆盖党政事业单位与企业职工；第二步，纳税人范围扩大至全国居民。课征对象：个人工资、薪金所得；企业利润与单位（党政机关、事业单位）预算收入。

税目与税率设计。税目：第一步，按险种分设税目，养老保险试点先行；第二步，合并统一为社会保障税。税率：适用比例税率。税率设定与调整应坚持，第一步，稳定个人、企业和单位（党政机关、事业单位）负担的基础上，保持税率基本稳定；第二步，建立合理的税率动态化上调机制。

9.4.1.4 可能的影响与应对措施

其一，陷入"重复征税"误区。基于社会保障税的纳税对象主要是个人的工资、薪金所得，社会保障的"费"改"税"实质上并不会对个人可支配收入产生较大影响，但在现象上陷入"重复征税"的误区却在所难免，由此可能引发偷税、逃税等现象。因此，政府应在加大政策宣传力度的同时，切实提高自身的税收征管能力和效率。

其二，影响居民收入分配格局。税收是国民收入再分配的重要形式之一，税收强制性、无偿性及固定性的优点也会给国民收入分配格局带来一定的负面影响。"在同代人之间的收入分配差距较大之时，强制性的收入再分配会给纳税人带来福利损失。"① 因此，政府的社会保障"费"改"税"应在尽力避免"税收洼地"的同时，统筹兼顾各地区、各行业、各个体之间的利益，给予一定的税收优惠。

9.4.2 开征遗产税

遗产税是就纳税人的财产转让行为而征收的一个税种，国外也称"死亡税"。遗产税可谓是一个历史悠久、兴衰交替并至今沿用的税种。从国际上来看，许多国家和地区已经开征或开征过遗产税。就我国而言，新中国成立前有过短暂征收遗产税的历史，新中国成立后遗产税的开征一直是国家税制改革的内容之一，但至今仍未启动。2013 年国务院批转的《关于深化收入分配制度改革的若干意见》中明确提出"研究在适当时期开征遗产税问题"，遗产税开征与否再次成为学术界和实务界争论的焦点，支持与反对均各持己见。然而，既然遗产税的开征重新提上政府税制改革的进程，想必将来肯定会成为必然。

遗产税是直接税的一种，税负无法实现转嫁，实践中通常要跟赠与税一并设计、共同实施。诸多已有研究认为，遗产税可以实现"抽肥补瘦"的收入分配再调节、筹集财政收入以及完善税制结构等。本书认为，在人口老龄化趋势不断加快的现实背景下，开征遗产税对我国应对人口老龄化将具有更加重要的意义。

9.4.2.1 老龄化背景下的遗产税

在人口老龄化的现实背景下，遗产税的开征主要具有三个方面的意义：其一，有利于社会福利的代际间公平分配。遗产税势必会刺激当期老年群体的消费倾向，在某种意义上促进经济增长，并有利于代际之间及代际之内的福利水平差距的缩减。其二，在一定程度上可以为财政收入开辟税源。随着社会经济的发展和人民生活水平的提高，个人财富积累将越来越大，遗产税的开征将为财政收入提供新的税源，进而弥补老龄化对财政支出需求的扩张。其三，遗产税的开征可以促进社会公益组织、慈善机构及非营利组织（Non-profit Organization，NPO）等"第三部门"的发展。这将在一定程度上减轻政府养老压力的同

---

① 李绍光. 社会保障税与社会保障制度优化 [J]. 经济研究，2004（8）：48–56.

时，促进国家治理体系的不断发展完善。

9.4.2.2　遗产税制设计

我国的遗产税制设计更重要的是确定税权归属、选择税制模式及制定税制要素三个方面。

税权归属界。税权归属是中央政府与地方政府利益博弈的一个过程。与单纯的划归中央税或地方税相比，将遗产税的税权定位在中央与地方共享税应该是较好的选择。一方面，基于信息复杂程度的考虑，地方政府应该具有更强的信息优势，这可以为遗产税的征收提供更大的便利，这也可以在一定程度上节约政府行政成本①；另一方面，中央与地方共享税收，可以在遏制地方保护主义和竞争主义趋向的同时，充分调动地方政府依法征税的积极性。

税制模式选择。当前，开征遗产税的各国所采用的税制模式主要有总遗产税制、分遗产税制以及总分结合遗产税制三种税制模式。就我国而言，采用"总遗产税制"较为适宜，这有利于简化税制以及便于征管。

税制要素制定。第一，纳税人与课征对象。由于遗产税是就纳税人的财产转让行为而征收的一个税种，因此，遗产税的纳税人主要是指自然人，包括居民纳税义务人与非居民纳税义务人两种。就课征对象而言，应涵盖动产、不动产、无形资产以及各种债权等遗产。第二，免征额与税率设计。就免征额而言，遗产税的免征额不能定位在或低或高的两个极端，可以借鉴国际经验的基础上，将免征额与人均 GDP 的现值与增速挂钩，建立动态调整机制。就税率而言，我国遗产税的税率应以少层级的累进税率为宜，最高边际税率也不宜定位太高，这主要是基于提高居民可接受性以及纳税遵从度的考虑。第三，规范税收的减免税优惠。通过设置一定的遗产税减免税优惠政策，可以有效提高居民纳税遵从度、激励社会捐赠等行为。在遗产税的减免税项目中，应考虑到遗产继承人的家庭成员结构、赡养老人、抚育子女以及病残等情况，给予适当的减免税优惠。

9.4.2.3　遗产税与赠与税的协同配合

理论与实践皆已证明，遗产税与赠与税可谓是一对"孪生子"。在征收遗产税的国家中，绝大部分都使用遗产税与赠与税同步实施的措施，以避免通过赠

---

①　杨卓. 浅论遗产税开征问题 [J]. 财会研究，2012（13）：17 - 18.

与等行为的偷逃税款现象。因此，我国开征遗产税时，赠与税也需同步实施，税权归属、税制模式与税制要素设计应近乎相同。

9.4.3 社会保障基金条例

2016 年 3 月 28 日，国务院正式发布《全国社会保障基金条例》（以下简称《条例》），首次以国务院条例级别明确社保基金运作规范。《条例》自 5 月 1 日起施行。数据显示，截至 2015 年底，社保基金会管理的基金资产总额达到19139.76 亿元，基金权益 17968.05 亿元。其中，全国社会保障基金 15085.92亿元，比上年末增加 2676.39 亿元；8 个试点省（区、市）做实个人账户资金1149.25 亿元；广东和山东省委托资金 1732.88 亿元。2015 年，社保基金投资收益总额 2287.04 亿元，收益率达到 15.14%。国务院法制办负责人表示，截至2015 年 12 月底，全国社会保障基金规模已由设立时的 200 亿元发展到 15085.92亿元，累计投资收益额为 7133.34 亿元，年均投资收益率为 8.82%，超过同期年均通货膨胀率 6.47 个百分点。可以预见，随着全国社会保障基金规模的不断扩大，其对我国人口老龄化高峰时期的养老保险等社会保障支出的补充、调剂作用也会不断增强，必将成为我国社会保障制度的一块"压舱石"。

社会保障基金条例出台，但对部分关键内容进行了巧妙的"留白"，为日后政策的进一步完善埋下了伏笔。

9.4.3.1 社保基金补充养老时机未定

长期以来，人们对于社会保障基金还是相对陌生的，因为这笔基金并非个人、单位缴纳形成，而是国家社会保障储备基金，由中央财政预算拨款、国有资本划转、基金投资收益和以国务院批准的其他方式筹集的资金构成。在 2016年全国人大记者会上，国务院总理李克强在回应养老金发放是否困难的问题时曾明确表示，全国社会保障基金储备没有动用，这笔钱归根到底是用做养老金发放的。

《条例》最基本的内容就是对社会保障基金的用途进行了规定，即全国社会保障基金是国家社会保障储备基金，用于人口老龄化高峰时期的养老保险等社会保障支出的补充、调剂。然而这一规则在《条例》中仍存在政策缺口，需要出台细则配套实施，因为《条例》中对所谓"人口老龄化高峰时期"到底如何量化；当养老保险基金面临何种情况时可以启动、使用全国社会保障基金；全国社会保障基金可以用做补充、调剂的规模、频率等具体规则都未进行详细规定。

9.4.3.2　基金规模调整幅度未量化

截至 2015 年 12 月底，全国社会保障基金规模已由设立时的 200 亿元发展到 15085.92 亿元，累计投资收益额为 7133.34 亿元，年均投资收益率为 8.82%，超过同期年均通胀率 6.47 个百分点。随着全国社会保障基金规模的不断扩大，对我国人口老龄化高峰时期的养老保险等社会保障支出的补充调剂作用也会增强。

全国社会保障基金资金额度变化一直是有据可循的，在首笔财政拨款后的资金池扩容的来源除了投资运营收益外还包括财政拨款、国有资本划转等。基金的"雪球"越滚越大，但这笔钱的规模应该是什么样的，此前并没有详细的规定。

9.4.3.3　国有资产如何划拨

"划拨国资充实社保基金"早在 2004 年 10 月就被写入了中共十六届三中全会决定中。之所以近几年中央屡次提出划拨国有资本充实社保，是因为只有在"划拨部分国资补充社保基金"的基础上，我国才有条件适时降低社会保险缴费率，如果没有划拨补缺口就没有条件降低。全国社会保障基金的相当一部分资金是国有资本划拨过去的，投资方向是根据服务于社保基金的性质要求确定的，比较稳健也比较灵活，国有资本通过这种途径也达到了保值增值的目的。但国有资产划拨的具体标准与细则还有待继续完善。

应对老龄化，社会保障基金管理需强化。设立全国社会保障基金，是党中央、国务院作出的重要战略决策，是完善我国社会保障体系、积极应对人口老龄化的重要举措。2000 年 8 月，经党中央批准，国务院设立全国社会保障基金，作为国家社会保障储备基金，用于我国人口老龄化高峰时期的养老保险等社会保障支出的补充、调剂，由全国社会保障基金理事会负责管理运营。16 年来，通过财政拨款、国有资本划转等方式不断充实基金，加上投资收益，截至 2015 年 12 月底，基金规模已达 15085.92 亿元。目前，我国已处于人口老龄化阶段，2014 年我国 60 周岁及以上人口 2.12 亿人，占总人口比为 15.5%；65 周岁及以上人口 1.38 亿人，占总人口比为 10.1%。随着人口老龄化进程不断加剧，基金规模不断扩大，保障基金安全的任务越来越重，迫切需要强化对基金投资运营的管理和监督。为了在保证基金安全的前提下实现保值增值，在总结实践经验的基础上，根据社会保险法的规定，制定《条例》，对基金的筹集、使用、管理运营、监督等环节做出进一步规范，是十分必要的。

9.5　重要保障：提升政府执行力

执行力（execution）原本是企业管理学的范畴。自2006年3月《政府工作报告》中首次提出"建立健全行政问责机制，提升政府执行力和公信力"以来，政府执行力建设正式被纳入国家治理范畴。中共十八届三中全会通过的《中共中央关于全面深化改革若干重大问题的决定》中再次强调"增强政府执行力和公信力"，政府执行力将是推进国家治理体系和治理能力现代化的重要保障。

政府执行力，即"政府组织和政府人员在准确理解政府目标的基础上，充分利用组织资源，有效执行实施政府法律、战略计划、政府决策以及公共政策等，以实现政府既定目标的内在能力"。政府执行力的强与弱，直接关系到政府公共治理、履行职能以及执行公共政策的效率和效果。因此，本书认为，在人口老龄化进程不断加快的现实背景下，推进前述部分财政政策改革的最重要保障就是政府执行力。

在我国五级政府的行政管理体制下，中央与地方政府间财政关系面临调整的局面下，以及政府内部各部门利益格局重新分配的形势下，改革进入攻坚期和深水区，不断增强政府执行力是推进改革的最强动力。

总体上看，我国财政政策在执行过程中所存在的"上有政策、下有对策"、预算软约束、财政收支不合法、违规挪用、截留资金、资金使用效率不高等突出问题。随着《新预算法》的实施，提升各级政府依法推进财政政策改革的执行力将是老龄化背景下财政政策改革的关键所在。为有效提升政府财政政策执行力，本书有以下几点建议：

（1）强化法律意识，推进依法行政。《新预算法》作为"经济宪法"，也是规范政府财政收支活动的根本大法。政府在实施财政政策改革时，必须强化法律意识、遵守法律约束，依照法律要求行使政府职能。应不断完善公务员多渠道的培训教育体系，拓展业务范围、夯实专业知识，提高自身新形势下依法行政的能力，进而提高政府公共政策的执行力。

（2）统一思想，积极宣传。在人口老龄化的现实背景下，政府推进的财政政策改革首先要在政府内部形成统一思想、明确目标，并加大社会宣传力度，尽力避免公共政策被社会舆论和民众误解。

（3）加大政务公开力度。政府"以财行政、以政控财"的基础是"取之于民"的各种收入，纳税人也就有对政府政务的知情权和监督权。加大政务公开力度，全民监督下的政府行政将是更加民主、更加有效的政府，这有助于政府提升执行力。

（4）完善激励约束与行政问责和责任追究机制。在当前的行政体制和尚未完全实现转型的政绩考核机制下，地方政府追求自身利益的动机会使政府执行力大打折扣，这主要归因于激励约束与行政问责和责任追究机制的不完善。在财政政策改革的推进中，应不断完善激励约束与行政问责和责任追究机制、提高违法成本，遏制地方违法操作、违规执行以及"寻租"腐败等所导致的政策扭曲和地方保护主义等现象。

第10章 人口老龄化背景下财政政策的 研究结论、局限与展望

按照"提出问题—文献述评—理论基础—现状分析—国际借鉴—政策目标—政策建议"的基本思路和逻辑框架,通过对本书研究主题的理论分析和实证检验,本书得出了六个方面的研究结论。与此同时,进一步思考了本书今后可能存在的研究方向,本书所存在的局限性也需正视。

10.1 研究结论

通过本书前述对有关研究文献的梳理和评析、理论分析、影响机理的阐释、实证分析、国际镜鉴及政策匹配六个方面的全面论述,本书主要得出以下六个方面的研究结论。

第一,就本书的人口老龄化、财政政策及经济增长三个主要研究对象而言,国内外学术界相关研究比较成熟和透彻,但均集中在人口老龄化与经济增长、政府财政政策的增长激励效应两个独立的方面,将人口老龄化与政府财政政策综合起来研究二者对经济增长的影响则极少。本书基于中国人口老龄化的现实背景,从政府公共治理的角度出发,探讨人口老龄化、财政政策与经济增长三者之间的关系,并据此提出了促进老龄化社会经济发展的财政政策建议。本书发现,在人口老龄化的时代背景下,政府财政政策与经济增长的关系是一个动态变化、错综复杂的变化过程,其中包括公共财政支出的规模,更重要的是公共财政支出的结构。

第二,本书以经济增长理论、人力资本理论、公共产品理论及公共财政理论为理论基础,从理论上阐释了人口老龄化、政府财政政策与经济增长三者间的影响机理。本书发现,人口老龄化对人力资本积累会产生积极或消极两个方

面的影响；政府公共财政支出规模也会对经济增长产生积极或消极两个方面影响；政府是社会公共产品和公共服务的主要供给者，人口老龄化的加剧会加大政府供给公共产品和公共服务的"兜底"负担。

第三，本书系统梳理了我国人口老龄化现状、趋势，财政体制演变及当前应对人口老龄化的财政政策。本书发现，我国人口老龄化基数大、增速快，"未富先老""未备先老"，区域差异、城乡差异及性别差异较大是当前的显著特点，就发展趋势来看，21 世纪是我国人口老龄化进程不断加快的时期；自我国进入人口老龄化社会以来，我国财政体制的诸多深层次问题日益凸显，主要是政府间财政关系在走"回头路"、税收收入比重持续走低、直接税比重偏低三个方面，这将不利于我国统筹处理人口老龄化问题与经济发展二者之间的关系；就我国已出台的应对人口老龄化的财政政策而言，明显呈现财政支持力度小、税收优惠有限及缺乏动态调整等问题，这也在一定程度上加重了人口老龄化对当前财政收支的压力。

第四，通过对美国、英国、德国三个西方发达国家，日本、韩国两个东亚发达国家以及古巴、智利两个拉美国家应对人口老龄化、促进经济增长的公共政策的相关梳理和总结，可以得到值得借鉴的重要启示：其一，政府作为社会公共产品和公共服务的重要提供者，在应对人口老龄化问题时，承担了"兜底"的职责。其二，财政政策，尤其是税收政策在世界各国政府应对人口老龄化问题上是强有力的宏观调控手段。其三，优化公共财政支出结构、增加社会人力资本投资积累，以及加大对老年人各项事业发展的财政支持力度，是各国政府一致的财政政策倾向。其四，通过开辟新税源或调整税制结构等举措激发国民经济活力，以更好地筹集财政收入，缓解不断增加的老年人口对公共财政支出的短期压力和长期风险，是各国应对老龄化社会的主要途径。其五，以政府财税支持政策为导向，充分调动地方政府和社会力量参与发展老龄事业的积极性，不断丰富和完善政府主导下的老龄化机制框架是各国政府应对人口老龄化的共同所在。

第五，在阐述在人口老龄化现实背景下，政府财政政策目标取向的基础上，利用我国 1999～2013 年的省级面板数据实证分析了人口老龄化、财政政策与经济增长三者之间的关系。本书认为，政府主导下市场各行为主体的多元共治模式将是有效应对人口老龄化的成功举措，政府的角色定位是关键，财政政策则应作为政府参与的最有力工具。进一步，人口老龄化背景下的财政政策应协同实现两个目标：其一，有效促进社会经济发展，这是财政政策实施与变革的目标之一，也是财政政策得以实施与变革的物质基础、前提条件；其二，有效应对人口老龄化挑战，这是财政政策实施与变革的目标之二。从全国 30 个省、自治区、直辖市 1998～2013 年相关数据的面板数据分析结果来看，人口老龄化和公共财政支出政策在一定程度上促进了地区经济增长，但这只是基于人口老龄化仍处于初级阶段和公共财政支出规模尚有扩大空间的考虑。从长期来看，伴随着中国经济和财政收入双双步入"新常态"，人口老龄化的进一步加重，政府财政政策必须做出合理、审慎的适度供给和结构优化。在稳定公共医疗卫生支出的同时，适度增加公共教育支出用于人力资本投资，这将有利于中国人力资本积累，也将为中国经济增长不断释放"制度红利"。

第六，在总结本书前述论证结论的基础上，提出了我国人口老龄化背景下财政政策改革的基础依据、政策目标，并提出了促进老龄化社会经济发展的财政政策建议。本书认为，养老模式的选择，是促进我国老龄化社会经济发展的财政政策改革的基础依据：按照养老地点的选择这一标准所划分的养老模式中，家庭养老仍将是我国现阶段的主导养老模式，社区养老或机构养老将是未来养老模式的理性选择。从短期内来看，财税支持激发"银发经济"潜力，财政支出的适度供给、结构优化与效率提升，财政收入的规范形式与调整结构，以及税收优惠促进多支柱社会养老保险体系发展是财政政策短期内的改革方向；从长期来看，构建以社会保障税与遗产和赠与税为主体税种的"老龄化税制框架"将是政府应对人口老龄化、实现经济发展的改革方向。此外，中国人口老龄化背景下的财政政策改革的积极有效推进，需要政府执行力这一最为重要的保障措施。

10.2　研究局限和展望

10.2.1　本书的研究局限

第一，限于中国相关数据的可得性以及相关统计口径的调整差异较大，本书未能从全国层面对研究主题所涉及的三个主要因素进行时间序列的实证分析。这是本书的一大研究局限。

第二，效率和公平是经济学研究领域的两个重点。本书仅仅从效率方面研究了人口老龄化与政府财政政策对经济增长的影响，并仅从促进老龄化社会经济发展的角度提出了相应的政策建议，未能就人口老龄化及财政政策所可能带来的代内之间和代际之间的公平问题进行深入分析。这也是本书的一大局限。

10.2.2　本书的研究展望

效率和公平是经济学领域研究的两个重点。本书认为，随着我国人口老龄化进程的不断加快，以及我国社会经济与财政收入双双步入新常态的情况下，探讨人口老龄化、财政政策所带来的代内之间和代际之间的公平问题，及其相应的政策匹配将是该领域未来重要的研究方向。

参 考 文 献

[1] 安秀梅. 公共治理与中国政府预算管理改革 [M]. 北京：中国财政经济出版社，2005：1 – 23.

[2] 安秀梅. 以公共治理的理念推进政府公共支出管理 [J]. 当代财经，2003（9）：30 – 35.

[3] 安秀梅. 政府公共财政受托责任研究 [J]. 财政研究，2005（5）：21 – 23.

[4] 白彦锋. 我国应对人口形势变化的财税政策选择——来自俄罗斯"无子女税"的启示 [J]. 地方财政研究，2007（7）：61 – 64.

[5] 白彦锋. "稳定税负"与中期财政规划管理改革 [J]. 中国财政，2014（11）：18 – 20.

[6] 白彦锋. 国际经济形势逆转与中国财经战略调整 [N]. 中国经济时报，2014 – 2 – 28（5）.

[7] 白彦锋，刘畅. 中央政府土地政策及其对地方政府土地出让行为的影响——对"土地财政"现象成因的一个假说 [J]. 财贸经济，2013（7）：30 – 35.

[8] 白彦锋，陈嘉育. 稳定税负与我国房地产税改革研究 [J]. 会计之友，2015（5）：69 – 72.

[9] 白彦锋，王凯. 中国分税制改革20周年：回顾与展望 [J]. 新疆财经，2014（1）：5 – 12.

[10] 白彦锋，王凯. 中国新型公共产品的缺失与供给研究 [J]. 创新，2014（1）：72 – 74.

[11] 白彦锋，王凯. 我国税制改革中的难点问题研究 [J]. 地方财政研究，2014（5）：55 – 60.

[12] 白彦锋，王凯. 结构性减税不是"叶公好龙" [J]. 广东地方税务，2013（7）：10 – 11.

[13] 贝尔克. 人力资本：特别是关于教育的理论与经验分析 [M]. 北京：北京大学出版社，1987：180 - 187.

[14] 蔡昉. 中国的人口红利还能维持多久 [J]. 经济学动态，2011 (6)：3 - 7.

[15] 蔡昉. 中国经济增长如何转向全要素驱动型 [J]. 中国社会科学，2013 (1)：56 - 71.

[16] 蔡昉. 人口转变、人口红利与刘易斯转折点 [J]. 经济研究，2010 (4)：4 - 11.

[17] 蔡昉. 未富先老与中国经济增长的可持续性 [J]. 国际经济评论，2012 (1)：82 - 95.

[18] 蔡昉. 人口转变、人口红利与经济增长可持续性——兼论充分就业如何促进经济增长 [J]. 人口研究，2004 (2)：2 - 9.

[19] 蔡昉. 中国劳动力市场发育与就业变化 [J]. 经济研究，2007 (7)：4 - 14.

[20] 蔡昉. 王德文. 中国经济增长可持续性与劳动贡献 [J]. 经济研究，1990 (10)：62 - 68.

[21] 蔡昉. 从人口学视角论中国经济减速问题 [J]. 中国市场，2013 (7)：12 - 16.

[22] 陈会星，李开宇，徐欢，李璨. 基于人口红利视角下的老龄化与经济增长研究 [J]. 河南科学，2014 (11)：2418 - 2422.

[23] 储殷. 东北"人口流失"未必是危机 [N]. 新京报，2015 - 7 - 15 (7).

[24] 程永宏. 现收现付制与人口老龄化关系定量分析 [J]. 经济研究，2005 (3)：53 - 63.

[25] 党俊武. 应对老龄社会是全面深化改革和推动发展的重要战略议程 [J]. 老龄社会科学，2015 (1)：3 - 10.

[26] 杜鹏，翟振武，陈卫. 中国人口老龄化百年发展趋势 [J]. 人口研究，2005 (6)：91 - 93.

[27] 杜吉国. 黑龙江人口迁移对经济社会发展的影响 [D]. 吉林大学，2013.

[28] 付伯颖. 人口老龄化背景下公共财政政策的选择 [J]. 地方财政研究，2008 (10)：25 - 29.

［29］范力达．省际间人口迁移对吉林省经济发展的影响［J］．人口学刊，1995（3）：12－16．

［30］高淑红．人口老龄化的财政负担及对策建议［J］．地方财政研究，2011（1）：76－77．

［31］高培勇，杨志勇，汪德华，蒋震．关于未来中国财政收入形势的分析与预测［J］．全球化，2014（5）：21－32．

［32］高培勇．由适应市场经济体制到匹配国家治理——新一轮税制改革取向的探讨［J］．财贸经济，2014（3）：9－10．

［33］高培勇．由适应市场经济体制到匹配国家治理——新一轮财税体制改革基本取向［J］．财贸经济，2014（3）：11－12．

［34］高培勇，杨志勇，汪德华，蒋震．关于未来中国财政形势的分析与预测［J］．全球化，2014（5）：21－26．

［35］高培勇．理解十八届三中全会税制改革"路线图"［J］．税务研究，2014（1）：3－4．

［36］郭庆旺，贾俊雪．稳健财政政策的非凯恩斯效应及其可持续性［J］．中国社会科学，2006（5）：58－67．

［37］郭庆旺，贾俊雪．公共教育政策、经济增长与人力资本溢价［J］．经济研究，2009（10）：23－34．

［38］郭庆旺，吕冰洋，张德勇．财政支出结构与经济增长［J］．经济理论与经济管理，2003（11）：6－11．

［39］郭志刚，张二力，顾宝昌，王丰，解振明．21世纪中国人口与经济发展［M］．北京：社会科学文献出版社，2006：63－95．

［40］郭熙保，李通屏，袁蓓．人口老龄化对中国经济的持久性影响及其对策建议［J］．经济理论与经济管理，2013（2）：45－49．

［41］［德］黑格尔．法哲学原理［M］．北京：商务印书馆，2009：298－320．

［42］胡志勇．论中国"老龄化"的经济影响及财税对策［J］．东南学术，2012（5）：34－35．

［43］贺菊煌．人口变动对经济的影响［J］．数量经济技术经济研究，2003（12）：45－46．

［44］贾康，梁季．深化财政分税制改革的思路和重点［J］．中国财政，2013（23）：16－18．

［45］姜向群，杜鹏．中国人口老龄化对经济可持续发展影响的分析［J］．

市场与人口分析, 2000 (2): 1 -8.

[46] 姜玉. 东北地区人口变动对经济影响研究 [J]. 黑河学刊, 2016 (1): 8 -11.

[47] 李保仁. 国家预算理论与实务 [M]. 北京: 北京经济学院出版社, 1996: 200 -239.

[48] 李保仁, 赵春. 迈入 21 世纪的中国经济 (第二辑) [M]. 北京: 中国财政经济出版社, 2001: 1 -35.

[49] 李保仁, 贾杰. 邓小平财经理论与中国财政改革 [M]. 北京: 中国财政经济出版社, 2004: 1 -100.

[50] 李时宇, 冯俊新. 老龄化对中国政府资产负债表影响及政策空间分析 [J]. 经济学动态, 2014 (1): 74 -80.

[51] 李扬, 张晓晶, 常欣, 汤铎铎. 中国主权资产负债表及其风险评估 (下) [J]. 经济研究, 2012 (7): 14 -16.

[52] 李晶. 促进人口老龄化与社会经济协调发展的财税政策研究 [J]. 宏观经济研究, 2013 (1): 23 -25.

[53] 李绍光. 社会保障税与社会保障制度优化 [J]. 经济研究, 2004 (8): 48 -56.

[54] 李中义. 公共财政视角下的社会保障制度构建 [J]. 财政研究, 2007 (11): 44 -46.

[55] 李军. 人口老龄化经济效应分析 [M]. 北京: 社会科学文献出版社, 2005: 2 -200.

[56] 李竟能. 现代西方人口理论 [M]. 上海: 复旦大学出版社, 2004: 150 -190.

[57] 李晓阳, 黄毅祥. 劳动力流出对当地经济发展的影响 [J]. 西南大学学报, 2014 (12): 92 -100.

[58] 李洪心, 李巍. 人口老龄化对我国财政支出规模的影响——从社会保障角度出发 [J]. 南京人口管理干部学院学报, 2012 (4): 33 -37.

[59] 李民强. 人口老龄化对我国财政支出及稳定性影响研究 [D]. 吉林大学, 2010.

[60] 李雨潼, 张剑宇. 从抚养比变化看东北地区人口老龄化 [J]. 人口学刊, 2010 (6): 38 -41.

[61] 楼继伟. 中国政府间财政关系再思考 [M]. 北京: 中国财政经济出版

社，2013：1 – 35.

[62] 楼继伟. 包容性增长中的财税改革 [J]. 发展，2013（6）：7 – 8.

[63] 吕冰洋. 零售税的开征与分税制改革 [J]. 财贸经济，2013（10）：17 – 25.

[64] 吕冰洋. 从分税到分成：分税制的演进与改革 [J]. 中国财政，2014（1）：18 – 20.

[65] 刘穷志，何奇. 人口老龄化、经济增长与财政政策 [J]. 经济学（季刊），2012（10）：119 – 132.

[66] 刘金塘，林福德. 从稳定低生育率到稳定人口——新世纪人口态势模拟 [J]. 人口研究，2000（7）：37 – 38.

[67] 马拴友. 中国经济增长的财政政策分析 [D]. 北京：中国社会科学院，2001.

[68] 马骏. 国家资产负债表探究 [J]. 中国外汇，2013（1）：18 – 19.

[69] 马海涛，王凯，徐晓芳. 新型城镇化进程中交通拥堵治理的税收政策研究 [J]. 税务研究，2014（11）：21 – 24.

[70] [德] 马斯格雷夫. 财政理论与实践 [M]. 北京：中国财政经济出版社，2003：45 – 47.

[71] [美] 米尔顿·弗里德曼. 资本主义与自由 [M]. 北京：商务印书馆，2004：89 – 93.

[72] 欧林宏. 关于中国财政风险的几个问题 [J]. 中央财经大学学报，2003（10）：1 – 2.

[73] 彭希哲，胡湛. 公共政策视角下的人口老龄化 [J]. 中国社会科学，2011（3）：121 – 138.

[74] 彭秀健. 中国人口老龄化的宏观经济后果——应用一般均衡分析 [J]. 人口研究，2006（4）：12 – 22.

[75] 漆亮亮，陈莹. 性别歧视与税收政策 [J]. 中国税务，2013（2）：34 – 35.

[76] 秦颖. 论公共产品的本质 [J]. 经济学家，2006（3）：77 – 82.

[77] 齐明珠. 人口变化与经济增长：中国与印度的比较研究 [J]. 人口研究，2013（3）：93 – 101.

[78] 齐殿伟. 东北地区人力资本与经济增长 [J]. 社会科学战线，2009（7）：243 – 246.

[79] 孙业礼.邓小平:"家庭是个好东西"[J].党的文献,2010 (6): 118-119.

[80] 沈坤荣,余红艳.地方公共政策的结构效应——基于人口老龄化视角的分析[J].经济理论与经济管理,2013 (12): 6-12.

[81] [法] 萨伊.政治经济学概论[M].北京:商务印书馆,1982: 1-375.

[82] [美] 舒尔茨.论人力资本投资[M].北京:北京经济学院出版社,1990: 6-20.

[83] 沈君丽.二元经济结构下的人口红利及其实现[J].南方人口,2005 (1): 41-47.

[84] 史佳颖.中国和印度的人口转变与经济增长机遇[D].南开大学,2013.

[85] 田雪原.人口老龄化与养老保险体制创新[J].人口学刊,2014 (1): 5-15.

[86] 田步伟.东北边境地区经济社会状况和人口流动研究[D].吉林大学,2015.

[87] 刘佐.中国直接税与间接税比重变化趋势研究[J].财贸经济,2010 (7): 41-43.

[88] 王宇鹏.人口老龄化对中国城镇居民消费行为的影响研究[J].中国人口科学,2011 (1): 66-73.

[89] 王燕,徐滇庆,王直,翟凡.中国养老金隐形债务、转轨成本、改革方式及其影响——可计算一般均衡分析[J].经济研究,2001 (5): 3-12.

[90] 王志刚.中国积极财政政策是否可持续[J].财贸经济,2012 (9): 53-60.

[91] 邬沧萍等.中国特色的人口老龄化过程、前景和对策[J].人口研究,2004 (1): 8-14.

[92] 王凯,白彦锋,张静.我国成品油消费税改革中的难点问题研究[J].中央财经大学学报,2015 (2): 18-23.

[93] 王弟海,龚六堂,李宏毅.健康人力资本、健康投资和经济增长——以中国跨省数据为例[J].管理世界,2008 (3): 27-36.

[94] 王丰,[美] 安德鲁·梅森.中国经济转型过程中的人口因素[J].中国人口科学,2006 (3): 2-18.

[95] 王国强.中国区域人口与发展研究[M].长春:长春出版社,2009:

110 - 180.

[96] [英] 休谟. 人性论 [M]. 北京: 商务印书馆, 1980: 578 - 560.

[97] 熊必俊. 人口老龄化与可持续发展 [M]. 北京: 中国大百科全书出版社, 2002: 91 - 93.

[98] 席雪红. 各省市人力资本状况的综合评价研究 [J]. 经济论坛, 2007 (16): 8 - 9.

[99] 熊映梧. 中国人口: 黑龙江分册 [M]. 北京: 中国财政经济出版社, 1989: 210 - 300.

[100] [英] 亚当·斯密. 国民财富的性质和原因的研究 [M]. 北京: 商务印书馆, 1988: 93 - 100.

[101] 杨雪, 侯力. 中国人口老龄化对经济社会的微观和宏观影响研究 [J]. 人口学刊, 2011 (4): 48 - 53.

[102] 袁志刚, 宋铮. 人口年龄结构、养老保险制度与最优储蓄率 [J]. 经济研究, 2000 (11): 25 - 31.

[103] 杨默如, 李平. 积极应对人口老龄化的税收政策研究 [J]. 税务研究, 2008 (5): 85 - 86.

[104] 杨燕绥. 深度人口老龄化下的五大预警 [J]. 国家治理, 2014 (12): 23 - 32.

[105] 杨卓. 浅论遗产税开征问题 [J]. 财会研究, 2012 (13): 17 - 18.

[106] 于秀琴, 李军, 蔺雪春. 政府执行力提升的路径选择 [J]. 中国行政管理, 2010 (7): 42 - 45.

[107] 杨发祥. 当代中国计划生育史研究 [D]. 浙江大学, 2013.

[108] 杨旭. 东北地区人力资本与经济增长实证研究 [J]. 吉林省经济管理干部学院学报, 2006 (12): 9 - 11.

[109] 于学军. 中国人口转变与"战略机遇期" [J]. 中国人口科学, 2003 (1): 9 - 14.

[110] 姚引妹. 中国人口年龄结构变动的经济效应研究 [D]. 浙江大学, 2010.

[111] 赵志耘, 吕冰洋. 政府生产性支出对产出—资本比的影响——基于中国经验的研究 [J]. 经济研究, 2005 (11): 54 - 55.

[112] 庄子银, 邹薇. 公共支出能否促进经济增长: 中国的经验分析 [J]. 管理世界, 2003 (5): 4 - 12.

[113] 张宏军. 西方公共产品理论溯源与前瞻 [J]. 贵州社会科学, 2010 (6): 120 – 124.

[114] 郑秉文. 中国养老金发展报告 2014 [R]. 北京: 经济管理出版社, 2014: 1 – 200.

[115] 曾毅. 试论二孩晚育政策软着陆的必要性与可行性 [J]. 中国社会科学, 2006 (2): 97 – 98.

[116] 张五常. 中国的经济制度 [M]. 北京: 中信出版社, 2009: 1 – 56.

[117] 张占平, 王洪春. 布什政府的社会保障政策 [J]. 山东工商学院学报, 2004 (2): 3 – 4.

[118] 朱青. 从国际比较视角看我国的分税制改革 [J]. 财贸经济, 2010 (3): 35 – 38.

[119] 周飞舟. 分税制十年: 制度及其影响 [J]. 中国社会科学, 2006 (6): 100 – 115.

[120] 曾祥旭. 低生育水平下中国经济增长的可持续性研究——以人口为分析要因 [D]. 西南财经大学, 2011.

[121] 钟水映, 李魁. 人口红利、空间外溢与省域经济增长 [J]. 管理世界, 2010 (4): 14 – 23.

[122] 张琦. 论人力资本、固定资本与区域经济发展 [J]. 商业时代, 2007 (32): 100 – 101.

[123] Axel H. Borsch-Supan. Shifting Perspectives: German Pension Reform [J]. Internationl Economics. 2005, 40 (5): 248 – 250.

[124] Attanasio, J. Banks, M. Wakefield. Effectiveness of Tax Incentives to Boost (Retirement) Saving: Theoretical Motivation and Empirical Evidence [J]. OECD Economic Studies, 2004, 39 (2): 145 – 172.

[125] Akira Okamoto. Simulating fundamental tax reforms in an aging Japan [R]. Economic Systems Research, 2007, 17 (2): 163 – 185.

[126] Alan Pifer, Lydia Bronte. Introduction: Squaring the Pyramid in Our Aging Society: Paradox and Promise [C]. New York: W. W. Norton, 1986: 3 – 4.

[127] Bloom D. E. , J. G. Williamson. Demographic Transitions and Economic Miracles in Emerging Asia [J]. World Bank Economic Review, 1998 (3): 419 – 456.

[128] Bailey M. J. More power to the pill: The impact of contraceptive freedom

on women's lifecycle labor supply [J]. The Quarterly Journal of Economics, 2006, 21 (1): 289 – 320.

[129] Barlow R. Population Growth and Economic Growth: Some MoreCorrelations [J]. Population & Development Review, 1994, 20 (1): 153 – 165.

[130] Bloom D. E., Freeman R. B. The Effects of Rapid Population Growth on Labor Supply and Employment in Developing Countries [J]. Cambridge Massachusetts Harvard University Center for Population Studies Aug, 1986, 12 (3): 381 – 414.

[131] Bloom D. E., Williamson J. G. Demographic Transitions and Economic Miracles in Emerging Asia [J]. World Bank Economic Review, 1997, 12 (3): 419 – 455 (37).

[132] Bloom D. E., Canning D., Sevilla J. Economic Growth and the Demographic Transition [J]. Nber Working Papers, 2001, 6 (1): 1 – 28.

[133] Bloom D. E., Canning D., Sevilla J. The Demographic Dividend: A New Perspective on the Economic Consequences of Population Change [M]. Rand Corporation, 2003: 1 – 100.

[134] Bryant J. Modeling the Effect of Population Ageing on Government Social Expenditure [N]. New Zealand Treasury Working Paper, 2003 (4): 3 – 15.

[135] Banister, Judith. Implications of the Aging of China's Population [M]. In Dudley Poston and David Yaukey (eds.). The Population of Modern China. New York: Plenum Press, 1992: 463 – 490.

[136] Dall W. Forsythe. Taxation and Political Change in the Young Nation [M]. New York: Columbia University Press, 1977: 1781 – 1833.

[137] David E. Bloom, Richard Freeman. Economic Development and the Timing and Components of Population Growth [J]. Journal of Policy Modeling, 1988 (4): 57 – 81.

[138] Engen, Gale, J. K. Scholz. The Illusory Effects of Saving Incentives on Saving [J]. Journal of Economic Perspectives, 1996, 10 (4): 113 – 138.

[139] G. C. Smith, R. C. Trout. Using Leslie matrices to determine wild rabbit population growth and the potential for control [J]. Journal of Applied Ecology, 1994, 31 (4): 223 – 330.

[140] Hamid Faruqee, Martin Muhleisen. Population aging in Japan: Demo-

graphicshock and fiscal sustainability [J]. Japan and the World Economy, 2003 (15): 185 – 210.

[141] Higgins M. , J. G. Williamson. Age Structure Dynamics in Asia and Dependence on Foreign Capital [J]. Population and Development Review, 1997, 23 (2): 261 – 293.

[142] Hoover, Malone E. Population growth and economic development in low-income countries [M]. Oxford University Press, 1958: 55 – 150.

[143] IMF. The Challenge of Public Pension Reform in Advanced and Emerging Economies [R]. IMF Report, 2011.

[144] IMF. The financial impact of longevity risk in Global Financial Stability Report [R]. IMF Report , 2012.

[145] IMF. Government Finance Statistics Yearbook [R]. IMF Report, 2000 – 2005.

[146] Jukka Lassila, Tarmo Valkonen. Pre-funding Expenditure on Health and Long-term Care under Demographic Uncertainty [J]. The Geneva Papers on Risk and Insurance, 2004, 29 (4): 620 – 639.

[147] Jeroen J. M. Kremers. U. S. Federal indebtedness and the conduct of fiscal policy [J]. Journal of Monetary Economics, 1989, 23 (2): 219 – 238.

[148] John Maynard Keynes. Some Economic Consequences of a Declining Population [J]. Population and Development Review, 1978, 4 (3): 517 – 522.

[149] James M. Buchanan. An Economic Theory of Clubs [J]. Economica, New Series, 1965, 32 (125): 1 – 14.

[150] Jeffrey A. Frankel, Peter R. Orszag. Review American Economic Policy in the 1990s [J]. Journal of Economic Literature, 2004, 42 (1): 178 – 179.

[151] James Holl and Jones, Leslie Matrix I. Formal Demography [Z]. Stanford Spring Workshop in Formal Demography, 2008 (5).

[152] Klaus Prettner. Population aging and endogenous economic growth [J]. Journal of Population Economics, 2013, 26 (2): 811 – 834.

[153] Kelley A. C. , R. M. Schmidt. Saving, Dependency and Development [J]. Journal of Population Economics, 1996, 9 (4): 365 – 386.

[154] Keith L. Dougherty. Public goods theory from eighteenth century political philosophy to twentieth century economics [J]. Public Choice, 2003, 117 (3):

239 – 253.

［155］ Kelley A. C. , Schmidt R. M. Aggregate Population and Economic Growth Correlations: The Role of the Components of Demographic Change ［J］. Demography, 1995, 32 (4): 543 – 555.

［156］ Kuznets S. Population and economic growth. ［J］. Proceedings of the American Philosophical Society, 1967, 63 (1): 145 – 149.

［157］ Lucas R. E. On the Mechanics of Economic Development ［J］. Journal of Monetary Economics, 1988 (22): 3 – 42.

［158］ Leibfritz W. , Roseveare D. , Fore D. , Wurzel E. Ageing Populations, Pension Systems and Government Budgets: How Do They Affect Savings? ［J］. OECD Working Paper, Paris, 1995 (156): 21 – 30.

［159］ Lu Y. et al. Labor force supplement trend and the effect on social economy in Shanghai's aging ［J］. Market and Demographic Analysis, 2001, 7 (3): 37 – 44.

［160］ Leif Lybecker Eskesen. Population Aging and Long-Term Fiscal Sustainability in Austria, IMF Working Papers ［J］. International Monetary Fund, 2002, 216 (2): 1 – 24.

［161］ Lindh D. Age Structure and Economic Policy: The Case of Saving and Growth ［J］. Population Research and Policy Review, 1999 (18): 261 – 277.

［162］ Leslie. On the use of matrices in certain population Mathematics ［J］. Biometrika, 1945, 33 (3): 183 – 212.

［163］ M. Postan. Some Economic Evidence of Declining Population in the Later Middle Ages ［J］. The Economic History Review, 1950, 2 (3): 221 – 246.

［164］ Mason A. Saving, Economic Growth, and Demographic Change ［J］. Populationand Development Review, 1988, 14 (1): 113 – 143.

［165］ Mason A. Population Change and Economic Development in East Asia: Challenges Met, Opportunities Seized ［M］. Stanford, Stanford University Press, 2001.

［166］ Population Reference Bureau of United States: World Population Data Sheet (2000 – 2013).

［167］ Paul M. Romer. Increasing Returns and Long-Run Growth ［J］. Journal of Political Economy, 1986, 94 (5): 1002 – 1037.

［168］ Paul M. Romer. Endogenous Technological Change ［J］. Journal of Political Economy. 1990, 98 (5): 71 – 102.

[169] Hongxin Li, Marcel Merette. Population Ageing and Pension System Reform in China: A Computable Overlapping-Generations General Equilibrium Model [J]. Analysis Journal of Chinese Economic and Business Studies, 2007, 3 (3): 263 – 277.

[170] Robert J. Barro. Are Government Bonds NetWealth? [J]. Journal of Political Economy, 1974, 82 (6): 1095 – 1117.

[171] Razin A. , Yuen C. Optimal International Taxation and Growth Rate Convergence: Tax Competition vs. Coordination [J]. International Tax and Public Finance, 1999, 6 (1): 61 – 78.

[172] Ronald H. Coase. The Lighthouse in Economics [J]. Journal of Law and Economics, 1974, 17 (2): 357 – 376.

[173] Robert J. Barro. On the Determination of the Public Debt [J]. Journal of Political Economy, 1979, 87 (5): 940 – 971.

[174] Ryuta Kato. Transition to an Aging Japan: Public Pension, Savings, and Capital Taxation [J]. Journal of the Japanese and International Economies, 1998 (12): 204 – 231.

[175] Robert J. Barro. Government Spending in A Simple Model of Endogenous Growth [J]. Journal of Political Economy, 1990, 98 (5): 103 – 115.

[176] Razin A. Sadka E. , Swagel P. The ageing population and the size of welfare state [J]. Journal of Political Economy, 2002 (110): 900 – 918.

[177] Samuelson P. The Pure Theory of Public Expenditures [J]. The Review of Economics and Statistics, 1954, 36 (4): 387 – 389.

[178] United Nations. Population Division of the Department of Economic and Social Affairs of the World Population Prospects: The 2012 Revision.

[179] Wang Y. et al. Implicit Pension Debt, Transition Cost, Options, and Impact of China's PensionReform: A Computable General Equilibrium Analysis, World Bank [J]. Policy Research Working Paper, 2001, 2555: 1 – 52.

[180] World Bank. Old Age Security: Pension Reform in China [J]. CHINA 2020 Series, 1997, 17090: 1 – 100.

[181] Wang Feng, Andrew Mason. Demographic Dividend and Prospects for Economic Development in China. United Nations Expert Group Meeting on Social and Economic Implications of Changing Population Age Structures [J]. Population Division,

2005: 1 – 18.

[182] Zeng Yi , Wang Zhenglian. Dynamics of family and elderly livingarrangements in China: New lessons le arned from the 2000 census [J]. The China Review, 2003, 3 (2): 95 – 119.